Bruxy Cavey

*Für Nina,
die mir Jesus zeigt,
Tag für Tag*

Bruxy Cavey

Gute Nachricht
für Suchende, Heilige und Sünder

Aus dem kanadischen Englisch von Eva Weyandt

Aus dem kanadischen Englisch übersetzt von Eva Weyandt, Berlin

Original edition published under the title: *Reunion – The Good News of Jesus for Seekers, Saints, and Sinners* © 2017 by Bruxy Cavey. Released by Herald Press, Harrisonburg, Virginia 22803, U.S.A. All rights reserved

Edition Bienenberg, Band 7

Die Edition Bienenberg erscheint in Zusammenarbeit mit dem Bildungszentrum Bienenberg, Liestal/Schweiz, www.bienenberg.ch

Die Deutsche Bibliothek verzeichnet diese Publikation in der Deutschen Nationalbibliografie; detaillierte bibliografische Daten sind im Internet über www.d-nb.de abrufbar

Bibelzitate, soweit nicht anders angegeben, wurden der Hoffnung für Alle® (*Hope for All*), revidiert 2015, entnommen.
© 1983,1996, 2002, 2009, 2015 by Biblica, Inc.®

Lektorat: Dr. Thomas Baumann
Umschlaggestaltung: spoon design, Olaf Johannson
Umschlagabbildung: FarbaKolerova/Shutterstock.com
Satz: Neufeld Verlag
Herstellung: CPI – Clausen & Bosse, Birkstraße 10, 25917 Leck

© 2019 Neufeld Verlag, Sauerbruchstraße 16, 27478 Cuxhaven
ISBN 978-3-86256-094-3, Bestell-Nummer 590 094

Nachdruck und Vervielfältigung, auch auszugsweise,
nur mit Genehmigung des Herausgebers

www.neufeld-verlag.de / www.neufeld-verlag.ch

Bleiben Sie auf dem Laufenden:
newsletter.neufeld-verlag.de
www.**facebook**.com/NeufeldVerlag
www.neufeld-verlag.de/**blog**

INHALT

Vorwort von Shane Claiborne.. 7

Vorbemerkung: Lass einen Drachen steigen............................ 11

Teil I

1. Die gute Nachricht in einem Tattoo................................17
2. Vom Umgang mit Dynamit..33
3. Schlechte Grammatik, gute Liebe................................. 45
4. Die gute Nachricht in einem Wort................................ 59
5. Die gute Nachricht in drei Wörtern................................77

Teil II

6. Die gute Nachricht in dreißig Wörtern........................... 95
7. Gottes beispielhafte Liebe..115
8. Trennung – Heilung...131
9. Außerhalb der Weltkarte... 159
10. Requiem für die Religion.. 185

| **11** | Gottes Liebesleben | 215 |
| **12** | Vier wichtige Begriffe | 237 |

Epilog: Was nun? 257

Dank 273

Zum Autor 275

VORWORT VON SHANE CLAIBORNE

Ich liebe Bruxy Cavey. In ihm schlägt das Herz eines Pastors, und lodert das Feuer eines Propheten. *Jesus. Punkt.* ist ein Buch über Jesus. Ein gutes Buch über Jesus. In diesem Buch geht es auf jeder Seite, in jedem Wort und jeder Geschichte um Jesus, weil Bruxy Cavey mit seinem ganzen Sein für Jesus lebt. Bruxy setzt sich ein für einen christlichen Glauben, in dem Jesus wieder im Mittelpunkt steht und Liebe gelebt wird. Sein Anliegen ist, dass Christen ihre Liebe zu Jesus neu entdecken und sich von Jesus neu ausrichten lassen, dass Letzte wieder Erste und Erste wieder Letzte werden, dass Mächtige von ihrem Thron gestoßen und Reiche mit leeren Händen weggeschickt werden; dass Arme gesegnet werden und die Kinder Gottes Friedensstifter sind. Das ist das Reich Gottes, von dem Jesus spricht. Diese Botschaft wird Ihnen in diesem Buch begegnen.

Leider ist es manchmal so, dass Christen andere eher daran hindern, zu Christus zu kommen. Das ist traurig und irgendwie auch ein Paradoxon. Der Christus, den wir anbeten, steht mit der Art, wie wir unser Leben gestalten, oft überhaupt nicht mehr im Einklang. Wir stoßen Menschen mit unserem Verhalten vor den Kopf und schließen sie damit aus unserer Gemeinschaft aus, anstatt sie in unseren Kreis mit hineinzunehmen. Wir sind oft eher gegen etwas, als für etwas einzustehen. Manchmal ist in unserem Leben genau das zu finden, was Jesus angeprangert hat, und die *Liebe* als wichtigstes Erkennungsmerkmal der Jünger Jesu ist bei uns nicht mehr zu sehen. Reverend William Barber sagte einmal: „Wenn wir den Blick nicht mehr auf Jesus gerichtet halten, dann reden wir am Ende viel darüber, was Jesus gar nicht wichtig war; und über die Dinge, über die Jesus eine Menge zu sagen hatte, reden wir gar nicht mehr."

Die so genannten „Nones" (konfessionell Ungebundene), ehemalige Katholiken und Evangelikale, die sich langsam von ihrem Trauma erholen, sind in Nordamerika eine der am schnellsten wachsenden Gruppen. Diese Gruppierungen wachsen deshalb so schnell, weil sie die Widersprüchlichkeit im Leben der Christen so deutlich erkennen.

Viele Menschen, die dem Glauben abweisend gegenüberstehen, erleben Christen – und besonders evangelikale Christen – als frauenfeindlich, schwulenfeindlich, umweltfeindlich und einwandererfeindlich und als glühende Befürworter von Waffenbesitz und Krieg. Typische Merkmale des evangelikalen Glaubens stehen häufig im krassen Gegensatz zu den grundlegenden Werten der Lehre Christi.

Eine neue Generation wächst heran, die Jesus und dem Begriff der Gerechtigkeit einen hohen Stellenwert einräumt. Diese Generation liebt Jesus, schämt sich aber der Christen. Dieser Generation geht es um das Leben: um die Erde, Arme, Flüchtlinge und Einwanderer. Für sie zählt auch schwarzes Leben, und sie nimmt Rassismus in christlichen Kreisen wahr. Ihre Position zu Krieg und Militarismus, Waffengewalt und Polizeibrutalität, der Todesstrafe und Masseninhaftierung ist durch eine in sich stimmige Lebensethik geprägt. Für das Leben zu sein, bedeutet nicht nur, Abtreibung abzulehnen. Es bedeutet, *für das Leben* zu sein. Die nicht stimmige Lebensethik bei den Christen hat viele dieser Post-Evangelikalen veranlasst, sich von der Kirche abzuwenden und an Jesus auszurichten.

Darum ist Bruxy Cavey ein so großes Geschenk – für die Kirche und die Welt. In diesem Buch wird Bruxy Ihnen das Evangelium bringen, die „gute Nachricht", die er in einem Wort zusammenfasst: *Jesus.*

Bruxy wird nachvollziehbar darlegen, dass Jesus die Brille ist, durch die wir die Bibel und die Welt klarer erkennen können. Wenn wir Gott besser kennenlernen wollen, müssen wir auf Jesus sehen. Wenn wir Orientierung in unserem Leben brauchen, müssen wir auf Jesus sehen. „Wir glauben an das verlässliche, unfehlbare Wort Gottes. Sein Name ist Jesus", so formuliert es Bruxy ziemlich treffend, wie ich finde.

Mit einer Nachbarin sprach ich darüber, dass wir Menschen dazu neigen, bestimmte Dinge, vor allem theologische Zusammenhänge, komplizierter zu machen als nötig. Zum Beispiel den Begriff der Inkarnation. Spanisch ist ihre Muttersprache, und sie erklärte mir, Inkarnation sei doch gar kein so schwieriger Begriff. Wenn man seinen Burrito *con carne* bestellt, bedeutet das „mit Fleisch". Darum geht es bei der Inkarnation: Gott *con carne.* Jesus ist Gott im Fleisch. Gott mit Fleisch. Liebe ist die Haut, die sich darüber spannt.

Christen sollen an dieser Inkarnation, der Manifestation der Liebe Gottes, teilhaben, Gottes Liebe in die Welt tragen, die Welt an Jesus erinnern, in unserem Leben den Duft Jesu verströmen. Wir sollen so leben, dass wir mit dem Apostel Paulus sagen können: „Darum lebe nicht mehr ich, sondern Christus lebt in mir!" (Galater 2,20).

In diesem Buch geht es um einen christlichen Glauben, dessen Anhänger die Botschaft Jesu in ihrem Leben umsetzen. Das ist Bruxy Caveys Anliegen. Mir ist es eine Ehre, ihn Freund und Bruder nennen zu dürfen.

Shane Claiborne, Aktivist, Redner und Bestsellerautor von *Ich muss verrückt sein, so zu leben* und *Executing Grace*

VORBEMERKUNG

LASS EINEN DRACHEN STEIGEN

In jedem Menschen gibt es etwas, das sich nach Gott ausstreckt, und dieses Ausstrecken kommt von Gott und führt zu Gott.

Scot McKnight

Als ich das erste Mal einen Drachen steigen ließ, hatte ich unendlich viel Spaß dabei, aber ich erlebte auch klägliches Scheitern. Mein Vater half mir, den Drachen in die Luft zu bekommen, und ich hatte scheinbar alles unter Kontrolle. Doch als mein Vater einen kurzen Augenblick abgelenkt war, stürzte mein Drachen zu Boden. Ich behauptete, der Wind hätte mir die Leine aus der Hand gerissen. Aber wenn ich ehrlich bin: Ich hatte sie mit Absicht losgelassen.

Als Kind besaß ich eine lebhafte Fantasie, und meine Spielsachen waren häufig Personen für mich. Mein neuer Drachen war in meinen Augen eine Person und sollte die Freiheit bekommen, sein Potenzial auszutesten. In meiner Vorstellung riss er mit Absicht an der Leine, um sich von der Einengung der Leine und meiner Hand zu befreien. (Ja, ich war ein komisches Kerlchen.) Mir kam es so vor, als würde ich ihn daran hindern, in die höchsten Höhen aufzusteigen und hinzufliegen, wohin er wollte. Darum ließ ich einfach los.

Anfangs flatterte und wirbelte er frei und ungebunden durch die Luft. Aber es dauerte nicht lange, bis der Jungfernflug von Bruxys erstem Drachen zu Ende war und er mit einem Sturzflug im Dreck landete.

Der in der Luft trudelnde Drachen verdeutlicht sehr gut, was auch wir erleben können. Der Mensch strebt, ob nun bewusst oder unbewusst, nach mehr als dieser profanen, irdischen Existenz. Uns zieht es in die Ferne wie die Zugvögel oder die Schmetterlinge, die ein für uns nicht nachvollziehbares Heimfindevermögen besitzen. Das Gefühl, dass es noch mehr geben muss, ist die Kraft, die uns antreibt.

Jesus sagt, dass wir von dem Wind des Geistes, dem Atem Gottes himmelwärts gezogen werden. Unser Problem ist, dass wir, sobald wir übermütig werden und uns von unserem Potenzial begeistern lassen, häufig einem fatalen Irrtum zum Opfer fallen: Wir lassen uns zu der Annahme verleiten, vollkommene Autonomie sei unser Geburtsrecht, und wir lösen uns von allem, was wir als Einengung empfinden. Das ist die Geschichte der Menschen.

Manche wenden sich einer Art allgemeiner Spiritualität zu oder bezeichnen sich selbst als „Mensch des Glaubens". Aber eine allgemeine Spiritualität kann unserer Seele keine Zufriedenheit schenken, genauso wenig wie der *Gedanke* der Ehe unsere Einsamkeit lindert. Beim Glauben wie bei der Liebe geht es immer um die *Person*, an die wir glauben oder die wir lieben.

Dieses Buch richtet sich an Menschen, die spüren, dass sie in der Luft trudeln wie ein freifliegender Drachen und dringend eine leitende Hand brauchen. Kann sein, dass das Leben im Augenblick recht gut zu Ihnen ist, aber Sie spüren die Möglichkeit eines drohenden Absturzes. Oder Sie sind bereits auf dem Boden aufgeschlagen, und Ihr Leben ist auseinandergebrochen. Vielleicht sind Sie aber auch einfach nur neugierig – ein Suchender, der mehr über Jesus erfahren möchte.

Bedenken Sie: Wie beim Drachen ist es nicht unsere Bestimmung, vollständig losgelöst in der Luft zu schweben. Wir brauchen die (Wieder)vereinigung mit Gott. In diesem Buch geht es um die gute Nachricht von Jesus, dem Einen, der uns hilft, in unserem geistlichen Leben nicht die Verbindung zu der Wahrheit zu verlieren, die uns fähig macht, uns in die Lüfte zu erheben.

Bruxy

TEIL I

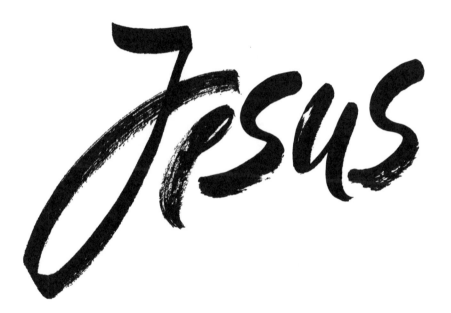

KAPITEL 1

DIE GUTE NACHRICHT IN EINEM TATTOO

> Das Christentum ist keine gewöhnliche
> Religion: Es ist zumindest, und von Anfang
> an, die Religion vom Ende der Religion.
>
> **Gil Anidjar**

Leviticus 19:28. Diese Bibelstelle (3. Mose 19,28) ist in großen schwarzen Buchstaben und Zahlen in meinen linken Unterarm tätowiert. Es ist das einzige Tattoo, das ich mir habe stechen lassen. (Abgesehen von einem vollkommen fehlgeschlagenen Versuch, mir meinen Ehering auf den Finger tätowieren zu lassen – das war bereits nach wenigen Monaten verblasst. Ein schlechtes Omen? Lassen wir das lieber …)

Der Bibelvers sollte die gute Nachricht von Jesus in einem Tattoo zusammenfassen, und 3. Mose 19,28 schien mir dazu am besten geeignet.

Was steht denn nun in 3. Mose 19,28? Danke, dass Sie fragen. Das ist der Bibelvers, in dem es heißt: „Du sollst dir kein Tattoo stechen lassen."

Ich weiß. Das muss ich jetzt erst einmal erklären.

Rasur und ein Haarschnitt

Meine Sonntagsschullehrerin früher war, nun ja, eigentlich kein fröhlicher Mensch: Wir nannten sie gern Mrs. Grumpy Pants. Ich erinnere mich, dass einmal ein Mann mit mehreren Tattoos auf dem Arm in die Kirche kam. „Ich hoffe nur, dass er Errettung findet", hörte ich Mrs. G. brummen, und ich fragte mich, was sie wohl damit meinte. „Seine Tattoos sind doch ein Beweis dafür, dass dieser Mann Gott nicht liebt", erklärte Mrs. G. mir, „und in der Bibel ist ganz unmissverständlich gesagt, dass es ein Gräuel ist, sich ein Tattoo stechen zu lassen." (*Gräuel* klingt immer nach einer ernsten Hochstufung eines Vergehens oder einer Übertretung.)

Das war eine Information, die mich traurig stimmte, denn als Heranwachsender hätte ich mir gern ein Tattoo stechen lassen. So fragte ich Mrs. G.: „Und wenn ich ein Tattoo von Jesus hätte? Oder vielleicht einen Bibelvers?" Ihr missbilligender Blick blieb.

Später im Leben lernte ich, dass der einzige Bibelvers, der gegen Tattoos spricht, in 3. Mose 19 zu finden ist. In diesem Kapitel stoßen wir auch noch auf andere wichtige Gebote: Männer dürfen sich nicht die Haare oder ihre Bärte schneiden. (Drei Hochs auf die Hippies!) Landwirte dürfen niemals zwei Sorten Frucht auf demselben Feld anbauen oder ihre Felder bis zum Rand abernten. (Sie sind kein Landwirt? Ich auch nicht. Dann sind wir in dieser Hinsicht schon mal auf der sicheren Seite.) Und niemand darf Kleidung tragen, die aus zwei unterschiedlichen Materialien gewebt ist. (Reine Wolle? Okay. Reine Baumwolle? Okay. Polyestermischgewebe? Dann haben Sie ein Problem.)

Ganz offensichtlich sehen Christen nicht die Notwendigkeit, jeden Vers in der Bibel in ihrem Leben umzusetzen. Aber in diesem Kapitel geht es auch darum, den Eltern Respekt entgegenzubringen, taube Menschen nicht zu verfluchen oder Blinden Stolpersteine in den Weg zu legen (wie praktisch), und sogar eine von Jesu Lieblingslehren – den Nächsten zu lieben wie sich selbst. Wie kommen wir also dazu, auszuwählen, was wir in unserem Leben umsetzen und was wir lieber vergessen wollen; was wir befolgen und was wir ignorieren wollen?

Bei Menschen, die an die Bibel glauben, wächst der Druck herauszufinden, wie die Lehren aus der Bibel anzuwenden sind, je mehr sie lesen. Sollen wir nun Krieg führen gegen Völker, die nicht an unseren Gott glauben? Sollen wir Hexen verbrennen und unsere aufmüpfigen Kinder steinigen? Und was ist mit der Liste körperlicher Makel, die nach 3. Mose 21 einen Priester untauglich machen, Gott zu dienen?[1] Schlechte Haut, schlechte Haltung, schlechtes Sehvermögen, ein gebrochener Knochen oder von der Statur her einfach zu klein. Das Verbot, sich dem Altar Gottes zu nähern, ist leicht ausgesprochen.

Das Bemühen, ein guter Christ zu sein und die Gebote der Bibel zu befolgen, ist äußerst anstrengend und entmutigend. Ich kann verstehen, warum die Schreiber des Neuen Testaments den alten Weg des Buchstabens des Gesetzes dem neuen Weg des Geistes gegenüberstellen. Dort heißt es: „Denn der Buchstabe des Gesetzes tötet, Gottes Geist aber schenkt Leben" (2. Korinther 3,6).

Das Ende des Alten

Wenn Sie die christliche Bibel aufschlagen, sehen Sie, dass sie in zwei Teile gegliedert ist: Das Alte Testament und das Neue Testament. *Testament* ist ein anderes Wort für *Bund*, der sich in diesem Fall auf das Leben in einer Beziehung mit Gott bezieht. Die Bibel ist also eingeteilt in die alte Art zu leben und die neue Art zu leben. Und obwohl es auch eine Gemeinsamkeit gibt, unterscheiden sich diese beiden Lebensstile radikal voneinander.

---

1   Obwohl sich diese Einschränkungen nur auf Priester bezogen, glaubten die Pharisäer und auch die ersten Christus-Nachfolger an die Priesterschaft aller Gläubigen. Weshalb diese Einschränkungen besonders ärgerlich sind.

Der alte Lebensstil, das Alte Testament, galt vor Jesus. Im Alten Testament wird Gottes Bund der Verheißung und des Vertrauens zur Menschheit beschrieben (wie bei Adam und Abraham), der damals in einen Bund des Gesetzes und der Opfer überging (durch Mose). Doch die Menschen wurden hartherzig und verletzten sich selbst und andere, darum gab Gott ihnen die Gesetze und damit eine Richtschnur für ihr Leben. Die Rituale sollten ihnen helfen, sich auf das zu konzentrieren, was wichtig war, und die Opfer sollten ihnen die Schwere ihrer Sünde begreiflich machen und anregen, von Gott Vergebung zu erbitten.[2]

Und als dann Jesus kam, führte Gott den neuen Bund ein – und hat damit alles verändert.

Ein Christus-Nachfolger aus dem ersten Jahrhundert schrieb über den Gegensatz zwischen der alten Religion und dem neuen Weg Jesu. „Gott selbst hat hier von einem neuen Bund gesprochen. Das bedeutet, dass der erste Bund nicht mehr gilt. Was aber alt und überholt ist, wird bald nicht mehr bestehen" (Hebräer 8,13). Wird bald nicht mehr bestehen? Überholt? Wird verschwinden? Das sind Kampfwörter. (Ich überlege, mir Hebräer 8,13 auf meinen anderen Arm tätowieren zu lassen.)

In diesem Vers aus dem Neuen Testament wird ganz deutlich gesagt, dass das Alte Testament überholt ist. Erstaunlich: In einem Teil der Bibel wird ein anderer Teil „außer Kraft gesetzt".

Nein, das ist kein Widerspruch. Im alten Bund finden wir Prophezeiungen über einen neuen Bund, der den alten ersetzen würde (z. B. Jeremia 31,31–34). Es ist eine beabsichtigte Veränderung, eine geplante und absichtliche Entwicklung in der geistli-

---

2   Wenn Christen von dem „alten Bund" sprechen, meinen sie in der Regel nicht den Bund der Intimität mit Adam oder den Bund der Verheißung mit Noah oder den Glaubensbund mit Abraham, sondern den mosaischen Bund der Gesetze, Rituale und Opferungen, der den größten Teil des Alten Testaments dominiert und zu Jesu Zeiten noch Gültigkeit hatte.

chen Geschichte der Menschheit. Wenn Sie glauben, dass Gott hinter all dem steckt, dann ist es eine kosmische Veränderung in den Abläufen unserer Welt.

Das Wort *alt* kann zwei unterschiedliche Bedeutungen haben: (1) alt an Jahren oder (2) ehemalig. Wenn Ihre Freundin zu Ihnen sagt: „Ich mag meinen alten Chef", dann könnte sie meinen, dass sie ihren augenblicklichen Chef mag, der schon etwas älter ist. Aber vermutlich will sie ausdrücken, dass sie ihren früheren oder ehemaligen Chef mag.

Das griechische Wort für „überholt" in Hebräer 8,13 bedeutet veraltet im Sinne von ausgedient. Es ist vorbei, überholt, vergangen. Es ist wie ein alter Freund oder eine alte Freundin: Wir ziehen weiter.

Aber obwohl Jesus immer davon sprach, dass er gekommen war, um das Ende von Gesetz und Opfer herbeizuführen, verkündigte er, dass die Lehren der Schriften niemals ihre Gültigkeit verlieren (siehe Matthäus 5,17–19 und Lukas 16,16–17). Darum werfen wir die erste Hälfte unserer Bibel nicht weg, sondern lesen das Alte Testament als „die Geschichte, die nicht funktioniert". Durch das Alte Testament erinnert uns Gott daran, dass wir keine Regeln und Rituale mehr brauchen. Rituale und Regeln blockieren nicht selten das, was wir tatsächlich brauchen, nämlich Gott selbst.

Wenn wir den Regeln folgen und nicht dem, der uns die Regeln gegeben hat, den Gesetzen und nicht dem Geist, den Opfern und nicht dem Einen, der das höchste Opfer geworden ist, werden wir Gott nicht näherkommen; wir greifen nach einem überholten System, das Gott schon lange aufgegeben hat. Jesus kam, um den Weg frei zu machen für eine direktere Intimität mit dem Allmächtigen.

Warum nun habe ich mir 3. Mose 19,28 auf den Arm tätowieren lassen? Als eine Erinnerung daran, dass Jesus gesagt hat, er würde das System erfüllen und das Alte hinfällig werden lassen (Matthäus 5,17). So wird der Weg frei für etwas Besseres.

Das ist die gute Nachricht eines Tattoos: Jesus ist gekommen, um uns nicht nur von unserer Sünde zu erlösen, sondern auch von unserer Religion.

Gott kennen bedeutet, die Religion zu verneinen

Dieser gegen die Religion gerichtete Aspekt des Evangeliums wirft die unterschiedlichsten Fragen auf in Bezug auf die Religion heute, auch und vor allem in Bezug auf die christliche Religion. Aber dazu kommen wir später noch. Im Augenblick möchte ich Ihnen Hoffnung anbieten – vor allem wenn die Religion Sie verletzt oder enttäuscht hat. Jesus steht auf Ihrer Seite.

Gegen Ende seines Lebens auf dieser Erde betete Jesus zu seinem himmlischen Vater.[3] Er sagte folgende Worte: „Und genau darin besteht das ewige Leben: dich, den einen wahren Gott, zu erkennen und Jesus Christus, den du gesandt hast" (Johannes 17,3).

Wenn eine Person, der ich vertraue, einen Satz beginnt mit den Worten: „Und genau darin besteht das ewige Leben", dann passe ich ganz genau auf, was als Nächstes kommt. Für Jesus ist das nicht die Religion, die Tradition, die Zehn Gebote, die 613 Gesetze, der achtfache Weg, die vier edlen Wahrheiten, die fünf Handlungsschwerpunkte, die sechs Glaubensartikel, die sieben Sakramente oder irgendein anderes der Heilssysteme, die von den Religionen unseres Planeten angeboten werden.

Jesus sagte vielmehr, ewiges Leben sei, Gott zu erkennen und Jesus zu erkennen. Dies ist ein Glaube, der frei ist von jeder Religion.

In der Bibel bedeutet das Verb „kennen und erkennen" mehr als nur intellektuelles Wissen, vor allem, wenn es so gebraucht

---

[3] Moment mal! Wie konnte Jesus Gott *sein* und gleichzeitig mit Gott *reden*? Die Antwort liegt im Wesen Gottes begründet. Er ist Liebe, was heißen will, Gott ist Personen-in-Beziehung. Mehr darüber in Kapitel 3.

wird wie von Jesus in diesem Zusammenhang – wenn er Personen meint. Eine Person richtig zu kennen bedeutet, eine tiefe und innige *Gemeinschaft* mit dieser Person zu haben, darum wird der Ausdruck, jemanden „erkennen" häufig als Euphemismus für Geschlechtsverkehr verwendet. (In Matthäus 1,25 zum Beispiel finden wir dieses griechische Wort. Dort steht, dass Maria Jungfrau war und Joseph sie nicht „erkannte", bis sie einen Sohn gebar).

Bei diesem Erkennen geht es um mehr als um eine Information; es geht um Intimität. Einen Menschen *kennen* ist viel mehr, als *von* jemandem zu wissen. Wir könnten den ganzen Tag das Online-Profil und die Präsenz einer Person in den sozialen Medien studieren, und trotzdem wäre es anmaßend zu behaupten, diese Person zu kennen. Doch natürlich ist es so, dass die Intimität wächst, je mehr Informationen wir über einen Menschen sammeln.

Jesus ist gekommen, um uns eine innige Erfahrung mit Gott zu ermöglichen, eine Art Vereinigung mit Gott durch unsere Gemeinschaft mit Christus. Das meinte er, wenn er sagte, ewiges Leben sei, Gott und Jesus zu erkennen. Und zu diesem „Erkennen" gehören innige Gemeinschaft sowie Informationen, die die Intimität wachsen lassen. Und darum geht es in diesem Buch.

Weil Jesus im Mittelpunkt des Evangeliums steht, hoffe ich, dass Sie durch dieses Buch mehr über Jesus erfahren, der uns mehr über Gott erfahren lässt. Ich bete, dass dieses Buch – ein Buch über Gemeinschaft – Ihnen helfen wird, Gott zu *kennen* und Jesus, Gottes Offenbarung seiner selbst, *zu kennen*.

Es geht darum, Gott zu kennen.

Nicht um die Religion.

Eine Lektion von Othello

„Eine Minute, um es zu lernen, ein Leben, um es zu beherrschen." Ich liebe diesen Slogan für das Brettspiel *Othello* (dt. *Reversi*,

Anmerkung der Übersetzerin). Wenn ich ein neues Spiel spiele, möchte ich das Spiel möglichst schnell verstehen, aber es muss auch eine Herausforderung für mich sein. Die Spielregeln sollten nicht zu kompliziert sein, das Spiel sollte mir aber auch noch Raum bieten für eine Weiterentwicklung als Spieler.

„Eine Minute, um es zu lernen, ein Leben, um es zu beherrschen" könnte auch die gute Nachricht von Jesus beschreiben. Das Evangelium ist so einfach, dass selbst (und vor allem) ein Kind es begreifen kann. Doch gleichzeitig besitzt es eine Tiefe und einen unendlichen Reichtum, was bedeutet, dass wir den Rest unseres Lebens damit beschäftigt sind, seine Wahrheiten zu erforschen, zu besprechen und anzuwenden.

In diesem Buch werde ich einen progressiven Ansatz verfolgen, von der Einfachheit zu gesteigerter Komplexität. Wir werden darüber reden, wie das Evangelium in einem Wort, in drei und in dreißig Wörtern zusammengefasst werden kann. Das sind keine unterschiedlichen Botschaften, aber unterschiedliche Ausdifferenzierungen derselben Botschaft.

Das Evangelium in seiner Einfachheit und Fülle zu verstehen hilft uns, unseren Ursprung, unser Schicksal und unsere Identität zu begreifen; zu verstehen, wer wir sind, warum wir wichtig sind, und wie wir in dieser Welt unser Potenzial ausschöpfen können.

Seit vielen Jahren beschäftige ich mich mit dieser Botschaft, und ich habe regelmäßig „Aha-Erlebnisse", wenn mir ein Aspekt des Evangeliums auffällt, den ich bisher noch nicht so gesehen hatte, oder ich eine Anwendung finde, die mir bisher noch nicht bewusst war. Darum ist dieses und jedes andere Buch über das Evangelium natürlich immer unvollständig. Dieses Buch ist eine begrenzte Zusammenfassung einer unbegrenzten, wundervollen Botschaft, geschrieben von jemandem, der immer noch nicht vollkommen erfasst hat, wie gut diese gute Nachricht tatsächlich ist. Der Apostel Paulus spricht von seinem Wunsch, Gott eines Tages von Angesicht zu Angesicht zu sehen, wenn er sagt: „Jetzt erkenne ich stückweise; dann aber werde ich erkennen, gleichwie ich erkannt bin" (1. Korinther 13,12).[4]

Trotzdem, unser unleugbar unvollständiger Wissensstand in Bezug auf Gott ist keine Entschuldigung dafür, dass wir offensichtliche und wichtige Elemente der Botschaft Jesu ignorieren. Doch es sieht so aus, als sei genau dies über einen langen Zeitraum hinweg in der Kirchengeschichte passiert.

Die christliche Kirche hat zum Beispiel die gute Nachricht von der Liebe Gottes zur Welt und der Vergebung der Sünde zwar verbreitet, doch das Evangelium von Gottes Reich auf der Erde im Hier und Jetzt häufig falsch gedeutet und sträflich vernachlässigt. Wie wir noch sehen werden, hat die Botschaft Jesu in Bezug auf das Reich Gottes, das bereits in diesem Leben gelebt wird, gravierende Auswirkungen auf den Stellenwert, den Frieden, Versöhnung und Feindesliebe in den Beziehungen zu Gott und zu unseren Mitmenschen einnehmen. Wenn wir diesen Aspekt des Evangeliums außer Acht lassen, bekommen wir eine Religion, in der Liebe und Vergebung gepredigt wird, die aber trotzdem Raum bietet für Befürwortung von Gewalt und gewalttätiges Verhalten.

Ein weiteres Beispiel für eine wichtige Unterlassung im Evangelium steht im Mittelpunkt von Kapitel 10: Die in die gute Nachricht von Jesus eingebetteten gegen die Religion gerichteten Schlussfolgerungen. In der Kirchengeschichte finden wir lange Zeitperioden, in denen Christen Jesu Konfrontation mit der jüdischen Religion seiner Zeit als eine Kritik an der *jüdischen* Religion interpretierten und nicht der jüdischen *Religion*. Mit anderen Worten, die Kirche neutralisierte die in der Botschaft Jesu liegende Religionskritik, indem sie sie als eine Kritik allein am Judaismus wertete. Aber die Botschaft und Mission Jesu ist eine generelle Kritik an allen Religionen, der Religion seiner Zeit

---

4   Paulus bezieht sich hier zweifellos auf das „Erkennen" sowohl der Intimität wie auch der Information.

und aller Zeiten, auch und besonders der christlichen Religion. Aber wie könnte die christliche Kirche das darin liegende der Religion widersprechende Wesen der Botschaft Jesu verbreiten, wenn sie eine der größten und mächtigsten Religionen des Planeten verwaltet? Das ist eine schwierige Situation.

Es scheint, dass die Botschaft Jesu die Welt verändert hat … bis die Welt die Botschaft veränderte. Wir haben das reiche und kraftvolle Evangelium Jesu entmachtet und gezähmt und uns stattdessen mit einer zerstückelten und oberflächlichen Version zufriedengegeben. Aber ich bin froh, sagen zu können, dass es eine wachsende Bewegung von Menschen gibt, die auf der Suche sind nach der Wahrheit und die Jesus lieben. Sie fordern eine Rückkehr zu der ursprünglichen und grundlegenden guten Nachricht Jesu. Dieses Buch ist von ihnen inspiriert, und es ist eine Einladung, sich ihnen anzuschließen.

Sollten Sie das lesen?

Verleger überlegen, an welche „Zielgruppe" ein Buch gerichtet ist. Was war die Absicht des Autors beim Schreiben? Mein Ziel ist recht hoch gesteckt. Das Evangelium ist für alle bestimmt, auch für Sie.

Aber wenn ich die Leserschaft eingrenzen sollte, wie es der Untertitel andeutet, dann richtet sich das Buch an drei Lesergruppen. Zuerst an geistlich *Suchende*: An Menschen, die offen sind für Gott, die geistlich neugierig und an Jesus interessiert sind. (Wenn Sie sich eher als Skeptiker sehen und nicht als Suchenden, wenn Sie von der Heuchelei und der von Vorurteilen bestimmten Haltung der Religion abgestoßen sind, dann empfehle ich Ihnen, mein erstes Buch zu lesen, *The End of Religion*.)

Zweitens schreibe ich für christliche *Heilige*, die ihren Glauben vertiefen wollen. Die Religion, auch und besonders die christliche Religion, kann ein großes Hindernis für uns sein, Jesus deutlich zu erkennen. Ich hoffe, dieses Buch wird Ihre Freude am Evangelium neu beleben und Ihnen helfen zu lernen, diese gute Nachricht in Ihrem Leben besser umzusetzen und mit anderen zu teilen. Für einige Christen ist die gute Nachricht von Jesus nicht mehr als eine Botschaft der Erlösung, eine Einladung, sich retten zu lassen aus Gnade durch den Glauben. Sie erwarten, dass sie danach weitergehen, um zu etwas anderem, etwas Tieferem vorzustoßen. Aber wir sollten das Evangelium niemals in unserem Rückspiegel betrachten. Wir messen unser geistliches Weiterkommen nicht an der Entfernung, die zwischen uns und dem Evangelium liegt. Das Evangelium ist unser GPS für das Leben.

Und schließlich ist dieses Buch an *Sünder* gerichtet – an die von uns, die sich ihrer Zerbrochenheit, ihres Versagens und der Entfernung bewusst sind, die zwischen Gott und ihnen liegen. Für sie ist *Jesus. Punkt.* eine Einladung, Gottes Vergebung ganz anzunehmen und seine liebevolle Annahme zu erleben.

Ob dieses Buch für Sie nun der Beginn einer lebenslangen Reise ist oder ein Haltepunkt, um unterwegs aufzutanken, ich freue mich jedenfalls auf das, was vor uns liegt. Auf Sie wartet eine faszinierende Entdeckungsreise.

Wohin wir unterwegs sind

Die gute Nachricht lässt sich nicht auf ein kurzes, prägnantes Zitat reduzieren. Jesus hat die reichen Wahrheiten des Evangeliums den Menschen seiner Zeit auf ganz unterschiedliche Weise nahe gebracht, etwa durch direkte Erklärung, symbolische Geschichten und provozierende Taten. Und auch die ersten Jünger Jesu haben das Evangelium auf die unterschiedlichste Art weitergegeben, ohne einen bestimmten Satz als die Gesamtheit der guten Nachricht Gottes an uns zu wiederholen.

Im Laufe der Jahre haben Christen versucht, das Evangelium als eine Reihe von Schritten zum Frieden mit Gott zusammenzufassen oder als eine Sammlung geistlicher Gesetze. Diese können hilfreich sein, solange wir nicht vergessen, dass diese Zusammenfassungen auf das Evangelium hinweisen und nicht die Fülle des Evangeliums selbst sind. Trotz seiner Einfachheit ist das Evangelium doch sehr vielschichtig.

Ist der Satz: „Gott liebt dich und hat einen wundervollen Plan für dein Leben", das Evangelium? Ja. Ist er das ganze Evangelium? Auf keinen Fall. Ist der Satz: „Jesus ist am Kreuz für deine Sünden gestorben und auferstanden, damit wir mit Gott versöhnt sein können", das Evangelium? Absolut. Aber ist er das ganze Evangelium? Nicht annähernd.

Dasselbe gilt für die unterschiedlichen Ansätze, das Evangelium zusammenzufassen, die in diesem Buch vorgestellt werden. Keine Zusammenfassung ist allumfassend, aber jeder unserer Ein-Wort-, drei- und dreißig-Wörter-Ansätze wird hilfreich sein, einen Aspekt des Evangeliums zu beleuchten.

Stellen Sie sich diese Ansätze als konzentrische Kreise vor. Das Ein-Wort-Evangelium bildet die Mitte, um die sich das Evangelium in drei und das Evangelium in dreißig Wörtern anordnen. Unsere ausführlichere Beschäftigung mit dem Evangelium in dreißig Wörtern gibt uns die Möglichkeit, unterschiedliche Aspekte des Evangeliums näher zu beleuchten. Zum Beispiel werden wir uns Gedanken machen über die Grundlage oder den Grund des Evangeliums, die vier Geschenke, die Gott uns durch das Evangelium macht, und über das letzte Ziel des Evangeliums.

Die Fülle der guten Nachricht Gottes an uns ist unendlich in ihrem Umfang und ewig in ihren Auswirkungen. Wir werden den Rest der Ewigkeit damit zubringen, die Tiefe dieser Botschaft zu erforschen. Trotzdem hoffe ich, dass dieses Buch Ihnen das Evangelium so weit erschließt,

- dass Sie einen klaren Blick für das Evangelium bekommen,
- dass Sie vorbehaltlos auf das Evangelium reagieren und
- dass Sie andere einladen, über das Evangelium nachzudenken.

Wie Sie dieses Buch lesen sollten

Ich hoffe, dass Sie dieses Buch lesen mit dem Ziel der Veränderung und nicht nur, um Ihr Wissen zu erweitern. Wenn das so ist, dann empfehle ich Ihnen drei Vorgehensweisen.

Erstens, lesen Sie *nachdenkend*. Nehmen Sie sich Zeit und suchen Sie *zwischen* den Zeilen. Ich bin davon überzeugt, dass das Thema, mit dem wir uns hier auseinandersetzen, es wert ist, während des Lesens darüber nachzudenken und zu überlegen, wie Sie das Gelesene in Ihrem Leben umsetzen können. Lesen Sie die angeführten Bibelstellen nach, und überzeugen Sie sich selbst, dass das, was ich sage, stimmt. Vielleicht möchten Sie Textstellen markieren, Notizen an den Rand oder in ein Notizbuch schreiben und sich in zusätzliches Studienmaterial im Netz vertiefen.

Zweitens, lesen Sie *betend*. Vielleicht befinden Sie sich in Ihrem Leben in einer Situation, in der Ihnen ganz natürlich ein Gebet über die Lippen kommt. Vielleicht glauben Sie nicht einmal daran, dass es einen Gott gibt, zu dem wir beten können. Wenn das so ist, dann mag es Ihnen vorkommen, als würden Sie mit jemandem reden, der vielleicht gar nicht existiert, und das mag Ihnen seltsam erscheinen. Doch wenn Sie ein Haus betreten und nicht wissen, ob jemand zu Hause ist, dann rufen Sie doch auch: „Hallo? Ist da jemand?" Vielleicht ist niemand zu Hause und Ihre Frage hatte kein Gegenüber, aber Sie sind ein kalkulierbares Risiko eingegangen, das dazu beigetragen hat, die Wahrheit zu erkennen. Aber vielleicht ist ja auch jemand zu Hause, und vielleicht antwortet dieser Jemand Ihnen ja. Ich bete, dass Gott Ihre Intuition, Ihre Vorstellungskraft, Ihr Gewissen durchdringt und auch andere, die mit Ihnen zusammen unterwegs sind, Sie auf ihn hinweisen. Vor allem aber bete ich, dass Sie das Reden Gottes durch die Worte und Taten Jesu erkennen.

Drittens, lesen Sie es *in Beziehung*. Wenn es möglich ist, nutzen Sie dieses Buch zum Gespräch. Sprechen Sie mit einem Freund darüber und teilen Sie Ihre Erkenntnisse mit ihm. Vielleicht haben Sie dieses Buch geschenkt bekommen. Wenn das so ist, unterhalten Sie sich darüber. Oder lesen Sie das Buch mit ein paar Freunden zusammen. Der Inhalt dieses Buches soll Grundlage für ein Gespräch sein, es ist nicht nur zur Betrachtung gedacht. Im Evangelium geht es um Beziehungen, und erfasst werden kann es am besten in einer Beziehung.

Aber sollten Sie dieses Buch allein lesen, vergessen Sie nicht, dass Sie nicht wirklich allein sind. Andere lesen dasselbe, was Sie lesen, sie beten und diskutieren und wenden an, was Ihnen durch diese Seiten klar wird. Ein Buch zu lesen, kann manchmal recht einsam sein. Aber wenn Sie näher an die Person und die Lehre Jesu heranrücken, werden Sie Teil von etwas Größerem: Einer Jesus-Bewegung, die sich durch die Zeit über die ganze Welt erstreckt. Und wenn der Gott, von dem Jesus spricht, real ist, dann ist er in Ihrem Leben schon aktiv gewesen, lange bevor Sie dieses Buch zur Hand genommen haben. Ob Sie das nun gespürt haben oder nicht, es ist möglich, dass Gott Sie genau an diesen Ort geführt hat, damit Sie dieses Buch in die Hände bekommen und diese Zeilen lesen. Und Gott wird auch nicht nachlassen, in Ihrem Leben zu wirken, solange Sie unterwegs sind.

Grenzen der Sprache

Bevor wir tiefer in das Thema einsteigen, möchte ich noch eins klären: An einigen Stellen spreche ich von Gott in männlichen Begriffen, um meine Sprache an die Bibel anzupassen und wegen meiner festen Überzeugung, dass Gott persönliche Liebe ist, keine unpersönliche Energie. Im Englischen gibt es kein neutrales Personalpronomen wie im Hebräischen und Griechischen, der Sprache der Bibel, und ich kann mich auf eine letzte Realität nicht als ein „Es" beziehen, ohne damit die weltweite Sichtweise von Jesu zu beschädigen. Wir wissen, dass Gott kein Geschlecht zuzuordnen ist und dass Männer wie Frauen gleichermaßen in seinem Bild geschaffen sind, auf unterschiedliche Art, die sich wundervoll ergänzt. Und obwohl ich weiß, warum die Schreiber der Bibel von Gott als „ihm" reden und ich diese Praxis übernehmen werde, sollten wir nicht vergessen, dass wir über einen Gott reden, der das Beste beider Geschlechter offenbart und zugleich übersteigt. Ich beklage die Einschränkungen der Sprache, wenn ich über Gott rede. Aber ich denke, das liegt am Thema. Unsere menschlichen Kommunikationsmechanismen geraten an ihre Grenzen, wenn wir über die unendliche, unbegreifliche und ewige Energie reden, die wir Gott nennen.

Zum Glück ist der Inhalt der guten Nachricht, dass Gott Worte überwand und sein Wort in menschlicher Gestalt zu uns gesandt hat.

KAPITEL 2

VOM UMGANG MIT DYNAMIT

> Ihr Christen hegt und pflegt ein Dokument, das so viel
> Dynamit enthält, dass es die ganze Zivilisation in die Luft
> jagen, die Welt auf den Kopf stellen und einem vom Krieg
> erschütterten Planeten Frieden bringen könnte. Aber ihr
> behandelt es, als wäre es ein gewöhnliches Stück Literatur.
>
> **Mohandas Gandhi**

Ich stand da wie erstarrt. Kein Ton kam über meine Lippen, ich konnte mich nicht rühren, geschweige denn denken. Mein ganzer Körper war wie gelähmt, und ich hatte das Gefühl, in eine Art existenziellen Stillstands geraten zu sein, in dem die Zeit stehen geblieben ist. Hunderte Menschen starrten mich an und warteten auf eine Reaktion.

Gerade hatte ich die Worte gehört: „Bruxy, willst du mich heiraten?"

Nina und ich waren seit Jahren ein Paar, und bevor wir zusammenkamen, waren wir schon viele Jahre befreundet. Ich wollte sie heiraten, daran konnte kein Zweifel bestehen. Aber in früheren Beziehungen war ich verletzt worden, und dieser Schmerz der Vergangenheit war immer noch da. Die Zurückweisungen der Vergangenheit hatten meinem Selbstbewusstsein einen Tiefschlag versetzt. Ich konnte mir nicht vorstellen, für eine Frau begehrenswert zu sein, und meine Sorge war, Nina könnte vielleicht nur aus Mitleid mit mir zusammen sein, obwohl sie mir mehrfach versichert hatte, dass sie mich liebe. Bestimmt wollte sie mich nur retten, dachte ich. Da standen wir nun, ließen die Zeit verstreichen, waren so gut wie verheiratet, aber eben nur so gut wie. Ein Eheversprechen hatten wir uns nie gegeben. Zum Glück fühlte sich Nina so sicher und kannte mich so gut, dass sie die Initiative ergriff.

Im *Meeting House*, der Gemeinde, in der ich Pastor bin, ist es Sitte, dass wir am Ende des Gottesdienstes noch Raum für Fragen geben. Und an diesem bestimmten Sonntag kam meine Freundin Nina mit einer Frage in den Gottesdienst. Wie sich zeigte, war es die Frage aller Fragen.

Als ich sagte: „Wer hat eine Frage?", hob Nina sofort ihre Hand. Jemand reichte ihr das Mikrofon. Sie stellte ihre Frage nicht einfach von ihrem Platz aus, sondern stieg auf ihren Stuhl, als hätte sie eine Ankündigung zu machen. Ich erinnere mich noch, dass ich dachte: Hmm. Seltsam. Vielleicht soll der Pastor ja besonders gewürdigt werden, und Nina will eine Rede halten?

Und so stellte sie ihre Frage: „Bruxy Cavey, willst du mich heiraten?" Und sofort sprangen unsere Freunde, die im Gottesdienstraum verteilt saßen, auf und hielten große Schilder in die Höhe. Darauf standen Kommentare wie:

SAG JA!

MACH EINE ANSTÄNDIGE FRAU AUS IHR!

TU'S EINFACH!

ES WIRD HÖCHSTE ZEIT!

WENN DU ES NICHT MACHST, MACH ICH'S!
(Diesen Kerl habe ich noch nie gemocht.)

JOHANNES 3,16
(Einfach so.)

Damals wusste ich natürlich nichts davon, aber Hunderte Luftballons warteten gut versteckt darauf, von der Decke herunterzuschweben. (Nina hatte die Weitsicht besessen, die Leute zu bitten, die Ballons erst loszulassen, wenn ich ja gesagt hatte. Vermutlich befürchtete sie, ich könnte sagen: „Es tut mir leid, ich kann nicht." Alle Leute im Raum würden nach Luft schnappen, woraufhin eine schockierte Stille eintreten würde. Nina würde in Tränen ausbrechen, und in die unheimliche Stille hinein würden die Ballons wie gigantische Tränen herabschweben.)

Da stand ich also, wie gelähmt, und die ganze Gemeinde starrte mich an und wartete auf meine Reaktion. Und nach einer Zeit, die sich anfühlte wie ein Jahr oder sogar zwei Jahre, begann ich etwas zu fühlen. Wärme. Frieden. Wert. Diese Gefühle breiteten sich in meinem Körper aus. Ich fühlte mich gewollt, geliebt. Ich fühlte mich so, als sei ich es wert, ein Risiko einzugehen. Und ich setzte mich in Bewegung, eilte die Altarstufen hinunter zu Ninas Platz, und wir umarmten uns sehr lange, umgeben von einer jubelnden, applaudierenden Menge. Mittlerweile weinte ich zu heftig, um auch nur ein Wort herauszubringen. Ich flüsterte ein Ja in ihr Ohr, und Nina rief laut, sodass alle es hören konnten: „Er hat Ja gesagt!" (Das war das Stichwort für die Luftballons.)

Dass Nina mich heiraten wollte, war die beste Nachricht, die ich in diesem Augenblick hören konnte. Sie war so kraftvoll, wie ich es noch nie erlebt hatte. Jetzt, viele Jahre später, kann ich sagen, dass dieser Augenblick mein Leben verändert hat. Er hat mein negatives Selbstbild und meine Zukunftsängste zerstört.

Das war wie eine Ladung Dynamit.

Die beste Nachricht, die es je gegeben hat

Nehmen Sie sich jetzt einen Augenblick Zeit und überlegen Sie, welches für Sie die beste Nachricht wäre, die Sie bekommen könnten. Stellen Sie sich den Augenblick vor, die Person, die Ihnen die Nachricht überbringt, und Ihre Reaktion darauf. Welches wäre für

Sie die beste Nachricht überhaupt? Geht es dabei um Geld? Um die Überwindung einer Krankheit? Eine versöhnte Beziehung? Dreht es sich dabei um Besitz, Macht oder Liebe? Wie würde diese Nachricht Ihr Leben zum Besseren verändern? Was empfinden Sie, wenn Sie sich vorstellen, dass das eintreten könnte?

Was immer sich Ihre Vorstellungskraft erträumen könnte, ist nicht so gut wie die gute Nachricht, mit der dieses Buch Sie bekannt machen möchte. Das ist eine sehr mutige Aussage, das weiß ich, und vielleicht weckt sie Skepsis in Ihnen. Aber für mich gibt es bei diesem Thema keinen Zweifel.

Ein früher Jünger Jesu schrieb, dass er sich dieser guten Nachricht nicht schäme, denn die Nachricht selbst sei eine „Kraft Gottes", die im Herzen der Menschen, die auf sie hören und daran glauben, wirkt (Römer 1,16). Das Wort *Kraft* in diesem Vers ist eine Übersetzung des griechischen Wortes *dynamis*, von dem das Wort *Dynamit* abgeleitet ist. Diese gute Nachricht – die Kernbotschaft in Bezug auf die Mission Jesu – ist Gottes explosive Energie. Diese Botschaft Jesu hat etwas an sich, das unglaublich kraftvoll ist.

Dynamit besitzt explosive und zerstörerische Kräfte. In der guten Nachricht dagegen liegen andere Kräfte. Sie heilt, erneuert und versöhnt. Sie kann Überzeugungen verändern, Leben retten und Beziehungen erneuern. Das alles bewirkt die Wahrheit. Aber auch sie hat explosive Kräfte, sie kann zerstören und alle Lügen aufdecken, die sich in unser Leben eingeschlichen haben und unsere Beziehung zu Gott und unser Selbstbild verfälschen wollen.

Was ist das in einem Wort?

Die Botschaft Jesu hat die Macht, unser Leben zu verändern, es auf den Kopf zu stellen. Diese Botschaft setzt Veränderung in Gang, Veränderung der Menschen und ihrer Beziehungen, und sie hat sogar einen eigenen Namen. Jesus und seine ersten Jünger nannten sie das „Evangelium", was „gute Nachricht" bedeutet.

Aber sie ist nicht nur das Gegenteil von schlechter Nachricht. Bei den ersten Christen bedeutete dieser Begriff *die* gute Nachricht schlechthin. Sie ist die bestmögliche Nachricht, die beste Nachricht, die Sie je bekommen können. Es ist die Nachricht, auf die Sie gewartet haben, die Sie zu finden hofften und nach der Sie sich sehnen. Das ist das Evangelium.

Das englische Wort *gospel* ist abgeleitet von dem altenglischen Wort *godspell*. Es bedeutet „gute Erzählung" oder „gute Geschichte". Übersetzer bedienen sich dieses Wortes, um das griechische Wort in den Ursprungstexten der Bibel wiederzugeben: *euangelion*. Lateinisch heißt das *evangelium*.

Davon sind mehrere zeitgenössische Wörter abgeleitet. *Evangel* (engl.): Die gute Botschaft von Jesus. *Evangelisation* und *evangelisieren*: Die Verbreitung der guten Nachricht. *Evangelistisch*: Ein Adjektiv, das sich auf Menschen bezieht, die aktiv ihren Glauben weitergeben. *Evangelist*: Eine Person, die evangelisiert, manchmal kombiniert mit einer Vorsilbe für *Television*. Damit ist dann ein Fernsehevangelist gemeint.

Und an dieser Stelle wird das Wort *evangelikal* häufig missverstanden. In einigen Ländern sind mit diesem Adjektiv religiöse und politische Konservative gemeint, aber im ursprünglichen Sinn beschreibt es „Menschen, die mit ihrem ganzen Sein hinter der guten Nachricht von Jesus stehen". Darum muss ich die Leute, wenn sie mich fragen: „Na, Bruxy, gehörst du auch zu diesen *evangelikalen* Christen?", bitten zu erklären, was sie meinen. Meinen sie eine Person, die sich an der einfachen und lebensverändernden Botschaft von Jesus freut, die ihm ähnlicher werden möchte und diese gute Nachricht gern an andere weitergibt? Dann gehöre ich dazu. Meinen sie eine Person, die einer religiösen Subkultur angehört, die bekannt ist für ihre Vorurteile, ihren politischen Konservatismus und ihre moralisierenden Aufkleber? Dann gehöre ich entschieden nicht dazu.

Geburtsankündigung

Wenn das Evangelium von Jesus für alle tatsächlich eine gute Nachricht ist, dann wirkt sich das natürlich auch auf unseren Umgang mit dieser Botschaft aus, ob wir sie für uns behalten oder an andere weitergeben. Die meisten Menschen zeigen Toleranz für den Glauben anderer, solange sie nicht damit belästigt werden. Aber wenn ich eine gute Nachricht für Sie habe und für mich behalte, dann ist das keine Freundlichkeit, sondern Unfreundlichkeit. Wir sprechen hier von einer wirklich wundervollen Nachricht, die für alle bestimmt ist. Das Evangelium ist eine Ankündigung, die weitergegeben werden muss.

Wenn ein altes Weltreich einen Krieg gegen einen aggressiven Feind gewann und dadurch eine Zeit der Sicherheit, des Friedens und Wohlstands eingeläutet wurde, dann wurde die Botschaft von diesem Sieg weitergegeben als *euangelion* – als Evangelium. Wenn ein Königskind zur Welt kam, hieß die Ankündigung, die im ganzen Land verbreitet wurde, *euangelion* – Evangelium. Wenn etwas Wundervolles, „Weltveränderndes" geschah, trugen Herolde die Botschaft in die gesamte bekannte Welt und nannten sie *euangelion* – Evangelium.

Das wird deutlich in der Geschichte. Der römische Prokonsul Paulus Fabius Maximus ehrte Caesar Augustus, indem er von dem Tag seiner Geburt als „*euangelion* für die ganze Welt" sprach.

Jesus und seine ersten Jünger fassten in diesem Wort *euangelion* die gute Nachricht der Hoffnung und Heilung, der versöhnten Beziehungen und der (Wieder)Vereinigung mit Gott zusammen. Das ist mehr als nur eine *geistliche* Botschaft, eine *fromme* Botschaft oder eine Botschaft des *Glaubens*. Sie ist all dies und doch noch viel mehr. Die gute Nachricht von Jesus ist eine diesseitige Spiritualität (im Gegensatz zur jenseitigen), die Einfluss hat auf unsere Einstellung zu Politik, Handel und natürlich auch unsere Beziehungen. Das Evangelium ist also eine gute Nachricht, die weite Verbreitung finden sollte. Es ist eine Ankündigung für alle

Menschen von einem weltverändernden Ereignis, Gottes Angebot von Frieden und Versöhnung an wirklich jeden Menschen.

Als Jesus geboren wurde, verkündete ein Engel die Nachricht seiner Geburt den Hirten auf den Feldern als „eine Botschaft, die das ganze Volk mit großer Freude erfüllen wird" (Lukas 2,10).

    Gute Botschaft.
        Große Freude.
            Dem ganzen Volk.
                Das ist das Evangelium.

Wenn die gute Nachricht zur schlechten mutiert

Wenn das Evangelium wirklich die gute Nachricht großer Freude ist, dann ist es eine durch und durch positive Nachricht. Das zeigt sich in der Meinung der Menschen über das Evangelium, wie sie darüber reden und es mit anderen teilen. Jedes Gespräch über das Evangelium sollte stattfinden in einer positiven emotionalen Umgebung, in der Freude und Hoffnung für jeden zu finden ist. Leider wird das Evangelium viel zu oft durch wütendes Geschrei weitergegeben, als wäre wütendes Geschrei ein Hinweis auf geistliche Leidenschaft. (Das ist nicht so.)

Wenn das Evangelium als zorniges Evangelium verkündigt wird (ein Widerspruch in sich), entsteht eine Dissonanz zwischen dem Inhalt der Botschaft und dem Geist, in dem sie weitergegeben wird. Was als *gute* Nachricht gehört werden sollte, wird vermittelt, als wäre es eine *schlechte* Nachricht. Das schafft mehr Unstimmigkeit als Licht, genauso viel Verwirrung wie Überzeugung.

Wenn Sie also im Namen Jesu von einem Menschen verletzt oder beleidigt wurden, der Eifer mit Zorn und Wahrheit mit Kritik verwechselt hat, dann möchte ich mich hier und jetzt entschuldigen. Wenn Sie durch konservative Frömmigkeit und ihre sich ereifernden Prediger vor den Kopf gestoßen wurden, dann tut es mir leid. Jesus hat uns gelehrt, Gott urteilen zu lassen. Es ist eine Tragödie, wenn ein Mensch, der sich Christ nennt, verurteilend, voreingenommen oder etwas anderes ist als liebevoll, gütig, fröhlich und freundlich.

Es stimmt, dass eine gute Nachricht manchmal nur Sinn macht, wenn ihr eine schlechte Nachricht gegenübergestellt wird, vor allem wenn die gute Nachricht die Lösung eines Problems ist. Wenn Ihr Arzt sagen würde: „Ich habe eine gute Nachricht für Sie: Ich glaube, Sie haben gute Chancen, diesen Krebs zu besiegen", dann wäre das für Sie eine gute Nachricht, wenn Sie bereits wissen, dass Sie an Krebs erkrankt sind. Denn sonst wäre diese „gute Nachricht" für Sie die schlimmste Nachricht, die Sie seit langem bekommen haben. Das Problem, für das das Evangelium die Lösung hat, werden wir noch ehrlich benennen (das kommt später im Buch). Und es gibt sicher Aspekte der Botschaft und Mission Jesu, die für einige Menschen eine schlechte Nachricht sind, weil bestimmte Menschen, vor allem die mit einer religiös konservativen Einstellung, sie als anstößig empfinden. Aber das darf uns niemals veranlassen, andere durch unseren Tonfall, unsere Haltung oder unsere kritische Einstellung zu beleidigen.

Im Augenblick jedoch dürfen wir nicht übersehen, was klar sein sollte: Das Evangelium ist eine fröhliche Nachricht, eine Nachricht, die glücklich macht und gefeiert werden sollte. Diese Freude sollte immer unsere Einstellung sein, wenn wir auf die gute Nachricht von Jesus hören, uns damit auseinandersetzen und sie weitergeben.

Unser tiefstes Bedürfnis

Im Evangelium geht es um Vereinigung mit Gott – kurz gesagt, um eine Vereinigung mit dem Einen, der unserem Leben Bedeutung und ein Ziel gibt. Und in dem Maß, wie wir diese Botschaft verstehen und annehmen, werden auch andere grundlegende Bedürfnisse des Menschen zum Thema.

Annahme.
Vergebung.
Sinn.
Sicherheit.

Im Laufe der Jahre habe ich erlebt, dass diese gute Nachricht auf die unterschiedlichste Weise auf Menschen eingewirkt hat, ganz besonders in diesen vier Bereichen. Die gute Nachricht von Jesus erfüllt unsere fundamentalen menschlichen Bedürfnisse nach Annahme durch Gottes Liebe, Vergebung durch Gottes Gnade, Sinn durch den Auftrag des Reiches und Sicherheit in Gottes Ruhe vor der Religion.

Abraham Maslow, vielleicht einer der einflussreichsten Psychologen des vergangenen Jahrhunderts, entwickelte die so genannte „Maslowsche Bedürfnishierarchie" (auch bekannt als „Bedürfnispyramide"), durch die er sehr bekannt wurde. Wie sie in den meisten psychologischen Sachbüchern dargestellt wird, ordnet diese Pyramide der Prioritäten die Bedürfnisse der Menschen in körperliche und Sicherheitsbedürfnisse ein, weiter oben kommen dann die Beziehung betreffenden und psychologischen Bedürfnisse. Die Spitze bildet die „Selbstverwirklichung".

Allerdings wissen die meisten Menschen nicht, dass diese Darstellung Maslows frühem Denken entspricht, das er später korrigierte. Über die Selbstverwirklichung stellte er noch eine Bedürfnisebene: die *Selbstüberschreitung*. Das höchste aller Bedürfnisse des Menschen ist das Bedürfnis, über sich hinauszuwachsen, sich von der Abhängigkeit vom eigenen Ich zu lösen. Unser größtes Bedürfnis ist, etwas zu kennen, das größer ist als wir selbst, und von dieser höheren Realität gekannt zu werden und daran teilzuhaben. Augustinus drückte es folgendermaßen aus: „Unruhig ist meine Seele, bis sie Ruhe findet in dir."

Vor dem Anfang

Als meine Tochter Maya acht Jahre alt war, fanden wir es an der Zeit, uns als Familie die ganze „Star Wars"-Saga anzuschauen, und wir fingen ganz vorne an: *Episode IV – Eine neue Hoffnung*. Wir ließen sie die Sendungen schauen, ohne irgendwelche Erklärungen abzugeben, sodass Maya einige der Überraschungsmomente erleben konnte wie wir damals als Kinder – Obi Wans Opfer, Darth Vaders Vaterschaftsoffenbarung, die Tatsache, dass Luke und Leia Geschwister waren, und sogar Vaders Erlösung am Schluss.

Als der Abspann begann, bemerkte ich Mayas verwirrten Gesichtsausdruck, aber wir ließen den Film weiterlaufen. Dann schließlich, nachdem wir ein paar Minuten zugeschaut hatten, fragte Maya, ob wir eine Pause machen und reden könnten. Ihre Fragen lauteten ungefähr folgendermaßen: *Episode IV? Eine neue Hoffnung?* Was war denn die *alte* Hoffnung? Warum brauchten sie überhaupt Hoffnung? Und was passierte in den Episoden 1, 2 und 3? (Ich erklärte ihr, dass es sie nicht gäbe und wir das für uns behalten würden.) Warum sei dieser goldene Roboter Brite? Warum erwürgt dieser große, maskierte Mann mit den Atemproblemen alle guten Leute? Und warum können wirklich alle so schlecht zielen?

Manche Fragen beantwortete ich ihr, und bei anderen sagte ich, sie solle nur Geduld haben und weiter zuschauen, weil sich das im Laufe des Films auflösen würde. Action ist interessant, aber wir brauchen einen Kontext für Klarheit, um begreifen zu können.

Die gute Nachricht steht in einem Kontext. Wenn wir über das Leben und die Lehre Jesu lesen, dann treten wir ein in eine Geschichte, die bereits im Fortschritt begriffen ist. Wenn wir also das Evangelium begreifen wollen, müssen wir zurückgehen, auszoomen und Jesus in seinen geschichtlichen Kontext stellen.

In der Geschichte Gottes in Beziehung zur Menschheit könnte Episode I heißen „Von Gott erschaffen, wie Gott, für Gott". Episode II wäre „Der Abgrund", und Episode III „Das Alte". Als Jesus die Bühne betritt, beginnt Episode IV „Eine neue Hoffnung".

Aber zuerst müssen wir zurückgehen, vor den Anfang, lange Zeit zurück, bevor es eine weit entfernte Galaxie gab, oder überhaupt eine Galaxie.

KAPITEL 3

SCHLECHTE GRAMMATIK, GUTE LIEBE

> Was uns in den Sinn kommt, wenn wir über Gott
> nachdenken, sagt am meisten über uns aus. ... Kein Mensch
> hat sich je über seine Religion erhoben, und ... keine Religion
> ist je größer gewesen als ihre Vorstellung von Gott.
>
> **A. W. Tozer**

Versuchen wir es einmal mit einem Experiment, das Aiden Wilson Tozer, ein wundervoller christlicher Denker, vorgeschlagen hat.

Reisen Sie in Ihrer Fantasie in der Zeit zurück, zu einem Punkt vor dem Anfang. Stellen Sie sich vor, alles läuft im Schnelldurchlauf rückwärts, löst sich auf und verschwindet. Zivilisationen sind jetzt verschwunden, und die Erde ist gestaltlos und leer. Jetzt stellen Sie sich vor, dass die Erde verschwindet, das Sonnensystem, die Galaxie und das ganze Universum, zu dem wir gehören. Denken Sie sich alle Planeten und Sterne weg. Denken Sie sich alle Materie weg. Denken Sie sich alles Licht und alle Dunkelheit weg. Stellen Sie sich den „Urknall" in umgekehrter Richtung vor. Denken Sie sich alles, was Sie sich vorstellen können, weg, bis nur noch eine große Leere da ist. Und jetzt denken Sie sich auch diese Leere weg. Da ist keine Leere mehr. Was bleibt?

Wenn ich Teilnehmer eines Workshops durch dieses Gedankenexperiment führe, schließen sie die Augen und leiten ihre gesamte geistige Energie in ihre Vorstellungskraft. Beim Lesen funktioniert das nicht so gut. Ich werde Ihnen aber trotzdem einige der Fragen stellen, die ich den Teilnehmern eines Seminars stellen würde.

Was fühlen Sie? Viele sagen, sie fühlen sich desorientiert, sie empfinden eine Art Fantasie-Schwindel und wünschten, sie könnten schummeln und sich einen festen Halt denken, an dem sie sich festhalten könnten. Ganz allein in der leeren Weite des Raums zu sein, ist ihnen unheimlich.

Was sehen Sie? Viele Menschen sehen nur Dunkelheit. Unendliche Dunkelheit in allen Richtungen.

Was hören Sie? Nichts. Die meisten Menschen haben keinen Soundtrack für diesen Tagtraum. Sie stellen sich vor, gar nichts zu hören.

Was spüren Sie unmittelbar vor sich? Das ist eine schwierige Frage, weil die Teilnehmer wissen, dass dieses ganze Experiment vermutlich eine „Gott"-Pointe hat. Vielleicht glauben sie sogar an Gott. Aber sobald die eigene Vorstellungskraft einen in eine Realität der dunklen und stillen Weite vor der Erschaffung des Universums geführt hat, dann fällt es schwer, die Gegenwart Gottes oder etwas anderes an diesem Punkt zu spüren.

Darum lade ich die Teilnehmer ein, ihre Vorstellungskraft neu auszurichten auf das, was wir von Jesus wissen. Inwiefern würden sich Ihre Antworten unterscheiden, wenn Ihr Geist durchdrungen wäre von dem Evangelium Jesu?

Was fühlen Sie? Lassen Sie das Gefühl los, allein inmitten der leeren Weite des Raums zu stehen. Der Raum existiert noch nicht. Es gibt kein „Dort". Und es gibt kein „Dann". Es gibt nur das Hier.

Was sehen Sie? Licht. Reines, geistliches Licht (siehe Johannes 4,24; 1. Johannes 1,5).

Was hören Sie? Gespräch. Wärme. Willkommen. Das Licht ist Liebe, und Liebe steht immer in Beziehung. Auf die Frage, was

Gott denn getan hat, bevor er die Welt erschaffen hat, antwortete Dallas Willard: „Er hat sich gefreut."

Was spüren Sie unmittelbar vor sich? Vor sich und um Sie herum ist das Licht des unbegrenzten Geistes, reine Liebe in reiner Beziehung. Das ist Gott.

Was hat Gott getan, bevor er alles erschaffen hat? Er hat an Sie gedacht. „Schon vor Beginn der Welt, von allem Anfang an, hat Gott uns, die wir mit Christus verbunden sind, auserwählt. Er wollte, dass wir zu ihm gehören und in seiner Gegenwart leben, und zwar befreit von aller Sünde und Schuld" (Epheser 1,4).

Das ist unser Ursprung. Das ist unsere Quelle und unser Erhalter. Auch jetzt leben wir „durch ihn allein" (Apostelgeschichte 17,28) und durch ihn handeln wir innerhalb dieser Realität. *Das* ist die Kraft (nicht die Midi-Chlorianer). Der Gott, der reine Liebe ist, hält das Universum zusammen (Kolosser 1,15–17). Wir leben in einem Universum, das durchdrungen ist von einer immer nach Beziehung strebenden Liebe und von ihr zusammengehalten wird. Beziehung geschieht überall um Sie herum, und Sie sind eingeladen in diese Dimension des Bewusstseins und der Erfahrung.

Aus Liebe geboren

Die Bibel beginnt – nun, am Anfang. Vor dem großen Urknall war jemand, der den großen Urknall ausgelöst hat. Und diese explosive Kraft, die ein Universum geschaffen hat, ist reine Liebe.

Wir sind geboren aus Liebe.

In der Bibel heißt es ganz unmissverständlich, dass Gott Liebe ist (1. Johannes 4,8.16), und das Wesen der Liebe ist, das Leben zu teilen, zu erweitern, zu erschaffen und zu erhalten. Die Bibel beginnt also mit der Geschichte von Gottes Entscheidung zu erschaffen. In dem Schaffensprozess weitete Gott seine eigene innere Erfahrung von Liebe. Wir sind das Ergebnis und der Ausdruck von Gottes Liebesleben.

Gott ist Liebe. Und Liebe lebt im Kontext einer Beziehung. Liebe existiert *in und zwischen* Personen. Liebe ist eine *Energie innerhalb einer Beziehung*. Beziehung ist das Gewebe, das zwei Menschen miteinander verbindet, damit Liebe zwischen ihnen fließen kann, denn Liebe ist nur Liebe, wenn sie sich zwischen Menschen oder in einem Menschen bewegt. *Zwar mag es Beziehungen ohne Liebe geben, doch eine Liebe ohne Beziehung gibt es nicht.* In sich und aus sich heraus könnte Gott nicht „Liebe" sein ohne Ausdruck und erlebte Beziehung, denn das ist eine grundlegende Eigenschaft Gottes. Wenn Gott eine Monade wäre, dann hätte er nicht jemanden oder etwas geschaffen, dem gegenüber er Liebe üben und zeigen könnte, und selbst dann hätte er sich nur als *„liebend"* beschrieben, aber nicht als „Liebe". Bis ein anderes Wesen erschaffen wurde, das er lieben konnte, könnten wir diese Art Gottes als *potenziell* liebend beschreiben, später dann als *tatsächlich* liebend. Die Formulierung „Gott ist Liebe" bedeutet, dass dieser andauernde Austausch von Liebe in seinem Wesen existiert. Liebe ist also Gottes göttliche DNA.

Unsere Entstehungsgeschichte

Als Gott nun die Entscheidung traf, seine Liebe durch Beziehungen auszuweiten, indem er uns erschuf, sprach Gott von sich selbst im Plural, wie wir es in der Bibel lesen: „Dann sagte Gott: ‚Jetzt wollen *wir* den Menschen machen, unser Ebenbild, das *uns* ähnlich ist'" (1. Mose 1,26).[5] Gott ist Liebe, und darum ist Gott Personen-in-Beziehung.

Auf dreierlei Weise wird Gott in der Bibel dargestellt – Gott wird mit drei „Personen" identifiziert: Gott ist Jesus, unser Herr, auch der Sohn Gottes genannt. Gott ist der Vater, über den und

---

5   Wenn nicht anders vermerkt, stammt die kursive Hervorhebung in Bibelzitaten von mir.

mit dem Jesus spricht. Und Gott ist Heiliger Geist, den Jesus zu uns schickt, damit er mit uns und in uns lebt.

Diese drei Personen, Manifestationen, Aspekte von Gott, werden niemals als drei Götter gesehen, auch sind sie nicht nur drei Rollen, die der eine Gott spielt. Sie sind drei eindeutige Persönlichkeiten innerhalb der Einzigkeit Gottes. Was auf den ersten Blick wie ein einfacher Widerspruch oder theologisches Fachchinesisch erscheint, deutet eigentlich auf die tiefste Realität, die wir je mit unserem Geist oder unserem Herz erfassen können. Es bedeutet, dass Gott aus sich heraus auf Beziehung ausgerichtet ist. Er ist Gemeinschaft in Einheit. Er ist Pluralität in Einzigkeit. Der theologische Fachbegriff dafür im christlichen Glauben ist Dreieinigkeit. Und darum können wir sagen: „Gott ist Liebe."

Diese ewige und überfließende Liebe, die wir „Gott" nennen, wollte mehr Menschen in eine göttliche Beziehung bringen:

> Dann sagte Gott: „Jetzt wollen wir den Menschen machen, unser Ebenbild, das uns ähnlich ist. Er soll über die ganze Erde verfügen: über die Tiere im Meer, am Himmel und auf der Erde."
>
> So schuf Gott den Menschen als sein Abbild, ja, als Gottes Ebenbild; und er schuf sie als Mann und Frau.
>
> Er segnete sie und sprach: „Vermehrt euch, bevölkert die Erde und nehmt sie in Besitz! Ihr sollt Macht haben über alle Tiere: über die Fische, die Vögel und alle anderen Tiere auf der Erde" (1. Mose 1,26–28).

Alle Menschen, Männer wie Frauen, wurden von Gott erschaffen, im Bild Gottes. Sie sollten sein wie Gott, und in Beziehung mit Gott leben. Als Menschen in einer Liebesbeziehung sollen wir diese Realität in die Welt tragen. Durch uns verbreitet Gott die göttliche Liebe in der ganzen Schöpfung. Dies ist unser Ursprung, unser Sinn und der Kontext für alles, was nachfolgt. Das sind wir, und deshalb gibt es uns.

Beachten Sie, dass Gott im Text, nachdem er von sich im Plural geredet hat („Jetzt wollen wir den Menschen machen, unser

Ebenbild, das uns ähnlich ist"), wieder zum Singular zurückkehrt, wenn von Gott die Rede ist. („So schuf Gott den Menschen als sein Abbild, ja, als Gottes Ebenbild.") Das ist eine schlechte Grammatik, aber eine überwältigende Theologie. Gott ist der „Uns" und gleichzeitig der „Er". Das ist der Gott (Singular), der Liebe ist (Personen-in-Beziehung).[6] *Wir wurden durch Beziehung für Beziehung erschaffen.*

Sehen Sie sich die Sonne, den Mond und die Sterne an. Gott hat das ganze Universum geschaffen als Spielwiese für die Beziehung mit Ihnen. Sonnen und Planeten sind Beiwerk, nicht das letzte Ziel. *Sie* sind das Ziel. Gott hat Sie in seinem Ebenbild erschaffen, damit er das Leben zusammen mit Ihnen meistern kann. Das bedeutet, dass Gott im Augenblick seine ganze Zeit und Energie auf Sie verwendet. Und nichts sonst. Er hat keine Hobbys. Keine Ablenkungen. Nur Sie.

Der Atem Gottes

In der Bibel wird Adam, der erste Mensch, folgendermaßen beschrieben: „Da nahm Gott, der Herr, etwas Staub von der Erde, formte daraus den Menschen und blies ihm den Lebensatem in die Nase. So wurde der Mensch ein lebendiges Wesen" (1. Mose 2,7).[7] Was für eine Intimität! Wir wurden durch den Atem Gottes ins Leben gerufen.

---

6   Nur eine kleine Erinnerung: Ich folge der biblischen Tradition und verwende die Personalpronomen *er* und *ihm*, wenn ich von Gott spreche. Das steht im Gegensatz zu dem Pronomen *es*, nicht im Gegensatz zu *sie* oder *ihr*. Mit anderen Worten: Hier geht es darum zu zeigen, dass Gott persönlich ist, nicht männlich.

7   „Adam" und „Mann" sind beides Übersetzungen desselben hebräischen Wortes *ha'adam*, das von dem hebräischen Wort für „Dreck, Erde" abgeleitet ist. Wörtlich bedeutet es „das Erdenwesen" oder der „Erdling". Menschlich zu sein bedeutet, eine Mischung aus Erde und dem Göttlichen zu sein.

Das hebräische Wort, das hier für „Atem" verwendet wird, kann auch Luft oder Wind oder Geist bedeuten. Wir kennen den Ausdruck, dass jemand der „Wind unter unseren Flügeln" ist. Gott ist der Atem, der unsere Seele ausfüllt und uns in die Lüfte hebt.

Bleiben wir doch bei unserem Bild vom Drachen. Gott ist wie der weite Himmel, und er hat uns erschaffen, damit wir uns wie ein Drachen in die Lüfte erheben, näher zu ihm, und in der Atmosphäre seines göttlichen Ichs schweben. Und besonders hoch fliegen wir, wenn zwei Bedingungen erfüllt sind: Erstens, wenn wir uns durch den Glauben an Jesus gebunden haben als unseren historisch verwurzelten Fixpunkt, der unseren Flug führt und es möglich macht, dass wir uns überhaupt in die Luft erheben. Und zweitens, wenn wir von dem Wind Gottes in die Lüfte erhoben werden, dem Atem des Heiligen Geistes.

Liebe und Entscheidung

Zur Liebe gehört eine Entscheidung. Aus Liebe beschloss Gott, uns zu erschaffen. Er traf auch die Entscheidung, uns in *seinem Ebenbild und Abbild* zu erschaffen, was bedeutet, dass auch wir die Fähigkeit besitzen, Entscheidungen zu treffen. Um Entscheidungen treffen zu können, brauchen wir ein Umfeld, das Entscheidungen erfordert, etwa die wichtige Entscheidung zu lieben oder nicht zu lieben. Hier kommen wir zur Geschichte von Adam und Eva.

Damit die Menschheit als Ebenbild der göttlichen Liebe gedeihen kann, hat Gott beschlossen, uns Entscheidungsfreiheit zu geben, und diese Entscheidungsfreiheit war keine Illusion. Echte Liebe braucht echte Entscheidung. Und um eine echte Entscheidung treffen zu können, brauchen wir reale Möglichkeiten, zwischen denen wir entscheiden können, mit wirklichen Beweggründen, echten Gelegenheiten und realen Konsequenzen.

Und so hat Gott Adam und Eva gezeigt, wie sie seine Liebe erwidern können, aber er hat ihnen genauso die Möglichkeit gegeben, sich von seiner Liebe abzuwenden. Gott schenkte seinen Ebenbildern alle Bäume im Garten Eden. Sie durften von jedem Baum essen, mit Ausnahme eines bestimmten Baums, des „Baums, der dich Gut und Böse erkennen lässt" (1. Mose 2,17). Der Name des Baums sagt alles. In einer vollkommenen Welt wüssten Adam und Eva nichts von „Gut" und „Böse" als gegensätzliche Kategorien. Wenn alles „gut" ist, dann sind die Begriffe „böse" und sogar „gut" Kategorisierungen ohne Bedeutung. Aber Adam und Eva, die wie Gott als Entscheider geschaffen wurden, bekamen die Macht, das zu ändern.

Gott hatte die Menschen erwählt, aber würden sie auch ihn erwählen?

Trennungsangst

Nachdem Gott Adam und Eva erschaffen und ihnen erlaubt hat, von allen Bäumen bis auf einen zu essen, kommt die Versuchung zu ihnen in der persönlichen Gestalt der Schlange. Achten Sie auf die ersten Worte der Schlange zu Eva: „Hat Gott wirklich gesagt, dass ihr von keinem Baum die Früchte essen dürft?" (1. Mose 3,1).

Die Versuchung nimmt hier die Form einer Frage an. Dies ist das erste Beispiel in der biblischen Geschichte, dass jemand mit einem anderen *über* Gott redet. Die Schlange spricht mit Eva, *als wäre Gott nicht da*.

Ganz geschickt sät die Schlange Zweifel an Gottes Absichten und sogar an seiner Gegenwart in den Gedanken von Adam und Eva. Sie lockt sie auf einen gefährlichen Gedankenpfad. Der Köder wurde ausgelegt, die Falle aufgestellt. Falls sich Eva darauf einlässt, ist sie auf dem besten Weg, ihr Unterbewusstsein auf eine tödliche Täuschung einzustellen: Die Annahme, dass Gott abwesend ist, und dass sie sich im Geist aus der Beziehung mit ihm löst.

Zweitens, beachten Sie, dass die Schlange eine ziemlich dumme Frage stellt. Sie täuscht Verwirrung vor, und ihre Frage wurzelt in einer Annahme, die leicht korrigiert werden kann. Ihr geht es nicht um Klarstellung – sie sucht das Gespräch. „Hat Gott wirklich gesagt, dass du nichts hiervon essen darfst? Ich meine, hat er dich wirklich in diesen Garten gesetzt und will zusehen, wie du verhungerst?" Die Frage selbst lädt zu einer unmittelbaren Reaktion auf diese törichte Annahme ein. Doch durch ihre Reaktion handelt Eva nun genauso wie die Schlange, so, als wäre Gott nicht da, und sie hat ihre Seele für eine Art unterbewusste, geistliche Trennungsangst geöffnet.

Sie wissen ja: Unsere Bestimmung ist es, in Liebe mit Gott zu leben. Göttliche Liebe ist die geistliche Luft, die wir in jedem Augenblick unseres Lebens atmen sollen. Sobald wir uns für die Lüge, Gott sei fort – er sei fern und wir seien von seiner Fürsorge abgeschnitten – öffnen, werden unsere Entscheidungen aus Panik und Selbsterhaltungstrieb heraus getroffen und nicht mehr aus Liebe.

Wir können Eva ihre von Angst beeinflusste Entscheidung, selbst das Heft in die Hand zu nehmen und die Frucht zu essen, nicht vorhalten. Wir tun das doch auch andauernd. Wenn wir irrtümlicherweise denken, Gott sei nicht da, nehmen wir das Heft in die eigene Hand und kämpfen auf Kosten der Verbundenheit um unser Überleben.

Die Schlange hat unsere Vorfahren in Versuchung geführt, und das tut sie auch noch heute: Sie will uns dazu bringen, uns abzuwenden von dem Liebesleben Gottes und eigenständig und abgesondert zu leben. Der Mensch traf damals die Entscheidung, seinen eigenen Weg zu gehen und sein Ich über alles andere zu stellen, und das tut er auch heute noch. Wir haben damals entschieden, unsere Autonomie über die Intimität zu stellen und tun das auch heute noch. Seither erlebt die Menschheit eine geistliche Verlagerung und Desorientierung. Wie ein Drachen, der sich im Namen der Freiheit von dem losreißt, der ihn hält und leitet, um dann im Sturzflug auf der Erde zu landen, so zog die Sünde des Menschen Folgen nach sich, die katastrophal waren und sind.

Die Kluft überbrücken

Wenn wir auf die Lüge hereinfallen, dass Gott nicht bei uns ist, geraten einige von uns in eine entmenschlichende Abwärtsspirale hinein in Narzissmus, Gier und Apathie – eine Art von „Anti-Liebesleben", das nur so viel *gibt*, dass wir *bekommen*, was wir wollen. Es ist dieser Impuls, der die meisten der Ereignisse befeuert, von denen wir in den Abendnachrichten hören. Doch häufiger noch leben wir einfach ein annähernd annehmbares Leben des egoistischen Ehrgeizes: Nicht so destruktiv, dass es Aufmerksamkeit erregt, aber nicht so von Liebe bestimmt, dass Gottes Ebenbild in und durch uns scheinen kann.

Es gibt jedoch andere, die sich für einen etwas erleuchteteren Weg entscheiden, wie einige meinen – den Weg der Religion. Die Religion ist unser Versuch, die angenommene Kluft zwischen Gott und uns zu überbrücken. Intuitiv spüren wir, dass Gott nahe zu sein unser ganzes Glück ist (Psalm 73,28), darum versuchen wir aus eigener Kraft die Kluft zu Gott zu überbrücken. Wir bauen unsere Brücke zu Gott durch religiöse Vorschriften, Regeln, Rituale und Routinen. Wir suchen fromme Orte und heilige Räume auf und folgen meinungsbildenden Männern, die alles in der Hand haben.[8] Die Religion bietet einen Weg an, Gott gnädig zu stimmen, ihn dazu zu bringen, nicht mehr apathisch oder einfach nur fern zu sein, und in ihm den Wunsch zu wecken, uns wieder nahe zu sein. Aber die Religion lügt uns an, genau wie die Schlange.

---

8   Sie werden merken, dass ich, wenn ich über religiöse Führer spreche, generell von Männern spreche, nicht von Männern und Frauen. Das ist Absicht. Seit den ersten Aufzeichnungen wird die Religion mehrheitlich von Männern geführt, für Männer.

Wenn wir nach 1. Mose, Kapitel 3, weiterlesen, dann stoßen wir immer wieder auf den unnützen Versuch der Menschheit, die angenommene Kluft zu Gott zu überbrücken. Aber Gott hat viel Geduld mit uns. Immer und immer wieder toleriert er nicht nur unsere vielfältigen Forderungen nach Herrschern, Ritualen, Tempeln und Opfern, die typischen Kennzeichen von Religion, sondern erfüllt sie auch, wohl wissend, dass er seine Botschaft, seine Liebe und seine Gegenwart auf außergewöhnliche Weise deutlich machen wird, indem er *Immanuel* wird, was bedeutet „Gott mit uns" (Matthäus 1,23).[9]

Obwohl Satan das erste Wort gesprochen und damit die Ablösung der Menschheit von Gott in Gang gesetzt hat, wird Gott das letzte Wort sprechen und uns wieder zusammenbringen.

Aussichtsreiche Kandidaten

Nachdem wir uns jetzt den Kontext der Liebe angesehen haben, in dem das Evangelium angesiedelt ist, wollen wir uns nun näher damit befassen, was das Evangelium bedeutet. Wie Sie wissen, werden wir das Evangelium in dreißig Wörtern untersuchen, in drei Wörtern und im nächsten Kapitel in einem Wort.

Das Evangelium kann zumindest teilweise zusammengefasst werden in Begriffen wie *Erlösung, Versöhnung, Willkommen, Umarmung, Rettung und Verbindung wiederherstellen*. Doch wenn wir in der Bibel lesen, fallen uns ein paar Wörter auf, die als zusammenfassende Begriffe für die gute Nachricht von Jesus alle anderen in den Schatten stellen. Bevor wir also zum nächsten

---

9   Immanuel (ein hebräisches Wort) wird manchmal auch Emanuel geschrieben (die griechische Variante). Außerdem wird im Alten Testament der Bibel häufig übersehen, dass Gott viele religiöse Institutionen und Rituale, die er selbst eingesetzt hat, anprangert, die Menschen aber danach verlangen. Durch Jesus sagt Gott: „Genug!" In Kapitel 10 finden Sie mehr dazu.

Kapitel weitergehen, wollen wir uns einmal zwei aussichtsreiche Kandidaten für unsere Preisverleihung „Das Evangelium in einem Wort" ansehen.

Wie bei einer echten Preisverleihung fangen wir an mit dem zweitaussichtsreichsten Kandidaten, bevor wir zum aussichtsreichsten Kandidaten kommen. Und der zweitaussichtsreichste Kandidat ist ... (Trommelwirbel bitte):

Gnade!

Die Wortführer der frühen Jesus-Bewegung nannten das Evangelium „die rettende Botschaft von der Gnade Gottes" und „die Botschaft von seiner Gnade" (Apostelgeschichte 20,24.32). Sie hatten über alles, was sie mit Jesus erlebt hatten, und alles, was sie von ihm gelernt hatten, intensiv nachgedacht, und dieses Wort *Gnade* schien in ihren Augen alles zusammenzufassen.

Gnade bedeutet „Geschenk". Gnade sagt, dass Gott bereits alles für uns getan hat, was wir durch unser Wohlverhalten und unsere langweilige Religion bewerkstelligen wollen. Gnade bedeutet, dass Gott uns Erlösung, Leben und Liebe als Geschenk anbietet, ohne Bedingungen und ohne Kosten für uns. Gnade ist Gottes großer Endlauf um die Religion herum – um alle Regeln, Vorschriften, Rituale und Routinen, die heiligen Männer und heiligen Mittel, die heiligen Orte und heiligen Räume –, um uns direkt und innig zu lieben, in unmittelbarer Nähe.

Wenn ich mit jemandem rede, für den Jesus ein Symbol für Religion ist – der Begründer irgendeines Systems, bei dem es um die Einhaltung religiöser Vorschriften geht –, dann brennt es mir auf den Nägeln, dieser Person klarzumachen, dass die Botschaft von Jesus „die gute Nachricht von Gottes Gnade" ist und welche Auswirkungen das hat.

Aber auch wenn die ersten Freunde Jesu und die ersten christlichen Leiter das Wort *Gnade* mehr als fast alle anderen in den Mund nahmen, wenn sie über das sprachen, was Gott durch Christus für sie getan hat, finden wir bei Jesus ein ganz anderes Wort, das das Evangelium zusammenfasst.

Dies führt uns zum aussichtsreichsten Kandidaten für das Evangelium in einem Wort. Wenn Sie sich in die Lehren Jesu vertiefen, wird Ihnen auffallen, dass er ein Wort im Zusammenhang mit dem Evangelium häufiger verwendet als jedes andere. Jesus selbst spricht an keiner Stelle in der Bibel von der *Gnade*, aber das Wort *Reich* verwendet er mehr als hundert Mal.

Regelmäßig bezeichnete Jesus sein Evangelium als „die rettende Botschaft von Gottes Reich" (z. B. Matthäus 24,14). Das haben die Leiter der frühen Gemeinde übernommen (z. B. Apostelgeschichte 8,12; 28,31). Der Ausdruck Gottes Reich wird in den Lehren Jesu häufig missverstanden. Er wurde missbraucht als Rechtfertigung für den Einsatz von Gewalt, für den Aufbau eines irdischen, geografischen und politischen Systems.

Doch bei Jesus war das Reich niemals ein geografischer oder politischer Begriff. Das Reich, das Jesus predigt, war und ist ein Reich, das in uns und zwischen uns existiert. Ein Reich ist mehr als der Herrschaftsbereich eines Königs. Es ist ein Reich im Rahmen einer Beziehung, eine Art des Zusammenlebens mit einer gemeinsamen Aufgabe, gemeinsamen Werten und Loyalität, die zusammengeführt werden unter die Autorität und Fürsorge des einen rechtmäßigen Herrschers. Wenn es im Evangelium um das Reich Gottes geht, dann soll das ausdrücken, dass Gott uns dahin führt, dass wir in Einheit, Harmonie und mit einer Zielsetzung zusammenleben.

Aber wir greifen vor. In einem späteren Kapitel werden wir noch einmal darauf zurückkommen, welche Schönheit in den Begriffen *Gnade* und *Reich Gottes* liegt. Doch im Augenblick wollen wir uns den beiden Kandidaten zuwenden, die das Evangelium am besten zusammenfassen.

Gibt es bessere Begriffe als *Gnade* oder *Reich Gottes*?

Damit wollen wir uns im nächsten Kapitel eingehender beschäftigen. Und interessanterweise finden wir die Antwort im ersten Mosebuch, unserem Ausgangspunkt. Als Adam und Eva sündigten, sprach Gott eine Prophezeiung aus. Gott sagte zu der Schlange:

> „Von nun an werden du und die Frau Feinde sein, auch zwischen deinem und ihrem Nachwuchs soll Feindschaft herrschen. Er wird dir auf den Kopf treten, und du wirst ihn in die Ferse beißen" (1. Mose 3,15).

Eines Tages, sagte Gott zu der Schlange, wirst du den Nachkommen Evas angreifen. Aber das wird dein letzter Fehler sein, denn er wird dir auf den Kopf treten. Eines Tages wird die Lüge, Gott sei fern und nicht an den Menschen interessiert, durch die Wahrheit der unverkennbaren Gegenwart Gottes und seiner Liebe zur Menschheit aufgedeckt werden. Die Wahrheit wird in Person erscheinen.

Diese Prophezeiung ist das Evangelium in Form eines Samenkorns. Die Theologen sprechen vom *Protoevangelium*. Das ist die gute Nachricht in Form eines reinen Versprechens.

Gott hat dieses Samenkorn durch die Jahrhunderte hindurch gehegt und gepflegt und die Welt kurze Blicke darauf erhaschen lassen. Bis eines Tages in einer kleinen Stadt in Israel ein Engel einer jungen Frau erschien mit der wundervollen Botschaft: *Es ist soweit.*

KAPITEL 4

DIE GUTE NACHRICHT IN EINEM WORT

In Jesus sehen wir, wie Gott ist.
Alan Hirsch

Als ich noch klein war, fragte ich mich, warum Jesus nicht als Frau zur Erde gekommen war (sie erschienen mir klüger). Ich fragte mich auch, warum Jesus nicht als Ire gekommen war (unsere Familie ist irischer Abstammung) oder als Dreifinger-Faultier (mein Lieblingstier). Und warum war er nur einmal gekommen, vor so langer Zeit, anstatt heute und jeden Tag zu Besuch zu kommen?

Mein Vater war ein sanfter, freundlicher und kluger Mann. Oft bestürmte ich ihn mit meinen seltsamen Gedankengängen und Fragen, und ganz geduldig half er mir, mögliche Antworten zu durchdenken.

„Warum ist Jesus nicht als Frau gekommen?", fragte ich ihn.

„Das hätte er tun können", erwiderte mein Vater. „Gott kann alles. Aber in der damaligen Kultur besaßen die Männer viel Macht, wie auch in vielen anderen Kulturen, und vielleicht ist Jesus als Mann gekommen, um den Männern, die die Macht inne hatten, zu sagen, sie sollten die Macht abgeben. Weißt du noch, dass er seinen Jüngern die Füße wusch? In jener Kultur war diese Aufgabe Dienern und Frauen vorbehalten, die keinerlei Macht besaßen. Aber als Jesus seinen Freunden die Füße wusch, forderte er sie auf, zu lernen, ebenfalls anderen die Füße zu waschen!"

„Warum war er kein Ire?", fragte ich vorsichtig.

„Er hätte als Ire kommen können. Gott kann alles. Aber er hatte bereits mit sehr viel Geduld mit einem anderen Volk gearbeitet, dem jüdischen Volk, und ihnen gezeigt, wie sie gemeinsam das Licht der Welt sein könnten. Doch als sie die Welt nicht so erhellten, wie Gott es wollte, kam Jesus als einer von ihnen genau zu ihnen."

„Warum nicht als Dreifinger-Faultier?", fragte ich.

„Das hätte er gekonnt", erklärte mein Vater immer noch sehr geduldig. „Gott kann alles. Damals, zur Zeit Moses wurde Gott ein Feuer in einem Busch und eine Wolkensäule, darum hätte er ganz bestimmt auch ein Dreifinger-Faultier werden können, wenn er es gewollt hätte. Aber du weißt ja, dass von allen Lebewesen allein wir Menschen im Ebenbild Gottes erschaffen wurden. Uns wurde die Verantwortung für unsere Erde übertragen, damit wir uns um die Schöpfung kümmern. Stell dir das doch nur mal vor – durch unsere Entscheidungen schützen wir Dreifinger-Faultiere oder schaden ihnen, indem wir ihr Lebensumfeld zerstören. Unsere Entscheidungen wirken sich auf sie aus, doch ihre Entscheidungen sind für uns bedeutungslos. Unsere Entscheidungen in Bezug auf unsere Umwelt haben Auswirkungen auf alle Lebewesen. In der Natur liegt die Macht bei uns. Aber: ‚Mit großer Macht geht große Verantwortung einher.' Das haben wir von Spiderman gelernt. Wir sind im Bild Gottes erschaffen, und das bedeutet, dass wir von Gott lernen müssen, wie wir unsere Macht zu lieben, zu umsorgen und zu kultivieren einsetzen müssen."

„Aber warum damals und nicht heute?", fragte ich.

„Er hätte auch heute kommen können. Gott kann alles. Aber sein Zeitpunkt ist perfekt gewählt. Die Römer damals hatten Straßen gebaut, sodass das Evangelium weite Verbreitung finden konnte. Durch die *Pax Romana* (römischer Friede) war es den Menschen möglich, relativ sicher zu reisen. Und unter verschiedenen Volksgruppen begann sich eine gemeinsame Sprache auszubreiten, das Griechisch, sodass sie miteinander kommunizieren konnten, was vorher nicht möglich war. Warum also hätte er noch länger warten sollen?"

„Warum kommt er denn nicht jeden Tag?"

„Das könnte er natürlich", erwiderte mein Vater darauf mit einem geduldigen Grinsen. „Gott kann alles. Und eigentlich tut er das auch jeden Tag und jeden Augenblick durch seinen Heiligen Geist. Aber, Brux, wenn Gott tatsächlich einer von uns würde – ich meine, *wirklich* Mensch würde –, dann würde das bedeuten, dass er nicht mehr jeden Tag an jedem Ort sein könnte. Menschen können das nicht. Menschen leben nur ein Leben an einem Ort. Und Gott wollte Mensch werden genau wie wir."

Mein Vater und meine Mutter und meine älteren Schwestern und Sonntagsschullehrer und Jugendpastoren – alle wurden mit meinen Fragen bestürmt. Und ihre Geduld zahlte sich aus. Endlich verstand ich es: Gott kam zu uns als einer von uns. Das ist die Menschwerdung und ein zentraler Inhalt des Evangeliums. Dieser Begriff der Menschwerdung hat weit reichende Folgen. Theologen sprechen von dem „Skandal der Besonderheit".

Durch seine Menschwerdung nahm Gott eine Sonderstellung ein, er wurde ein besonderer Mensch, kein gewöhnlicher Mensch. Und das schafft Besonderheit in Zeit und Raum, Geschlecht und Rasse. Gott wurde dies und nicht das. Gott wurde ein Mann, keine Frau. Gott wurde ein Jude, kein Heide. Gott wurde ein Israelit, kein Kanadier. Gott wurde ein armer Mensch, kein reicher. Gott wurde ein Mensch des ersten Jahrhunderts, nicht des einundzwanzigsten Jahrhunderts.

Also, wenn Sie bisher noch nicht drauf gekommen sind, werde ich Sie nicht länger im Unklaren lassen. Wie lautet nun das Evangelium in einem Wort? (Darf ich bitte den Umschlag haben?)

Das ist leicht. Es ist *Jesus*.

Das Medium ist die Botschaft

Einer der faszinierendsten Aspekte der guten Nachricht Jesu ist, dass Jesus seine Botschaft auf ein wesentliches Element fokussierte: sich selbst.

Jesus war Gottes Bote, doch er war mehr als das. Jesus war gleichzeitig auch Gottes *Botschaft*. Die engsten Nachfolger Jesu waren davon überzeugt, dass er das Wort Gottes nicht nur verkündigte, sondern das Wort Gottes *war*. Der Bote und die Botschaft waren eins, so verkündigte Jesus es. Jesus ist das Wort Gottes und kam zu uns im Fleisch (Johannes 1,1.14). Das Medium ist wahrhaftig die Botschaft.

Ja, das Evangelium ist eine universelle Botschaft, die über jedem historischen Kontext und jeder Kultur steht. Das bedeutet, dass die Botschaft Jesu für jeden Menschen jeder Zeit und jeden Ortes gilt. Aber Ursprung und Inhalt des Evangeliums wurzeln in einer bestimmten Person, zu einer bestimmten Zeit an einem bestimmten Ort. Es gibt kein Evangelium ohne das historische Leben Jesu, seine Lehren, seinen Tod, seine Auferstehung und seine Wiederkunft.

Das ist ein großer Unterschied zur Spiritualität von Buddha zum Beispiel. Einzelheiten über Buddhas Leben zu kennen, ist für buddhistische Spiritualität weniger bedeutsam, als über die buddhistischen Lehren, die Philosophie und Praxis Bescheid zu wissen. Und auch bei der Religion des Islams begegnen uns Unterschiede. Mohammed hat deutlich zum Ausdruck gebracht, dass er nur Bote ist und die Menschen sich an Gott wenden müssten, nicht an ihn.

Im christlichen Glauben dagegen geht es einzig und allein um Christus. Jesus hat nicht nur gepredigt, dass er den Weg zeigt, er nahm für sich in Anspruch, der Weg zu *sein*. Jesus hat nicht nur gepredigt, dass er die Wahrheit offenbaren, lehren oder auf die Wahrheit hinweisen will. Jesus wies auf sich selbst als die Verkörperung der Wahrheit hin. Jesus lehrte nicht nur einen Lebensstil, er erhob den Anspruch, selbst das Leben zu sein, nach dem wir suchen. Seine Worte könnten klarer nicht sein: „Ich bin der Weg, ich bin die Wahrheit, und ich bin das Leben" (Johannes 14,6).

Durch diesen Anspruch definiert Jesus das Evangelium als die gute Nachricht, dass Gott durch seinen Sohn Jesus in die Geschichte eingetreten ist mit seiner Mensch gewordenen Liebe. Jesus wird zum Dreh- und Angelpunkt der Geschichte – dem Einen, der alles zusammenführt, der allem, was vorher war und noch kommen wird, einen Sinn gibt. „Deshalb sehen sie auch das helle Licht dieser Botschaft nicht, die von Christus und seiner Herrlichkeit spricht. Und doch erkennen wir Gott selbst nur durch Christus, weil dieser Gottes Ebenbild ist" (2. Korinther 4,4), schreibt der Apostel Paulus. Das Evangelium ist eine Botschaft, die Licht bringt in diese Welt. Im Mittelpunkt steht Jesus, der uns zeigt, wer und wie Gott ist. Wenn Gott wie Jesus ist, dann ist das tatsächlich eine gute Nachricht.

Das Evangelium ist die Geschichte einer Person, und diese Person ist Jesus. Wenn Sie also mehr über das Evangelium erfahren wollen, müssen Sie sich intensiver mit Jesus beschäftigen. Wenn Sie das Evangelium studieren wollen, dann müssen Sie Jesus studieren. Und wenn Sie ein Buch über das Evangelium lesen wollen … raten Sie?

Dann werden Sie ein Buch über Jesus lesen.

Die Geschichte von Jesus

Das Neue Testament, der Teil der Bibel, der nach Jesus entstanden ist, beginnt mit vier Biografien von Jesus. Wir kennen sie als die vier Evangelien – das Matthäusevangelium, das Markusevangelium, das Lukasevangelium und das Johannesevangelium. (Einige Gelehrte diskutieren darüber, ob es richtig ist, Lukas' Evangelium als Biografie zu bezeichnen, oder ob es nicht vielmehr der erste Teil einer zweiteiligen Geschichte ist und im Zusammenhang mit seinem zweiten Buch, der Apostelgeschichte, gesehen werden muss. Aber das soll uns nicht den Schlaf rauben.)

Hier bezeichnet das Wort *Evangelium* nun vier bestimmte Bücher der Bibel. Warum ist das so?

Das Markusevangelium, das nach Ansicht vieler Gelehrter das älteste der vier Evangelien ist, beginnt mit den Worten: „Dies ist die rettende Botschaft von Jesus Christus, dem Sohn Gottes" (Markus 1,1). Markus fährt nicht fort, indem er einen kernigen Spruch zitiert oder eine Sensationsnachricht als die gute Nachricht weitergibt. Er lehrt keine abstrakte Philosophie als rettende Botschaft oder weist nur auf Jesu Tod am Kreuz hin als Zusammenfassung des Evangeliums. Markus erzählt vielmehr die ganze Geschichte von Jesus – seine Lehren, seine Wunder, seine Liebe zu den Menschen, seine Kritik an der Religion, seinen Tod und seine Auferstehung. Sein Evangelium ist nach Meinung von Markus *die ganze Geschichte von Jesus.*

Später im Markusevangelium lesen wir von einer Frau, die als Zeichen der Ehrerbietung Parfüm über Jesus ausgoss. Einige Männer aus seinem Gefolge kritisierten, dass sie das gute Parfüm vergeudete. Aber Jesus verteidigte sie und fügte hinzu: „Ich versichere euch: Überall in der Welt, wo Gottes rettende Botschaft verkündet wird, wird man auch von dieser Frau sprechen und von dem, was sie getan hat" (Markus 14,9).

Beachten Sie: Jesus sagte, zur rettenden Botschaft würde auch die Geschichte dieser Frau gehören. Wenn wir das Evangelium auf ein griffiges Zitat über die Liebe Gottes oder darauf, dass Jesus für unsere Sünden gestorben ist, reduzieren, dann würde die Geschichte dieser Frau nicht dazu gehören. Ihre Geschichte wäre ein interessanter Leckerbissen als Beigabe, wie Pommes frites zu einem Hamburger. Aber wenn das Evangelium in erster Linie die ganze Geschichte von Jesus ist, dann gehört ihre Geschichte zum Evangelium dazu, genau wie Jesus gesagt hat. Und eigentlich geht es im Evangelium sehr häufig um diese Art der versöhnenden, liebenden, aufopfernden und sich um andere kümmernden Beziehungen.

Wenn die ganze Geschichte von Jesu Leben der Inhalt des Evangeliums ist, dann hat das Auswirkungen auf unser Verständnis des Evangeliums und die Art, wie wir es weitergeben. Dass Jesus im Mittelpunkt steht, können wir nicht übersehen. Das bedeutet, dass Gespräche über Gott zwar gut und Gespräche über Liebe hilfreich und Interaktionen, die sich auf Frieden, Freude und Glaube konzentrieren, einfach nur wundervoll sind, aber *wenn wir nicht über Jesus reden, dann reden wir nicht über das Evangelium.*

Josua 2.0

Eines der vier Evangelien über das Leben von Jesus hat ein Jünger mit Namen Matthäus geschrieben. In seinem ersten Kapitel berichtet Matthäus von den Worten eines Engels an Joseph, den Adoptivvater von Jesus: „Sie wird einen Sohn zur Welt bringen, den sollst du Jesus nennen (‚Der Herr rettet'). Denn er wird die Menschen seines Volkes von ihren Sünden befreien" (Matthäus 1,21).

Josephs Reaktion war bestimmt: „Habe ich dabei gar kein Wörtchen mitzureden?" Offensichtlich nicht, denn Gott wollte, dass alles in Bezug auf dieses neue Menschenkind, auch sein Name, Teil des Wortes Gottes an uns wird.

Jesus war zu jener Zeit ein gängiger Name, aber für Eingeweihte auch historisch bedeutsam. *Jesus* ist eine griechische Form des hebräischen *Yeshua*, im Deutschen *Josua*. Ja, „Jesus" ist eigentlich „Josua". Josua war ein Held aus dem Alten Testament, der einen entscheidenden Beitrag geleistet hat, Gottes Reich zu bauen, indem er das Volk Gottes in den Krieg gegen seine Feinde geführt hat. Der Engel sagte, Jesus sollte der neue Josua sein, Josua 2.0, und ein neues Reich bauen, die Menschen in ein neues verheißenes Land führen und Gottes Volk von einer ganz anderen Art des Feindes befreien. Jesus würde uns nicht nur von „diesen Menschen" dort draußen befreien, sondern von dem Feind der Sünde in uns allen.

Also, wer war denn nun dieser Josua 2.0? Wer war er für seine Jünger? Wie sieht nun das Evangelium in einem Wort aus? Sehen wir uns drei Aspekte der Person Jesu an: Jesus als Wort, als Sohn und als Wahrheit Gottes.

Wort Gottes

Ein Wort ist die bedeutsamste Kommunikationseinheit. Ein einziges Wort wie *ja* oder *nein*, *schuldig* oder *nicht*, *positiv* oder *negativ* kann das Leben eines Menschen für immer verändern. Wir verwenden das Wort *Wort*, um eine ganze Botschaft mit einem einzigartigen Fokus zu übermitteln. „Ich würde gern ein Wort mit dir reden", sagen wir.

Nachdem Jesus erwachsen geworden war und seinen Dienst aufgenommen hatte, lebten seine Jünger drei Jahre mit ihm, beobachteten ihn und lernten von ihm. Sie kamen zu der Überzeugung, dass Jesus wie kein anderer Gottes Wesen verkörperte. Für sie war Jesus Gottes ultimative Selbstoffenbarung für die Welt. Sie glaubten nicht nur, dass Jesus Gottes Wort *verkündigte*. Sie glaubten, dass Jesus Gottes an uns gerichtetes Wort *war*.

Jesus ist das Wort Gottes in Menschengestalt. Der Apostel Johannes nennt Jesus das Wort Gottes, das „Fleisch wurde", und beginnt seine Biografie von Jesus mit den folgenden, verblüffenden Worten:

> Am Anfang war das Wort. Das Wort war bei Gott, und das Wort war Gott selbst. Von Anfang an war es bei Gott. Alles wurde durch das Wort geschaffen; nichts ist ohne das Wort entstanden. In ihm war das Leben, und dieses Leben war das Licht für alle Menschen. Es leuchtet in der Finsternis, und die Finsternis hat es nicht auslöschen können (Johannes 1,1–5).

Später macht Johannes deutlich, dass mit dem Wort, von dem er spricht, Jesus gemeint ist. Das Wort wurde Fleisch. Die Botschaft wurde Mensch.

In einem anderen Buch des Apostels Johannes erhebt Jesus den Anspruch, „das Alpha und das Omega" zu sein (Offenbarung 22,13). Alpha ist der erste und Omega der letzte Buchstabe des griechischen Alphabets. Mit anderen Worten: Jesus streicht damit seine Vorrangstellung als das A und Z dessen, was Gott uns zu sagen hat, heraus. Jesus ist Gottes Alphabet, der Übermittler der Botschaft Gottes an die Welt. Gottes ultimative Botschaft an uns wurde nicht mit Tinte auf Papier geschrieben, sondern kam zu uns in Fleisch und Blut.

Das wirft die Frage auf, die Menschen, und auch viele Christen, häufig verwirrt. Wir Christen sprechen von der Bibel als dem Wort Gottes, aber in der Bibel lesen wir, dass *Jesus* das Wort Gottes ist. Was denn nun?

Christen sind eifrig bemüht, in der Bibel zu lesen, sie zu studieren, zu verinnerlichen und darüber zu meditieren. Aus der Bibel erfahren wir alles über Jesus – das Alte Testament (die hebräische Bibel) weist auf das Kommen Jesu als ein Versprechen hin, und das Neue Testament (dieser Teil wurde nach Jesus verfasst) berichtet von seinem Leben und seinen Lehren, von der frühen Geschichte und dem Denken der ersten Generation der Christus-Nachfolger. Die Bibel ist unsere beste Quelle, weil sie noch vor dem Ende des ersten Jahrhunderts geschrieben wurde, nur Jahrzehnte nach den eigentlichen Ereignissen. Christen glauben auch, dass sie von Gott inspiriert und erhalten wurde, als Lebenshilfe für sein Volk (siehe 2. Timotheus 2,16–17). Dass Gott sich die Mühe machte, einen Weg zu suchen, die Aufzeichnungen dieser fleischgewordenen Offenbarung für uns Menschen zu erhalten, ist durchaus nachvollziehbar, schließlich hatte er sich die Mühe gemacht, selbst Mensch zu werden, damit zumindest einige Menschen ihn sehen und seine Botschaft aus erster Hand hören. Also ist es durchaus sinnvoll, dass Christen diese Aufzeichnung regelmäßig lesen und darüber nachdenken.

Aber wir tun dies nicht, weil die Bibel Gottes höchste Selbstoffenbarung ist. Wir lesen die Bibel, weil sie das beste, von Gott geschenkte Fenster ist, durch das wir einen klaren Blick auf Jesus bekommen, der Gottes höchste Selbstoffenbarung ist. Die Bibel ist kein Gemälde, das wir anschauen können, sondern ein Fenster, *durch* das wir hindurchsehen können, und durch dieses Fenster sehen wir Jesus. Christus-Nachfolger glauben an das unfehlbare und verbindliche Wort Gottes – *und sein Name ist Jesus*.

Mit anderen Worten, Christus-Nachfolger sind eigentlich nicht „Menschen des Buches", wie die Christen im Koran genannt werden. Wir sind das Volk der Person. Wir folgen nicht der Bibel – wir lesen die Bibel, damit wir Jesus nachfolgen können. Das ist ein entscheidender Unterschied.

Mit den Geschichten der Bibel könnte ich alle möglichen Arten von Gewalt rechtfertigen, von der Prügelstrafe für Kinder bis hin zum heiligen Krieg. Aber wenn ich Jesus nachfolge, von dem ich in der Bibel lese, dann wird er mir das nicht durchgehen lassen. Eigentlich wird Jesus keinem von uns etwas anderes als aktive, auf andere ausgerichtete, gewaltlose Liebe durchgehen lassen, die auch die Feinde einschließt.

Im Lauf der Jahrhunderte haben Menschen immer wieder die Bibel als Waffe eingesetzt. Das ist auch heute noch so. Sie suchen eine Bibelstelle, reißen einen Vers aus dem Kontext und fügen ihn in ihr Arsenal des Hasses ein. Aber die Liebe Gottes, die in Jesus geoffenbart wurde, stellt diesen Ansatz immer wieder an den Pranger. Wenn wir die Bibel so lesen, wie es in der Bibel von uns gefordert wird, wenn Jesus im Mittelpunkt steht, dann bildet er den Rahmen für jede andere Wahrheit, die uns auf diesen Seiten begegnet. Jesus wird zur Linse, durch die wir die eigentliche Bedeutung der Schrift erkennen.

Die religiösen Führer zur Zeit Jesu hatten große Ehrfurcht vor den heiligen Schriften. Aber sie ließen sich von den Schriften nicht zu Jesus führen. Das prangerte Jesus immer wieder an. Sie lebten nach dem Motto: „Das steht in den Schriften. Damit ist das entschieden. Ich glaube das. Lasst uns das tun." Und das hatte ein Glaubenssystem zur Folge, das Raum schuf für Ausgrenzung und Gewalt. Sie waren es, an die Jesus diese beißenden Worte richtet: „Ihr durchforscht die Heilige Schrift, weil ihr meint, in ihr das ewige Leben zu finden. Und tatsächlich weist gerade sie auf mich hin. Dennoch wollt ihr nicht zu mir kommen, um dieses Leben zu haben" (Johannes 5,39-40; siehe auch Lukas 24,27.44).

Die Ironie sticht ins Auge: Jesus möchte, dass wir die Bibel nicht nur lesen, sondern einen Schritt weitergehen. Das lesen wir *in der Bibel*. Sicher, von außen betrachtet erscheinen wir wie ein Volk des Buchs. Wir lesen und studieren unsere heiligen Schriften wie Menschen jeder anderen Religion. Aber der äußere Schein kann trügen. Von innen gesehen sind wir eine Bewegung von Menschen, die Jesus nachfolgen, und das prägt die Art, wie wir unsere Bibeln lesen.

Lesen Sie die Bibel, um mehr über Jesus zu lernen. Folgen Sie Jesus. Lassen Sie es einsinken und wiederholen Sie es.

Sohn Gottes

Kritiker des Evangeliums deuten manchmal an, die frühen Christen hätten die ganze Geschichte erfunden, oder zumindest die Stellen über Jesus, an denen er den Anspruch erhebt, etwas Besonderes zu sein. Vielleicht war er ein guter jüdischer Rabbi, vielleicht war er eine Art universeller Lehrer, vielleicht war er sogar ein Prophet. Aber ganz gewiss war er kein besonderer „Sohn Gottes" in einem einzigartigen Sinn, der ihn von uns anderen abheben würde. Sind wir denn nicht alle Gottes Söhne und Töchter?

Im Markusevangelium warf Jesus den religiösen Führern seiner Zeit vor, sie würden sich eigensinnig weigern, seine Wahrheit anzunehmen, indem er ihnen eine Geschichte erzählte. In dem Gleichnis, das wir in Markus, Kapitel 12, in den Versen 1 bis 12, finden, geht es um einen Landbesitzer, dessen Pächter ihre Pacht nicht bezahlen wollten. Der Landbesitzer schickt einen Diener nach dem andern, um seinen Anspruch durchzusetzen und die Pacht einzutreiben, doch sie werden alle von den aufmüpfigen Pächtern abgewiesen. Schließlich schickt der Landbesitzer seinen einzigen Sohn, der seine Botschaft übermitteln soll, in der Hoffnung, dass sie wenigstens auf ihn hören. Aber auch den einzigen Sohn des Landbesitzers weisen die Pächter ab und töten ihn sogar.

Die Geschichte ist einfach, aber sie zeigt, wie Jesus sich selbst sah. In der Geschichte reiht sich Jesus nicht in die Reihe der Diener oder Propheten Gottes ein, er ist nicht nur ein Bote in einer langen Reihe von Boten, sondern er ist Gottes Sohn, sein einziger Sohn. Jesus sah sich selbst als einzigartig in Beziehung zu Gott als seinem Vater. Jesus war nicht ein einfacher Rabbi, Prophet, Guru oder Lehrer. Er betrachtete sich als jemand, der in einzigartiger Weise qualifiziert war, uns zu zeigen, wie Gott ist, durch seine Familienähnlichkeit mit dem Vater.[10]

Wie schön ist es, dass wir über das Leben Jesu und seine Lehre einen Blick in das Herz des Universums erhaschen, das Wesen Gottes. Und dieses Wesen ist sanfte, fürsorgliche und mitfühlende Liebe. Jesus zeigt uns Gott auf eine Weise, wie es niemand vor ihm oder nach ihm getan hat, wenn wir ihm denn glauben. Als Sohn Gottes zeigt uns Jesus, wie der unendliche Gott in seiner endlichen Gestalt aussieht (siehe Johannes 14,9).

---

10 Beachten Sie, dass diese Geschichte im Markusevangelium erzählt ist, dem ersten der vier Evangelien. Dies widerspricht den Verschwörungstheorien, Jesus hätte sich selbst nie als etwas anderes als einen rein menschlichen Rabbi gesehen. In dieser Theorie wird angedeutet, dass es die Jünger Jesu waren, die im Laufe der Zeit den Gedanken seines göttlichen Status entwickelten und dann schließlich im Johannesevangelium offen aussprachen, das, wie angenommen wird, das letzte niedergeschriebene Evangelium ist. Ja, es gibt eine Entwicklung, aber im Stil, nicht im Inhalt. Im Johannesevangelium wird ganz klar ausgesprochen, was wir im Markusevangelium in eine Geschichte verpackt finden.

Ich bin kein begeisterter Puzzleleger, aber einige meiner Freunde schon, und ich habe gelernt, dass das Bild auf der Schachtel eine wichtige Hilfe ist, um passende Teile zu finden. Jesus ist das Bild Gottes auf der Schachtel. Wenn wir ihn ansehen, unseren Blick auf ihn gerichtet halten und die Teile einsetzen, die er uns gibt, können wir das Puzzle legen und anfangen, die Botschaft Gottes an die Menschheit zu verstehen.

Das Leben und die Lehren Jesu ermöglichen es uns, deutlich zu erkennen, was wir meinen, wenn wir von „Gott" reden. Jesus ist das ganze Bild. Jede Lehre Jesu, jede freundliche Begegnung mit Suchenden, jedes Zusprechen von Vergebung an Sünder und jede Kritik an den religiösen Führern ist ein Puzzleteil. Vielleicht brauchen wir unser ganzes Leben, um die Teile ineinander zu fügen, die großen Fragen in Bezug auf das Leben zu stellen und uns mit den schwierigen Themen von Sinn und Leiden auseinanderzusetzen, aber durch Jesus haben wir eine Vorstellung davon, wohin wir unterwegs sind.

Jesus ist Gottes limitierte Auflage.

Die Wahrheit Gottes

Jesus erhob den Anspruch, nicht nur die Wahrheit zu lehren oder zu offenbaren oder darauf hinzuweisen, sondern die Wahrheit zu *sein*. Jesus sagte: „Ich bin der Weg, ich bin die Wahrheit, und ich bin das Leben! Ohne mich kann niemand zum Vater kommen" (Johannes 14,6). Jesus ist das Evangelium – Gottes höchste Kraft, die in diese Welt gekommen ist. Er sagte nicht nur die Wahrheit, er *ist* die Wahrheit.

Ich möchte jetzt das Offensichtliche in Worte fassen, weil manchmal die offensichtlichsten Dinge übersehen werden. Wenn das Evangelium in Jesus seine Mitte hat, dann kann nicht irgendjemand oder irgendetwas anderes die Mitte sein. Ein Teil kann keine zwei Mittelpunkte haben, das ist eine logische Unmöglichkeit.

Im Leben und den Lehren von anderen Propheten, Gurus oder Philosophen ist das Evangelium nicht zu finden. Das ist keine voreingenommene Aussage, es ist einfach wahr. Wahrheit ist in allen Religionen zu entdecken, aber *der* Wahrheit *des* Evangeliums begegnen Sie nirgends sonst. Es mag Ähnlichkeiten geben zwischen nebensächlichen Lehren von Jesus und, sagen wir, Buddha, aber die zentrale Botschaft ist ganz anders. Andere große religiöse Führer in der Geschichte mögen die Wahrheit sagen, und wir können viel von ihnen lernen, aber sie verkündigen nicht die Wahrheit des *Evangeliums*.

Das, was Jesus lehrte und tat, hat es noch nie gegeben, es ist einzigartig. Nur Jesus gibt uns den Hinweis darauf, dass Gott Liebe ist. Nur Liebe kann wahre Vergebung möglich machen. Nur echte Vergebung schafft versöhnte Beziehungen. Und Versöhnung mit Gott macht Religion überflüssig, weil wir ja bereits vereint sind.

Ob es Ihnen nun gefällt oder nicht, das Evangelium ist Jesus, vom Anfang bis zum Ende. Manchem von uns fällt es schwer, diese kompromisslose zentrale Bedeutung Jesu zu akzeptieren, weil wir in einer pluralistischen Welt leben, in der religiöse Auseinandersetzungen Familien und Freunde entzweien. Viele von uns setzen auf Gespräche über die Gemeinsamkeiten mit anderen und spielen die Unterschiede herunter. Sie empfinden das als höflich und respektvoll. Ganz gewiss ist dies eine nützliche Fähigkeit und ein wichtiger erster Schritt. Wir haben so viele Gemeinsamkeiten mit anderen, die herausgearbeitet und gefeiert werden sollten.

Aber es gibt etwas, das diese Welt noch dringender braucht als Gemeinsamkeit: Die Fähigkeit, einander zu lieben und zu respektieren, auch wenn wir nicht viele Gemeinsamkeiten haben oder – der Himmel verhüte dies! – wenn wir unterschiedlicher Meinung sind. Gespräche über das Evangelium können dazu beitragen, genau das zu fördern. Gespräche über Jesus können freundlich und voller Nachsicht geführt werden; in der Nachsicht und Freundlichkeit, die Jesus uns vorgelebt hat. Wenn Jesus die Wahrheit ist, der Schlüssel, um das Herz Gottes zu verstehen, dann wäre es ein Mangel an Liebe, wenn wir den Menschen diese gute Nachricht vorenthalten würden.

Jesus. Punkt.

Als ich nach der Ausbildung meine erste Stelle als Pastor antrat, wurde mir ein älterer, weiser Pastor mit Namen Ted als Mentor zur Seite gestellt. Ted hatte sich von einigen Leuten, mit denen er seelsorgerliche Gespräche führte, die Erlaubnis eingeholt, dass ich bei den Gesprächen dabei sein konnte. Ich durfte miterleben, wie Ted den Ratsuchenden half, die Probleme ihres Lebens und Glaubens aufzuarbeiten, und lernte dabei eine für einen Pastor sehr wichtige Lektion. Teds Gespräch mit Julie werde ich wohl nie vergessen.

Julie war vollkommen überfordert. Sie hatte gerade erst zum Glauben an Jesus gefunden, und in ihrem Kopf herrschte ein großes Chaos. Es gelang ihr einfach nicht, die Puzzleteilchen zusammenzubringen. „Ich ging davon aus, dass Jesus mir alles klarmachen würde", seufzte Julie. „Bei anderen ist alles so einfach und klar. Warum nicht auch bei mir?"

Ted stellte einige vorsichtige Fragen, und schließlich trat das Problem zu Tage. Julie liebte Jesus, und da sie tolerant war, versuchte sie, alle anderen Glaubenssysteme in ihre Liebesbeziehung mit Jesus zu integrieren. Ihr geistliches Denken war eine Mischung aus den Lehren Jesu, Buddhas, des Gedankenguts von Eckhart Tolle, Deepak Chopra, dazu ein Schuss der Dichtung von Rumi, ein Tropfen des Umweltbewusstseins von Wicca und ein Spritzer hinduistischer Philosophie ihres geliebten Yogalehrers. Julie wollte das Evangelium mit den Botschaften anderer Propheten oder Gurus ergänzen. Aber diese Teile passten einfach nicht ineinander. Theologen nennen dieses Phänomen *Synkretismus*: Die Vermischung unterschiedlicher Glaubensüberzeugungen mit dem Ziel, sich einen Glauben zu erschaffen, der einem gefällt.

„Julie, ich habe den Eindruck, dass du versuchst, deinen Glauben an Jesus mit einigen anderen Glaubenssystemen zu vermischen", sagte Ted. „Es ist, als würdest du versuchen, das Gottes-Puzzle mit Puzzleteilen aus anderen Puzzelspielen zu ergänzen. Und je größer die Frustration ist, desto mehr denkst du, dass du manche Teile vielleicht übersiehst, und je mehr du denkst, dass du Teile übersiehst, desto mehr Puzzlespiele nimmst du dazu und mischst sie unter den Haufen deiner Puzzleteile. Kein Wunder, dass du nicht mehr aus noch ein weißt!"

Julie ging ein Licht auf. Ich konnte beobachten, wie sie die zentrale Bedeutung von Jesus begriff und dass er genügte. Sie brauchte nicht mehr, sondern weniger. Sie musste an einem Puzzle arbeiten, nicht an mehreren.

„Julie, mir kommt es vor, als seist du eine geistliche Streberin", meinte Ted. „Du versuchst, ein Leben *Jesus Plus* zu führen und nicht *Jesus Punkt*."

Ted sprach mit Julie über ihre Beziehung zu Jesus, und es wurde deutlich, dass Jesus für sie *einer* von Gottes Boten war, *einer* von Gottes Propheten, *einer* von Gottes Selbstoffenbarungen und *einer* von Gottes Wegen, uns sein Herz zu zeigen. Aber das widerspricht der Lehre Jesu über sich. Und wenn Jesus sich in Bezug auf sich irrt, dann sollten wir ihm auch bei anderen Themen eher nicht vertrauen. Entweder Jesus *ist* das Wort Gottes, *der* Sohn Gottes und *die* Wahrheit Gottes, oder er hat sich in Bezug auf sich selbst grundlegend geirrt – und vermutlich auch in Bezug auf viele andere Dinge.

Julies Gesicht spiegelte eine interessante Mischung an Gefühlen wider: Die Freude, dass sie langsam „begriff", aber auch Schmerz darüber, dass sie immer noch nicht ganz verstand. Julie hatte sich noch nicht ganz von ihrer synkretistischen Weltsicht verabschiedet, das merkte Ted. Darum probierte er einen anderen Ansatz. Julie war damals verlobt und stand kurz vor ihrer Hochzeit. Ted fragte sie, ob sie ihren Verlobten liebe, und natürlich bestätigte sie das. Dann fragte er sie, ob sie denn vorhabe, auch noch andere

Männer zu heiraten. Sie fand die Frage dumm, und, um ehrlich zu sein, ich auch. Was beabsichtigte Ted mit seiner Frage? Daraufhin änderte Ted die Frage leicht ab. „Ich weiß, dass Tom der einzige Mann ist, den du heiraten willst, aber wie steht es mit Freunden? Mit wie vielen Männern hoffst du während deiner Ehe mit Tom im Laufe der Jahre noch nebenher auszugehen?"

Auch diese Formulierung ärgerte Julie, was ich gut verstehen konnte. „Warum findest du den Gedanken, während deiner Ehe mit Tom noch mit anderen Männern auszugehen, so abwegig?", fragte Ted.

„Weil es ihn sehr verletzen und mich in ein emotionales Chaos stürzen würde", erwiderte Julie. „Tom ist mir genug."

Julie hatte gerade ihre eigene Frage beantwortet. Ted brauchte sie gar nicht mehr auf das Offensichtliche hinzuweisen. Trotzdem sprach Ted es aus. „Ich denke, so verhältst du dich Jesus gegenüber. Ich sage nicht, dass du nicht auch mit anderen netten Menschen befreundet sein und sogar von jedem, dem du begegnest, bestimmte Dinge lernen kannst. Aber du hast selbst gesagt, dass es beleidigend für deinen Mann und verwirrend für dich wäre, wenn du versuchen würdest, eine Liebesbeziehung mit mehr als einer Person zu haben – und du hast natürlich recht. Und Julie, das gilt auch für deine Beziehung zu Jesus."

Jesus sprach von sich selbst als unserem „Bräutigam" (Matthäus 9,15). Wir können immer von anderen Weltsichten, anderen Glaubenssystem, Philosophien und Religionen lernen. Aber mit Jesus verheiratet zu sein bedeutet am Ende, dass wir zu der Überzeugung kommen, dass er genug ist.

Jesus verpflichtet

Wenn das Evangelium in einem Wort *Jesus* ist, dann ist Jesus plus diese Religion oder jene Philosophie keine Hilfe, sondern ein Hindernis. Wenn Jesus das Evangelium ist, dann wird das Evangelium nicht erweitert, wenn wir der Botschaft aus einer anderen

Quelle etwas hinzufügen, sondern es wird ertränkt. Wenn wir von anderen Quellen ausleihen, verwässern wir die Macht des Evangeliums von Jesus. Dynamit plus Spanplatte ist nicht wirklich mehr, sondern weniger.

Und wieder, ich sage nicht, dass wir nicht viel Gutes aus den Lehren anderer Religionen lernen können. Aber die Mitte *des Evangeliums* ist Jesus und Jesus allein.

Im nächsten Kapitel gehen wir einen Schritt weiter und beschäftigen uns mit dem Evangelium in drei Wörtern. Wie Sie sehen werden, ist dies keine andere Botschaft. Es ist eine Gelegenheit, die Botschaft von, durch und über Jesus zu erweitern.

Sie werden die drei schönsten Wörter kennenlernen, die es gibt, und erfahren, dass sie vollständig, überprüfbar und wahr sind.

KAPITEL 5

DIE GUTE NACHRICHT IN DREI WÖRTERN

> Gott ist wie Jesus. Gott war schon immer wie Jesus. Es hat nie eine Zeit gegeben, in der Gott nicht wie Jesus war. Wir wussten das nicht. Aber jetzt wissen wir es.
>
> **Brian Zahnd**

Wenn Sie das Wort *Creed* (Glaubensbekenntnis) hören, denken Sie vielleicht an eine Rockband aus den 1990ern oder einen Boxfilm im Stil von *Rocky*. Aber ein Glaubensbekenntnis ist ein Bekenntnis zum Glauben, eine Zusammenfassung dessen, was eine Gruppe von Menschen glaubt. In der frühen Kirche gab es einige Glaubensbekenntnisse – das apostolische Glaubensbekenntnis und das nizänische Glaubensbekenntnis sind die bekanntesten. Ein Glaubensbekenntnis zu formulieren kann für einen Gläubigen eine gute Möglichkeit sein, darüber nachzudenken, was er tatsächlich glaubt, wie er leben möchte und wofür zu sterben er bereit ist.

Das erste Glaubensbekenntnis

Ein vollständiges altes Glaubensbekenntnis auswendig zu lernen, mag nicht so aufregend klingen, aber Sie können es tun, jetzt und hier. Das früheste Glaubensbekenntnis der Kirche wurde in einem einfachen, wunderschönen, aus drei Wörtern bestehenden Bekenntnis zusammengefasst: *Jesus ist Herr*. Das ist das Evangelium in drei Wörtern. (Im Griechischen besteht es nur aus zwei Wörtern.)

Wenn wir umfassend begreifen und annehmen, dass Jesus Herr ist, werden wir verändert. Dies anzunehmen verändert unser Verständnis von Gott, das wiederum unser Verständnis von unserer Welt, unserem Leben, unseren Werten, unserer Identität und unserem Potenzial verändert. Und das alles durch drei einfache Wörter: *Jesus ist Herr*.

Die ersten Christus-Nachfolger waren sich der Macht bewusst, die in dieser einfachen Aussage steckte. Der Apostel Paulus schrieb: „Denn wenn du mit deinem Mund bekennst: ‚Jesus ist der Herr‘, und wenn du von ganzem Herzen glaubst, dass Gott ihn von den Toten auferweckt hat, dann wirst du gerettet werden" (Römer 10,9; siehe auch 2. Korinther 4,5). Wenn wir sagen: „Jesus ist Herr", weil wir das so meinen, und der Jesus-Geschichte in unseren Herzen Glauben schenken, dann finden unser Glaube und unsere Sprache zusammen und entzünden unser geistliches Leben. Das ist Erlösung.

Beachten Sie, dass Paulus nicht sagt: „Jesus ist Erlöser." Wenn wir Jesus als Herrn annehmen, bekommen wir ihn als Erlöser mit dazu. Jesus ist nicht nur ein Mittel zum Zweck, eine Fahrkarte in den Himmel oder ein Weg, „gerettet zu werden". Vielmehr ist Jesus unser Anführer, unser Geliebter, unser Herr hier und jetzt. Und das verändert unser Leben schon jetzt und verlängert es nicht nur über den Tod hinaus.

Wenn Paulus uns auffordert zu sagen: „Jesus ist Herr", dann meint er nicht, dass wir diese Worte im Mund führen, als seien sie eine magische Zauberformel. Für die frühen Schreiber waren Worte ein Hinweis auf das, was im Herzen eines Menschen war. Wenn wir also sagen: „Jesus ist Herr", dann erklären wir, wo wir stehen und was wir als wahr angenommen haben.

Warum besitzen diese drei Wörter so viel Macht? Schauen wir uns die Wörter doch mal einzeln an.

Jesus ist Herr

Im letzten Kapitel sprachen wir über Jesus als das Evangelium in einem Wort. Aber das ist längst nicht alles. Warum sagen wir „*Jesus* ist Herr", und nicht *Gott* oder *Vater* oder *Heiliger Geist* oder sogar *Christus*? Warum ist der Schlüssel zu unserer Erlösung, dass *Jesus* Herr ist?

Wenn wir von *Jesus* als dem Herrn sprechen, dann erkennen wir an, dass wir über eine reale Person in der realen Geschichte reden. (Denken Sie an den Skandal der Einmaligkeit.) Gott wurde wirklich einer von uns. Wir reden hier nicht nur von einem kosmischen Christus als eine Art losgelöste geistliche Lebenskraft. Wir haben einen lebendigen Beweis, verwurzelt in der Menschheitsgeschichte, dass Gott uns buchstäblich bis zum Tod liebt.

Wenn der Apostel Johannes von Jesus als dem Wort spricht, das einer von uns wurde, formulierte er es folgendermaßen: „Das Wort wurde Fleisch" (Johannes 1,14; Schlachter 2000). Johannes hätte eine respektvollere Formulierung wählen können, um zu beschreiben, was Gott durch Jesus wurde. Er hätte sagen können, das Wort sei „menschlich" (im Griechischen *anthropos*) geworden. Oder das Wort wurde ein „Mensch" (*aner*). Oder das Wort nahm einen „Körper" (*soma*) an.

Doch stattdessen machte Johannes eine mutige Aussage. Er schrieb: „Das Wort wurde *Fleisch*", was seine ersten Leser vermutlich als skandalös empfanden. Das griechische Wort für „Fleisch" ist *sarx*, ein Wort, das so eng mit unserer menschlichen Zerbrechlichkeit und Zerbrochenheit verbunden ist, dass es in der Bibel manchmal auch als unser „sündiges Wesen" übersetzt wird. Aber Johannes wich nicht von seiner Wortwahl ab und nahm ein mögliches Missverständnis in Kauf. Sein Anliegen war es, den Menschen Gottes Liebe zu uns begreiflich zu machen, seine

Liebe zu allen Menschen, in all ihrer menschlichen Schwachheit. Darum schrieb er: Gott wurde *sarx*. Durch Jesus erlöst Gott den Mensch in all seiner Zerbrochenheit und wendet sich nicht von ihm ab. Durch Jesus tritt Gott ein in unsere Zerbrochenheit, unsere Schwäche, unsere Verwirrung und unseren Schmerz. Gott schwebt nicht über allem wie eine Gottheit, der die Ehre wichtiger ist als das Erbarmen.

In diesen Aussagen der Apostel liegt viel Kraft. Diese Nachdrücklichkeit zeigt, dass es im Evangelium nicht nur um den Tod Christi geht, wie häufig betont wird. Das Evangelium ist die ganze Geschichte Jesu, und dazu gehört auch, dass er unser menschliches Wesen annahm. Das wird von den Theologen die *Inkarnation* genannt. Inkarnation ist abgeleitet von dem lateinischen *in carno*, „im Fleisch". Eine andere Form dieses Wortes finden wir in der Bezeichnung für eine meiner Lieblingsspeisen: Chili con Carne. Das heißt, Chili mit Fleisch. Jesus ist also ganz wörtlich „Gott mit Fleisch".

Mehr noch, wenn wir sagen: „Jesus ist Herr", drücken wir sehr viel aus durch das, was wir nicht sagen. Wenn Jesus Herr ist, dann ist Caesar es nicht, die Politik ist es nicht, nicht die Macht, die Wirtschaft, die Religion, die Mode, die äußere Erscheinung, die Ernährung, die Fitness, die Freunde und auch nicht die Familie. Das einzugestehen fällt schwer. Aber wenn wir alles andere hinter Jesus als unserem Alles zurückstellen, dann sendet er uns in die Welt zurück als eine verbesserte Ausgabe unseres Ichs. Das beste Geschenk, das wir dieser Welt machen können, ist, sie für Jesus aufzugeben, damit er uns in die Welt senden kann, um sie zu lieben, wie Jesus es tat.

Jesus *ist* Herr

Weil *Jesus* Herr ist, lesen wir die Bibel als eine Geschichte, um Gottes Liebe besser zu verstehen. Und weil Jesus Herr *ist,* können wir diese Liebe hier und jetzt erfahren.

Mehr als zwanzig Jahre nach der Kreuzigung Christi schrieb der Apostel Paulus diese drei wundervollen Worte – Jesus ist Herr. „Jesus *war* Herr" wäre auch eine wahre Aussage gewesen, aber unvollständig. Dieses eine kleine Wort *ist* verändert unser Denken in Bezug auf das Evangelium.

Achten Sie darauf, wie Paulus die Aussage, dass Jesus Herr ist, mit der Realität seiner Auferstehung verknüpft. Er schrieb: „Denn wenn du mit deinem Mund bekennst: ‚Jesus ist der Herr!', *und wenn du von ganzem Herzen glaubst, dass Gott ihn von den Toten auferweckt hat*, dann wirst du gerettet werden" (Römer 10,9). In der Geschichte finden wir viele Menschen, die ihr Leben im Dienst für andere dahingegeben haben. Nur einer kam zurück und berichtete davon.

Weil er auferstanden ist, ist derselbe Jesus der Geschichte, der im ersten Jahrhundert lebte und starb, auch heute im einundzwanzigsten Jahrhundert noch lebendig. Die Auferstehung ist der Beweis, dass das, was bei der Kreuzigung geschah, tatsächlich Gottes Wirken war und nicht nur irgendeine schlimme Tragödie der Geschichte. Die Auferstehung ist der Beweis, dass Jesus nicht nur ein beliebiger unschuldiger Mann war, der durch die Macht der Politik und Religion zu Tode kam. Sie ist Gottes großes Ausrufezeichen am Osterwochenende. Die Auferstehung Jesu ist der Grund, warum wir sagen können, Jesus *ist* Herr. Haben Sie schon einmal eine Biografie über eine Person gelesen, die schon lange tot ist, und den Wunsch verspürt, sich mit dieser Person zu unterhalten, um sie besser kennenzulernen? Wenn wir die Bibel lesen und uns in die Geschichte von Jesus vertiefen, dann lesen wir nicht nur irgendwelche Geschichten. Wir beschäftigen uns mit der Person, die auch heute noch lebt und bei uns ist und uns liebt.

Jesus ist *Herr*

Zur Zeit Jesu gab es drei Bedeutungen für das Wort *Herr*. Zum einen war es ein Titel, der Respekt ausdrückte. Englischsprachige

Menschen verwendeten dieses Wort während des Mittelalters als Anrede für einen Lord. Aber es konnte auch Anführer bedeuten: Jemand, der Autorität besitzt. So redete ein Diener seinen Herrn an. Und drittens, das griechische Wort für Herr (*kyrios*), manchmal auch YHWH überliefert, von einigen irrtümlicherweise Jehova ausgesprochen. (Ich rate meinen Freunden von den Zeugen Jehovas immer, sie sollten ihren Namen umändern in Yahwehs Zeugen, aber bisher sind sie meinem Rat nicht gefolgt.)

Was also meinten Paulus und die ersten Christen, als sie die drei wundervollen Wörter sprachen: „Jesus ist *Herr*"? Und was meinen Christus-Nachfolger heute, wenn sie dieses Glaubensbekenntnis der frühen Gemeinde sprechen?

Die Antwort ist, dass wir alle drei Bedeutungen in dieses Wort hineinlegen. Ja, manchmal verwendeten Menschen die Anrede „Herr" einfach nur als Zeichen des Respekts (z. B. Johannes 4,19.49; 5,7). Und an anderen Stellen wird die Anrede „Herr" gebraucht und damit seine göttliche Herkunft zum Ausdruck gebracht (z. B. Markus 1,3; 5,19; Johannes 20,28; Apostelgeschichte 7,59–60; Offenbarung 19,16). Aber am ehesten denken wir bei der Verwendung des Begriffs „Herr" daran, dass er unser Anführer, unser Mentor und Lehrer ist, derjenige, auf den wir sehen, von dem wir eine ganz neue Art zu leben lernen wollen (z. B. Lukas 6,46; Johannes 13,13–14).

Warum ist es eine gute Nachricht, dass Jesus unser Herr ist? Wir Menschen lieben die Vorstellung, unser eigener Herr zu sein, vollkommen autonom und unbelastet von der Notwendigkeit leben zu können, sich einer anderen Autorität als unseren Wünschen zu unterwerfen. Aber der Mensch neigt dazu, Einflüssen zu erliegen und auch selbst Einfluss auszuüben, sich zu unterwerfen, aber auch zu führen. „Jeder von uns muss einem anderen dienen", so formulierte es Bob Dylan 1979 in seinem Lied *Gotta Serve Somebody*. Unsere Weisheit ist begrenzt, darum brauchen wir Anregungen von außen, wenn wir uns weiterentwickeln wollen. Von einem anderen, der schon ein Stück weiter ist als wir, zu lernen, hilft uns, unsere Aufgaben besser zu meistern, unser Talent oder unsere Charaktereigenschaften weiterzuentwickeln.

Darum nehmen wir uns Menschen zum Vorbild oder entwickeln Ideale, manchmal ganz unbewusst, und nicht selten werden wir dadurch verletzt. Vielleicht durch eine ungesunde Beziehung, eine Angewohnheit, die uns langsam zerstört, ein Gedankenmuster, das alles Leben aus uns heraussaugt. Wenn wir dann endlich erkennen, was mit uns geschieht, versuchen wir, uns von allem zu lösen, wie der Drachen, der seine eigene Leine kappt. Aber unsere Bestimmung ist nicht, losgelöst in der Luft zu trudeln. Unsere Bestimmung ist die Beziehung zu dem Einen, der uns am meisten liebt und uns helfen wird, unser Potenzial auszuschöpfen.

Wenn ich sage: „Jesus ist Herr", dann drücke ich damit aus, dass ich mich Jesus als *meinem* Herrn unterordne. Und wenn wir es schaffen, diese Haltung einzunehmen, dann ist das tatsächlich eine gute Nachricht. Dann können wir in Beziehung leben zu reiner Liebe, reinem Leben und einem Licht, das die Dunkelheit der Apathie, die unsere Welt quält, überwindet. Die Worte „Jesus ist Herr" drücken aus, dass „Jesus *mein* Herr" ist, was wiederum bedeutet, dass ich mich entscheide, ein Schüler, ein Lehrling und ein Jünger des Einen zu werden, der mich für den Rest meines Lebens unterweisen wird in dem Weg der Liebe.

Mit den Worten „Jesus ist Herr" unterstreichen wir sozusagen die Einzigartigkeit dessen, der uns Gottes Wort weitergibt, uns Gottes Willen vermittelt und uns zeigt, wie wir nach Gottes Willen leben sollen. Mit den Worten „Jesus ist Herr" drücken wir aus: „Jesus verkörpert für mich Gott, und deswegen komme ich zu ihm, um zu lernen, wie ich mein Leben am besten gestalte." Wenn wir sagen: „Jesus ist Herr", bestätigen wir, dass diese historische Gestalt immer noch lebendig ist und uns heute führt und dass wir ihm folgen wollen. Wir erklären, dass unsere Suche vorbei ist und unsere Hoffnung einen Ruheplatz in Christus gefunden hat.

Gottes Herz ist unterwegs

Die Worte „Jesus ist Herr" bedeuten unter anderem, dass niemand uns besser zeigen kann, wie Gott ist, als Jesus. Sehen wir uns an, was Johannes zu Beginn seines Evangeliums schreibt: „Kein Mensch hat jemals Gott gesehen. Doch sein einziger Sohn, der selbst Gott ist und in enger Gemeinschaft mit dem Vater lebt, hat ihn uns gezeigt" (Johannes 1,18). In diesem einen Vers ist in ganz wenigen Worten so viel ausgedrückt. Er ist in seiner Bedeutung so dicht wie ein Wahrheitssirup.

An dieser Stelle bringt Johannes ganz klar zum Ausdruck, dass vor Jesus niemand Gott wirklich gesehen hat. Der Apostel Johannes kannte sich aus in den jüdischen Schriften und wusste, dass in der hebräischen Bibel Begebenheiten zu finden sind, bei denen Gott sich Propheten und anderen Menschen Gottes *zeigt* (z. B. 1. Mose 17,1; 18,1; 2. Mose 24,9–11; 33,9–23; Jesaja 6,1; Hesekiel 1,1). Warum also schreibt er so unmissverständlich, dass „kein Mensch Gott jemals gesehen hat"? Johannes macht hier eine sehr tiefsinnige Aussage: Abgesehen davon, dass wir das Leben und die Liebe Jesu sehen, kann niemand wirklich Gott sehen, egal wie nah Gott dieser Person kommt. Jesus ist ein so deutliches Bild von dem, wie Gott tatsächlich ist, dass jeder andere Blick auf Gott nur Stückwerk, unvollständig und viel zu missverständlich ist. Vielleicht lesen wir darum in der Bibel, dass Mose, der einer der engsten Freunde Gottes genannt wird, nur einmal *den Rücken* Gottes sah (2. Mose 33,23).

Nach Johannes, Kapitel 1, Vers 18, offenbart sich uns Gott definitiv durch Christus auf eine Weise, die sein Wesen sehr deutlich werden lässt. Irgendwie bringt Gott sich selbst zur Welt – der Gott in Gott, er, der im „Schoß" (wörtlich der Schoß oder Brustkorb) des Vaters ist. Es ist, als würde Gott seinen Brustkorb öffnen und uns sein Herz zeigen – und als Person herauskommen! Diese Person ist Jesus. Was wir über Gottes Herz erfahren, wenn wir Jesus ansehen, ist tatsächlich eine gute Nachricht.

Dieser Vers besagt auch, dass Jesus Gott „gezeigt" hat. Von dem hier verwendeten griechischen Wort *exegeo* ist das Wort *Exegese* abgeleitet. Man spricht von der „Exegese" einer Bibelstelle. Das bedeutet Auslegung. Im Augenblick lege ich Johannes, Kapitel 1, Vers 18, aus. Und in diesem Vers steht, dass Jesus uns Gott „auslegt". *Jesus ist Gottes höchste Selbsterklärung.* Wenn Jesus im Mittelpunkt unseres Sehens, Hörens und unserer Reaktion auf Gott steht, dann sehen wir Gott, wie er wirklich ist.

Andere Jesus-Nachfolger der ersten Generation formulieren folgendermaßen: „Christus ist das Ebenbild des unsichtbaren Gottes" (Kolosser 1,15) und: „In dem Sohn zeigt sich die göttliche Herrlichkeit seines Vaters, denn er ist ganz und gar Gottes Ebenbild" (Hebräer 1,3).

Es ist, als ob Gott sagte: „Ich weiß, dass es Geschichten von Gewalt in der Bibel gibt, Geschichten von Schmerz und der harten Verurteilung, aber auch Geschichten von Gnade und Erbarmen, von Heilung und Hoffnung. Ich verstehe, dass du manchmal nicht genau weißt, was für eine Art Gott ich bin oder wie du meinem Willen folgen kannst. Du schaust in die Natur, lernst von Propheten und heiligen Lehrern und blätterst die Seiten deiner Bibel und anderer heiliger Bücher durch, um Hinweise darauf zu finden, wie mein Herz ist, um herauszufinden, wie das große „Ich bin" ist. Nun, es ist an der Zeit, das ein für allemal festzuhalten. Wenn du erst mein Herz kennst, wirst du in der Lage sein, alles andere, was du über mich weißt, besser zu verstehen, in der Natur und in der Schrift. Schau auf Jesus. Das ist mein Herz, meine innigste und höchste Selbstoffenbarung. So sehe ich aus, wenn ich in Menschenhaut schlüpfe."

Also noch einmal, warum ist das eine gute Nachricht? Weil wenn Gott wirklich wie Jesus ist, dann können wir darauf vertrauen, dass er zutiefst mitfühlend ist, skandalös gnädig und seine Liebe kein Ende hat. Wir wurden erschaffen, werden erhalten und sind umgeben von einem Gott, der Liebe ist. Das ist das Universum, in dem wir leben. Jesus malt uns ein sehr deutliches Bild vom Herzen Gottes. Weil Jesus Herr ist, zeigt uns alles aus seinem Leben Gott.

Und was sehen wir, wenn wir Jesus ansehen? Einen Gott, der unendlich viel Geduld mit Sündern und Ausgestoßenen hat. Einen Gott, der Religion mit scharfen Worten angreift. Einen Gott, der uns seine Freunde nennt. Einen Gott, der nicht auf einem himmlischen Wagen oder begleitet von Blitzen in diese Welt kommt, sondern ganz bescheiden, als Kind von einfachen Eltern, die wenig Geld besitzen, in einer kleinen Stadt und ohne einen Ort, den sie ihr eigen nennen können. Einen Gott, dessen Kriegspferd ein Esel ist, und der sich bückt, um seinen Jüngern die Füße zu waschen. Einen Gott, der bescheiden ist.

Das Evangelium ist die gute Nachricht, dass Gott einer von uns wurde. Und als er einer von uns wurde, hat er alles, was irgendeine Religion jemals über das Herz unseres Schöpfers und unseres Schicksals in Beziehung zu ihm auch immer erkannt hat, verändert.

Das Evangelium ist noch mehr, wie wir bald sehen werden. Aber ganz bestimmt nicht weniger.

Drei wunderschöne Wörter

Wenn Jesus wirklich Herr im göttlichen Sinn des Wortes ist, dann hat das mehr als ermutigende Auswirkungen. Es bedeutet, dass Jesus uns eine Sicht von Gott zeigt, die die Ansprüche jedes anderen heiligen Buches, jedes Propheten und jeder vorgefassten Meinung ad absurdum führt.

„Jesus ist Herr" sind drei der schönsten Wörter, die jemals aneinandergereiht wurden. Und auf sie folgen drei noch schönere Wörter, die der Mensch je ausgesprochen hat: „Gott ist Liebe" (siehe 1. Johannes 4,8.16).

Im Kern seines Wesens findet sich bei fast jedem Mensch eine gemeinsame Überzeugung. Für Sie und mich ist diese Überzeugung unumstößlich und fundamental, eine Grundüberzeugung, von der wir wissen, dass wir sie haben. Dieser Gedanke erscheint uns allen irgendwie wirklich wahr, und niemand würde ihm widersprechen. Diesen Gedanken auszusprechen, ist, das festzustellen, was für unsere Seelen, unser tiefstes Selbst, offensichtlich ist. Das ist die folgende Erkenntnis: *Das höchste Gut ist die Liebe.*

Wir werden für die Liebe sterben. Wir werden für die Liebe leben. Und wir werden unseren ganzen Besitz für die Liebe geben. Kein Ding, kein Konzept und keine Erfahrung wird von der Menschheit mehr begehrt oder gefeiert, von nichts träumt die Menschheit mehr als von der Liebe. Es gibt kein größeres Gut.

Gott ist für uns das höchste Gut, das man sich vorstellen kann. Es gibt kein höheres Gut als das, was wir „Gott" nennen. Es ist in der Definition des Göttlichen enthalten. Niemand und nichts besitzt einen größeren Wert, größere Macht oder eine größere Persönlichkeit als Gott. Was immer Gott ist, diese allmächtige Kraft hat uns geschaffen, uns aus dem Nichts ins Sein gerufen und erhält uns als Wesen, die in Beziehung leben.

Gott ist das höchste Gut, das man sich vorstellen kann. Liebe ist das höchste Gut, das es zu erstreben gilt. Und hier sind die drei schönsten Wörter, die die beiden grundlegendsten Überzeugungen, die es je gegeben hat, in der menschlichen Psyche zusammenführen: *Gott ist Liebe.* Wir alle ahnen, dass das so ist, auch wenn wir keine greifbaren Beweise in der Welt um uns herum finden, die das belegen.

Und auch wenn die meisten Menschen gern glauben möchten, dass Gott Liebe ist, gibt nur Jesus uns den historischen Beweis, dass das wahr ist. Weil wir Aufzeichnungen über das Leben Jesu haben, und weil wir glauben, dass Jesus Herr ist, können wir jetzt voller Überzeugung sagen, dass Gott Liebe ist.

Anführer, Meister, Mentor, König

Ich habe an anderer Stelle gesagt, dass die Aussage: „Jesus ist Herr", nicht nur auf das göttliche Wesen Jesu hindeutet, sondern auch auf seine Rolle als unser Anführer, unser Meister, unser Mentor. Auch das ist Teil der guten Nachricht. Wenn wir erkennen, wer Jesus ist, dann können wir darauf vertrauen, dass er uns eine bessere Art zu leben zeigt.

Wenn wir Jesus unseren Herrn nennen, dann drücken wir damit aus, dass wir ihm folgen, dass er uns führt. Darum nenne ich mich selbst gern einen „Christus-Nachfolger", häufiger als ich mich selbst „Christ" nenne. Jesus hat seine Nachfolger „Jünger" genannt, was Schüler, Lernende und Lehrlinge bedeutet. Wir neigen dazu zu denken, Jesus hätte nur zwölf Jünger gehabt, aber das stimmt nur zum Teil. Er hatte zwölf Freunde, die er persönlich ausgebildet und denen er den Auftrag gegeben hat, Apostel zu werden („Gesandte"), die seine Nachfolger anführen sollten. Aber alle seine Nachfolger waren und sind Jünger; Menschen, die von Jesus lernen (siehe Matthäus 28,18–20; Apostelgeschichte 14,21).

Wenn wir also sagen, dass Jesus Herr ist, bringen wir dadurch zum Ausdruck, dass Jesus derjenige ist, auf den wir sehen, um zu lernen, wie wir leben sollen. Jesus zeigt uns nicht nur einen Gott, der Liebe ist, er lehrt uns auch, wie wir unser Leben eingehüllt in seine Liebe gestalten sollen. Jesu Art zu leben ist ethisch revolutionär. Obwohl nicht die Ethik Jesu im Mittelpunkt dieses Buches steht, ist es wichtig, deutlich zu machen, dass unser Leben eine neue Richtung, einen neuen Sinn, ein neues Zugehörigkeitsgefühl bekommt, wenn wir Jesus als unseren Herrn annehmen. Wir orientieren uns an einer neuen Liebesethik. Diese Liebesethik ist revolutionär und in der religiösen oder philosophischen Geschichte noch nie dagewesen.

Untrennbar verbunden mit der Tatsache, dass Jesus Herr ist, ist der Gedanke, dass Jesus unser König ist. Wenn wir die Art Jesu annehmen, entscheiden wir uns, Teil seines Reiches zu sein. Jesus ist Herr über ein Volk, eine neue Gemeinschaft, die einen neuen Lebensstil praktiziert. Jesus nannte dies die „gute Nachricht des Königreichs". Auf diese Weise drückt er aus, dass er Menschen in ein ganz neues Königreich des Lebens ruft. Ein Königreich ist eine Art zu leben. Es ist ein Reich, eine Dimension des Lebens, in dem sich unsere Beziehungen an einem ganz neuen Rahmen orientieren. (In Kapitel 9 werden wir uns noch ausführlicher damit beschäftigen.)

Wenn ich Jesus als Herrn annehme, wache ich morgens in einer neuen Welt auf – in einer Welt, die durchdrungen ist von Liebe, in der ich mich ganz besonders am Göttlichen freue. Und wenn ich aufwache, bin ich mir meiner Identität und meines Ziels vollkommen bewusst – ich bin Gottes geliebtes Kind, das von Jesus lernen darf, damit ich lieben kann wie Jesus.

Der Jesus-Filter

Das Wissen, dass Jesus Herr ist, hilft mir auch, die wichtigsten Wahrheiten verschiedener Quellen richtig zusammenzufassen.

Deute ich die Stellen, die ich in der Bibel lese, immer richtig? Das ist eher unwahrscheinlich. Aber wenn ich alles, was ich in der Bibel lese, mit dem vergleiche, was ich aus der Bibel über *Jesus* weiß, dann hilft mir das, klarer zu sehen. Stimmt meine Deutung eines bestimmten Verses oder einer Geschichte mit dem Leben, den Lehren und dem Wesen Christi überein? Wenn das so ist, dann bin ich vermutlich auf der richtigen Spur. Wenn nicht, muss ich meine Deutung noch einmal überdenken.

Sind alle Lehren der christlichen Kirche in Übereinstimmung mit der Lehre Jesu? Weit gefehlt. Der „Jesus-Filter" hilft mir zu erkennen, wo die Kirche selbst vom Kurs abkommt.

Wie reagiere ich zum Beispiel, wenn ich mitbekomme, dass religiöse Menschen verschiedene Ereignisse des Lebens, Naturkatastrophen und Beziehungsprobleme interpretieren wollen? „Gott hat diesen Hurrikan geschickt, um Sünder zu bestrafen." „Durch deine Krebserkrankung will Gott dir etwas sagen." „Du hast die Beförderung nicht bekommen, weil du sie dir nicht erträumt, sie eingefordert und sie ins Universum projiziert hast." „Durch dein

Leiden will Gott dir die Möglichkeit geben, dein schlechtes Karma auszubrennen."

Wenn ich solche Dinge höre, muss ich erneut die Frage stellen: Steht das im Einklang mit dem, was ich über Jesus weiß? Denn wenn nicht, dann ist es unwahrscheinlich, dass solche Aussagen mit Gottes Art übereinstimmen. Anstatt in einer Katastrophe nach Gott zu suchen, versuche ich, Gott zu erkennen in der Reaktion der Menschen auf das Unglück, wie sie den Kranken Hilfe und Heilung oder den Leidtragenden Trost bringen. Weil ich glaube, dass Jesus Herr ist, ordne ich alle religiösen und philosophischen Vorstellungen und jede ethische Möglichkeit seiner Führung unter.

Jesus hat gesagt: *„Ich* habe von Gott alle Macht im Himmel und auf der Erde erhalten" (Matthäus 28,18). Hier hätte Jesus uns auffordern können, die Menschen zu lehren, „allen Anweisungen der Bibel" zu folgen oder „allem zu folgen, was ihr Herz ihnen sagt" oder „was immer die Kirche fordert". Aber Jesus sagt, dass es bei der Christus-Nachfolge darum geht, Christus nachzufolgen, seinen Lehren, seinem Beispiel, seinem Willen und seinem Weg.

Wenn religiöse Menschen behaupten, Gott sei die Autorität in ihrem Leben, dann hoffe ich, dass sie von Natur aus freundliche Menschen sind. Denn niemand darf Gott als Rechtfertigung für fast alles anführen. Und wenn sie von der Bibel als ihrer einzigen Autorität sprechen, dann beruhigt mich das nicht, denn noch einmal, mit der Bibel lässt sich fast jedes Verhalten rechtfertigen. Und das ist auch schon unzählige Male geschehen. Weil Jesus Herr ist und alle Macht im Himmel und auf der Erde hat, und weil es beim christlichen Glauben darum geht, *seine* Lehren in unserem Leben umzusetzen, sind Christus-Nachfolger Menschen mit einer richtig guten Nachricht.

Othello Revisited

Sie haben jetzt eine ganz wichtige Stelle in diesem Buch erreicht. Wenn Sie von Anfang gelesen haben und weiterlesen möchten, dann sind Sie über die Einführung bereits hinaus und tauchen tiefer ein ins Studium der guten Nachricht.

Wenn Sie die Lust verloren haben, dann wäre dies ein guter Zeitpunkt, um auszusteigen. Auf jeden Fall haben Sie die Grundlagen der Botschaft und des Auftrags Jesu und das Evangelium in einem Wort und in drei Wörtern kennengelernt.

Aber jetzt ist es an der Zeit, einen Schritt weiterzugehen. Sie steigen nun ein in eine tiefere Erforschung der guten Nachricht, die auf einer Zusammenfassung des Evangeliums in dreißig Wörtern basiert. Vergessen Sie nicht, diese Zusammenfassungen in einem Wort, in drei und in dreißig Wörtern als konzentrische Kreise zu sehen. In dem „Evangelium in dreißig Wörtern" werden Sie alles finden, was wir bisher herausgearbeitet haben. Diese Vertiefung wird auch ein Rückblick sein, aber noch einen Schritt weiter gehen. Wiederholungen lassen sich nicht vermeiden, aber die Detailebenen sind verschieden.

In den folgenden Kapiteln werden Sie bekannt gemacht mit:

- *dem Grund des Evangeliums:* Worauf das Evangelium basiert, *wer* im Mittelpunkt der guten Nachricht steht (und wenn Sie aufgepasst haben, kennen Sie die Antwort bereits!),
- *den Geschenken des Evangeliums:* Was Jesus für uns getan hat und uns anbietet, und
- *dem Ziel des Evangeliums:* Das *Warum* hinter dem *Was*.

Kennen Sie noch den Slogan für das Brettspiel Othello? „Eine Minute, um es zu lernen; ein Leben, um es zu beherrschen." Jetzt haben Sie mehr als nur ein paar Minuten gebraucht, um die Grundlagen des Evangeliums zu lernen. Wenn das alles ist, was Sie lesen oder von diesem Buch in Erinnerung behalten, dann reicht das. So einfach ist es.

Aber ich hoffe, dass Sie weiterlesen werden – nicht, weil Sie das müssen, sondern weil Sie es wollen. Weil das Evangelium die Botschaft Gottes an uns ist, besitzt es eine wundervolle Einfachheit *und* eine unerschöpfliche Komplexität. Es ist so einfach, dass ein Kind es verstehen kann, und so inhaltsreich, dass Sie den Rest Ihres Lebens damit zubringen können, es zu studieren.

TEIL II

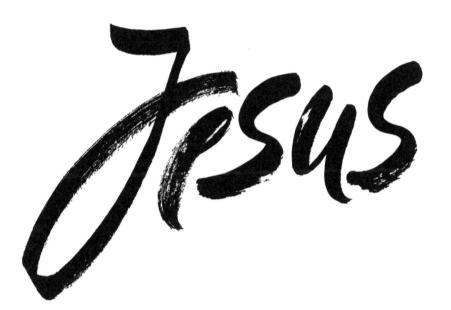

KAPITEL 6

DIE GUTE NACHRICHT IN DREISSIG WÖRTERN

> Er liebt uns und hat sein Blut für uns vergossen,
> um uns von unserer Schuld zu befreien, er gibt uns
> Anteil an seiner Herrschaft und hat uns zu Priestern
> gemacht, die Gott, seinem Vater, dienen. Ihm
> gebühren alle Ehre und Macht in Ewigkeit. Amen!
>
> **Apostel Johannes**

Kennen Sie das? Sie haben zwei enge Freunde, die Sie sehr mögen. Aber die beiden kennen sich nicht. Sie wünschen sich, dass sie sich kennenlernen und sich in der Gesellschaft des jeweils anderen genauso wohlfühlen wie Sie. So geht es mir mit meinen Mitmenschen und mit Jesus.

Ich mag Menschen. Und ich liebe Jesus. Und ich möchte, dass sie sich gegenseitig kennenlernen und Freunde werden. Ganz einfach. Das kann ich erreichen, indem ich das, was ich über Jesus weiß, an andere weitergebe, damit sie ihn kennenlernen können (denn er kennt sie ja bereits!).

Deswegen habe ich im Laufe der Jahre die Augen offen gehalten und überlegt, wie sich das Wesen der Botschaft und des Auftrags Jesu am besten für die Menschen zusammenfassen lassen. Dabei habe ich mich am Beispiel anderer Christen orientiert. Während der vergangenen Jahrzehnte haben evangelikale Christen (wörtlich „Christen der guten Nachricht") zahlreiche Zusammenfassungen verfasst, die ihnen helfen, über das Evangelium nachzudenken und es klar verständlich zu kommunizieren. Und ich habe mir jede einzelne zunutze gemacht.

Fünf Vier-Punkte-Fragmente

In den vergangenen Jahrzehnten haben Christen verschiedene Methoden entwickelt, das Evangelium weiterzugeben. Die fünf beliebtesten wollen wir uns jetzt ansehen. Jede dieser Methoden hat ihre Stärken und Schwächen. Interessanterweise umfasst jede vier Punkte.

Die erste und beliebteste Methode, das Evangelium weiterzugeben, sind die so genannten „Vier geistlichen Gesetze", entwickelt in den 1950er-Jahren von Bill Bright und verbreitet durch die Organisation *Campus für Christus*. Als Kind lernte ich diese vier geistlichen Gesetze kennen.

1. Gott liebt dich und bietet dir einen wundervollen Plan für dein Leben an (Johannes 3,16; 10,10).
2. Der Mensch ist sündig und von Gott getrennt (Römer 3,23; 6,23).
3. Jesus ist Gottes einziger Ausweg aus der Sünde des Menschen (Johannes 14,6; Römer 5,8).
4. Wir müssen Jesus Christus als unseren Erlöser und Herrn aufnehmen (Johannes 1,12; Epheser 2,8–9).

Etwas später begann eine andere christliche Organisation, die *Navigatoren*, das Evangelium als „Die Brücke zum Leben" zu präsentieren, wie sie es nannten. Diesen Ansatz lernte ich als junger Erwachsener kennen, und ich teilte ihn mit vielen meiner Freunde an der Universität.

1. In der Bibel lesen wir, dass Gott alle Menschen liebt und will, dass sie ihn kennenlernen (1. Mose 1,27; Johannes 10,10).

2. Aber die Menschen sündigten gegen Gott und wurden dadurch von ihm getrennt. Das hatte Tod und Gericht zur Folge (Jesaja 59,2; Römer 3,23).
3. Es gibt eine Lösung: Jesus Christus ist am Kreuz für unsere Sünden gestorben und hat dadurch die Brücke geschlagen zwischen den Menschen und Gott (Römer 5,8; 1. Timotheus 2,5; 1. Petrus 3,18).
4. Nur wer Christus vertraut, kann die Brücke überqueren – die Entscheidung liegt bei dir (Johannes 3,16; 5,24).

Dann erstellte die *Billy Graham Evangelistic Association* ein Papier unter der Überschrift „Schritte zum Frieden mit Gott". Ich ließ mich darauf ein und gab diese Botschaft an viele Menschen weiter und versuchte mich mit diesem Ansatz sogar in der Evangelisation von Tür zu Tür. (Mir hat es immer gefallen, von Tür zu Tür zu gehen, denn ich hatte viel Spaß mit meiner Eröffnungszeile: „Hallo, ich bin kein Mormone und auch kein Zeuge Jehovas, aber ich würde trotzdem gern mit Ihnen über Gott reden.")

- *Schritt eins.* Gottes Plan: Frieden und Leben (Johannes 3,16; 10,10; Römer 5,1.).
- *Schritt zwei.* Das Problem der Menschheit: Trennung (Jesaja 59,2; Römer 3,23; 6,23).
- *Schritt drei.* Gottes Abhilfe: Das Kreuz (Römer 5,8; 1. Timotheus 2,5; 1. Petrus 3,18).
- *Schritt vier.* Reaktion des Menschen: Christus annehmen (Johannes 1,12; 5,24; Römer 10,9).

Irgendwann fiel einigen Leuten auf, dass diese grundlegenden Punkte alle in einem Buch zu finden waren – dem Brief des Apostels Paulus an die Römer, in nur vier Versen. Darum wurde dieser Ansatz, das Evangelium weiterzugeben, „Der römische Weg" genannt.

1. Not der Menschen (Römer 3,23).
2. Strafe für Sünde (Römer 6,23).
3. Gottes Abhilfe (Römer 5,8).
4. Unsere Reaktion (Römer 10,9).

Erst vor Kurzem sind einige Christen zu der Überzeugung gekommen, dass Paulus die ersten vier Kapitel des Römerbriefes ganz bewusst so konzipiert hat, um seine Leser mit den Grundlagen des Evangeliums bekannt zu machen.

- Römer 1 – Gott: Gott ist der Schöpfer, dem alle Menschen Rechenschaft ablegen müssen.
- Römer 2 – der Mensch: Die Menschen haben sich gegen Gott aufgelehnt.
- Römer 3 – Christus: Gottes Lösung für die Sünde der Menschheit sind der Opfertod und die Auferstehung Jesu.
- Römer 4 – Reaktion: Menschen können Erlösung erfahren durch den Glauben an Jesus Christus.

Ich schätze alle diese Vier-Punkte-Zusammenfassungen, bis zu einem gewissen Grad. Weil die gute Nachricht von Jesus eine so umfassende Botschaft ist, kann es um des eigenen besseren Verständnisses willen hilfreich sein für uns, sie in kleine mundgerechte Stücke aufzuteilen, die wir an andere weitergeben.

Doch alle diese Zusammenfassungen des Evangeliums haben eins gemeinsam: Sie sind beklagenswert lückenhaft, reduktionistisch und unvollständig. In den meisten davon geht es in erster Linie um die *Erlösung von Sünde* als die zentrale Botschaft des Evangeliums. Die Erlösung ist ganz gewiss ein wichtiger *Aspekt* des Evangeliums. Aber wenn Sie sich mit der guten Nachricht auseinandersetzen wollen, müssen Sie die ganze Botschaft kennen.

Dreißig Wörter

Es wäre unverantwortlich von mir, Kurzfassungen des Evangeliums als unzureichend und unvollständig zu kritisieren und nicht zumindest den Versuch zu unternehmen, die Botschaft zu vervollständigen. Deshalb ist das Eintauchen in die Fülle des Evangeliums und besonders das Ergänzen der häufig fehlenden Teile die treibende Kraft für die restlichen Kapitel dieses Buches.

Jetzt ist es an der Zeit, einmal tief durchzuatmen, tiefer zu graben und sich das Evangelium etwas genauer anzusehen. Ich möchte Ihnen eine etwas ausführlichere Zusammenfassung des Evangeliums geben, die so angeordnet ist, dass Sie Ihnen im Gedächtnis bleibt. Das Evangelium in einem Wort (Jesus) und in drei Wörtern (Jesus ist Herr) haben wir bereits kennengelernt. Jetzt wollen wir uns mit dem Evangelium in dreißig Wörtern beschäftigen, und die Struktur dieser Zusammenfassung in dreißig Wörtern wird den Rahmen bilden für die restlichen Kapitel des Buches.

Hier nun das Evangelium in dreißig Wörtern:

JESUS IST GOTT MIT UNS, GEKOMMEN, UM

UNS GOTTES LIEBE ZU ZEIGEN,   **VON SÜNDE ZU RETTEN,**   **GOTTES REICH ZU BAUEN UND**   **RELIGION ZU ENTMACHTEN,**

DAMIT WIR TEILHABEN AN GOTTES LEBEN.

Griffig, nicht? (Und jetzt wissen wir auch, wie zwanghaft Sie sind. Sie haben die Wörter gezählt, nicht? Ich wusste es.) Es stimmt, diese Zusammenfassung orientiert sich wie alle Zusammenfassungen an einem Klischee, baut auf einem griffigen Slogan auf, einer kurzen, prägnanten Aussage. Aber so wollte ich es nicht verstanden wissen.

Diese dreißig Wörter bieten einen Rahmen, der uns helfen soll, unterschiedliche Aspekte der Botschaft des Evangeliums zu erkennen. Sie bieten einen Weg, Schlüsselelemente und Wirkweisen des Evangeliums im Gedächtnis zu behalten. Sie können diese dreißig Wörter als geistiges Bewertungsschema nehmen, um die biblischen Daten in Bezug auf das Leben und die Lehre Christi einzuordnen. Richtig angewendet, habe ich diese Zusammenfassung in dreißig Wörtern als sehr hilfreich empfunden, wenn ich über das Evangelium nachdenke und mich mit anderen darüber austausche. Aber für mich war es nie nur ein Slogan. Ich nutze sie für mich, um mir bei Gesprächen die verschiedenen Aspekte des Evangeliums in Erinnerung zu rufen, oder wenn ich einfach nur über die verschiedenen Dimensionen der Botschaft Jesu nachdenken will.

Schauen Sie jetzt näher hin. Wir können diese Zusammenfassung in drei Teile aufgliedern.

Erstens, die *Grundlage des Evangeliums*. Jesus ist Immanuel, Gott mit uns. Alles, was folgt, ist darin verwurzelt.

Zweitens, *die Geschenke des Evangeliums*. Ein Vierfaches hat Jesus für uns vollbracht, zu unserem Wohl und Gottes Ehre: Er hat uns Gottes Liebe gezeigt, uns von der Sünde errettet, sein Reich aufgerichtet und die Religion entmachtet.

Der Apostel Johannes fasst diese vier Geschenke des Evangeliums in einem Gebet der Anbetung zusammen, wenn er sagt: „Er liebt uns und hat sein Blut für uns vergossen, um uns von unserer Schuld zu befreien, er gibt uns Anteil an seiner Herrschaft und hat uns zu Priestern gemacht, die Gott, seinem Vater, dienen.

Ihm gebühren alle Ehre und Macht in Ewigkeit. Amen" (Offenbarung 1,5–6).

Drittens, *das Ziel des Evangeliums.* Gottes Ziel ist, sein Leben mit uns zu teilen. Gott zieht uns in sein Liebesleben hinein, jetzt und für immer.

Im Rest dieses Kapitels wollen wir uns die Grundlage des Evangeliums ansehen; in den folgenden Kapiteln dann die Geschenke und das Ziel des Evangeliums.

Die Grundlage des Evangeliums

Blättern Sie zurück zu den Definitionen des Evangeliums in einem Wort, in drei und dreißig Wörtern, über die wir bereits gesprochen haben. Können Sie ein Muster erkennen? *Jedes beginnt mit Jesus.* Das ist kein Zufall. Jede gute Nachricht hat ihren Ursprung in den historischen Ereignissen, die in und durch dieses eine göttlich-menschliche Leben geschehen sind.

Die Einzigartigkeit der Lösung, die Jesus anbietet, springt uns förmlich ins Auge. „Ich bin der Weg, ich bin die Wahrheit, und ich bin das Leben!", sagte Jesus. „Ohne mich kann niemand zum Vater kommen" (Johannes 14,6).

„Aber Moment mal", protestiert bestimmt jemand. „Warum gibt es nur einen Weg zu Gott? Das ist keine gute Nachricht! Eine wirklich gute Nachricht wäre die Offenbarung, dass es viele Wege zu Gott gibt, dass jeder Pfad zum Gipfel führt und dass egal ist, für welche Form der Spiritualität wir uns in diesem Leben entscheiden."

Diese Art des Denkens ist fundamental religiös in der schlimmstmöglichen Art. Die Theorie der „vielen Wege zur Bergspitze" basiert auf drei falschen Annahmen: (1) Gott ist oben auf dem Berg, (2) es ist unsere Bestimmung im Leben, den Berg zu erklimmen, um zu Gott zu gelangen, und (3) die Wege und die Person sind nicht eins, sondern getrennt. Nichts könnte der Wahrheit ferner liegen.

Erstens, die Inkarnation, dass Gott einer von uns wird, ist der Kern des Evangeliums. Gott ist nicht irgendwo „dort oben", sondern genau hier, bei uns und in uns. Jesus sagte: „Ich bin immer bei euch" (Matthäus 28,20).

Zweitens, das Evangelium ist die Botschaft der Gnade (siehe Epheser 2,8–10). Gott hat uns alles gegeben, was die Religion uns erfolglos zu geben versucht. Wir brauchen keinen Berg zu erklimmen, um zu Gott zu gelangen. Wir brauchen überhaupt nichts zu *tun*. Gott hat alles bereits getan.

Drittens, wenn Jesus wirklich Gott ist, der zu uns gekommen ist, dann ist Jesus nicht nur ein Weg, um zu der Person Gottes zu gelangen. Vielmehr ist er *der Weg und die Person in einem*. Dies ist der Kontext für die Aussage von Christus in Johannes, Kapitel 14, Vers 6, dass er der einzige Weg zum Vater ist: Jesus ist der Weg zu Gott, weil Jesus Gott ist (siehe Johannes 14,7–9).

Wenn Gott selbst zu uns kommt, dann ist es durchaus nachvollziehbar, dass er zu uns sagt, dass *er* der Weg ist, um *ihn* kennenzulernen. Warum sollten wir uns an jemand anderen oder etwas anderes als eine untergeordnete Quelle des Wissens wenden, wenn der Eine, der die Wahrheit ist, mitten unter uns ist?

Gnade kennenlernen

Nehmen wir einmal an, Sie sind auf einer Party und bekommen mit, wie einige Leute sich darüber unterhalten, wie cool ein Mädchen mit Namen Grace ist. Dann finden Sie heraus, dass Grace auch auf der Party zu Gast ist. Nehmen wir an, Sie haben so viele faszinierende Informationen erhalten, dass Sie sie unbedingt kennenlernen wollen, und ganz unvermittelt betritt Grace den Raum. Sie können ihre Bekanntschaft machen, indem sie zu ihr hingehen und sie einfach ansprechen.

Religion ist wie ein Gast auf der Party, der mit allen anderen Gästen über Grace redet, *aber nicht* mit Grace selbst. Sicher, es gibt viele Wege zu einem Ziel. Sie können von vielen Menschen

Informationen *über* eine Person bekommen. Aber um diese Person wirklich *kennenzulernen* und nicht nur *von* einem Menschen zu hören, müssen Sie mit der Person reden.

Sie sehen also, wenn Gnade nur eine *Botschaft* – eine Ansammlung von Fakten – ist, dann können Sie von mehreren Menschen von dieser Botschaft erfahren. Dieses Wissen können Sie sich auf unterschiedliche Weise aneignen. Aber wenn Gnade eine *Person* ist, dann können Sie sie nur persönlich kennenlernen.

Also zurück zu der Party: Da sind Sie nun und nehmen allen Mut zusammen, um nicht mehr mit allen anderen *über* Grace zu reden, sondern stattdessen auf Grace zuzugehen und ihre Bekanntschaft zu machen. Wäre es nicht wundervoll, wenn Grace die Initiative ergreifen und zu Ihnen kommen würde, um Sie anzusprechen, während Sie noch dabei sind, den Mut aufzubringen, auf sie zuzugehen? Wäre es nicht wundervoll, wenn Grace Ihnen sagen würde, dass sie nach Ihnen gesucht und sich die ganze Zeit darauf gefreut hätte, *Sie* kennenzulernen?

Das ist die Botschaft von Jesus.

Jesus sagt, dass er der einzige Weg zum Vater ist, doch dann fügt er hinzu: „Wer mich gesehen hat, der hat auch den Vater gesehen" (Johannes 14,9). Jesus erhebt den Anspruch, der Weg zu Gott zu sein, weil er Gott *ist* und Gott zu uns gekommen ist. Die Aussage, dass Jesus der einzige Weg zu Gott ist, ist nicht anmaßend, voreingenommen oder eng, sie entspricht der Wahrheit. Gott ist der einzige Weg zu Gott. Und er hat die Initiative ergriffen und ist zu uns gekommen, um uns seine Liebe zu zeigen. Der Apostel Johannes drückt das folgendermaßen aus: „Wir lieben, weil Gott uns zuerst geliebt hat" (1. Johannes 4,19).

Die gängige Denkweise ist, dass die verschiedenen Religionen für verschiedene Wege auf denselben Berg stehen. Aber Gott ist vom Berg herabgestiegen, um uns dort, wo wir stehen, zu begegnen. Das bedeutet nicht, dass alle anderen Religionen vollkommen falsch sind; es bedeutet nur, dass Jesus vollkommen wahr ist. Wir lernen aus allen Religionen, halten uns aber an Christus. Es gibt nur einen Weg – Jesus – und *Gott* kommt auf diesem Weg zu *uns*!

Die meisten von uns kennen die Weihnachtsgeschichte – ein Stern, ein Stall, Hirten, Weise, Engel und zwei arme Eltern, die nicht wissen, wie ihnen geschehen ist. Viel können wir aus dieser Geschichte lernen, aber eine Erkenntnis, die alle anderen in den Schatten stellt, schimmert durch: Gott hat den Entschluss gefasst, sich mit den Schwachen, den Armen und den Leidenden zu identifizieren. Wenn Gott zur Erde kommt, kommt er als Baby, das angewiesen ist auf die Barmherzigkeit zweier Menschen, die ihn groß ziehen und ihn versorgen, und er legt sein Leben vertrauensvoll in die Hände derer, die er liebt. Er ist ein König ohne Palast, ein Herr ohne Sklaven, ein Herrscher ohne Armee.

Warum sollte der Schöpfer der Welt so etwas tun? Warum sollte er so verletzlich in diese Welt kommen? Vielleicht möchte Gott deutlich machen, dass er nicht gekommen ist, um uns in die Unterwerfung zu zwingen, sondern um eine Basisbewegung in Gang zu setzen, die uns umwirbt und mit Liebe für sich gewinnt.

Immanuel

Matthäus, ein Jünger Jesu, erzählt in seiner Biografie Jesu die Weihnachtsgeschichte, und mittendrin schreibt er: „Dies alles geschah, damit sich erfüllte, was der Herr durch seinen Propheten vorausgesagt hatte: ‚Die Jungfrau wird schwanger werden und einen Sohn zur Welt bringen. Den wird man Immanuel nennen' – Immanuel bedeutet ‚Gott ist mit uns'" (Matthäus 1,22–23).[11]

---

11   Eine kleine Erinnerung: Manchmal wird Immanuel (ein hebräisches Wort, das wörtlich „mit uns Gott" bedeutet) auch Emanuel geschrieben (eine griechische Variation). Beides ist korrekt. Auch wenn wir im Neuen Testament keine Stelle finden, an der Jesus „Immanuel" genannt wird, so wird doch berichtet, dass die Leute Jesus als „Gott mit uns" identifizierten (z. B. Johannes 20,28). Wir übersehen oft den erstaun-

Gott mit uns: Diese Aussage liegt dem Evangelium zu Grunde. Durch Jesus ist Gott zu uns herabgekommen als einer von uns, er ist eingetreten in unseren menschlichen Schmerz. Er erlebt Leiden und Trauer und Liebe und Freude und Hoffnung wie wir Menschen auch. Gott ist wirklich in allem bei uns. Er weiß, was es bedeutet, ein Mensch zu sein. Die Geschichte der Geburt Jesu lässt meine Seele aufhorchen. Was wir über das Leben und die Lehren, den Tod und die Auferstehung Jesu lesen, überzeugt mich vollkommen. Gott ist bei uns nicht nur in dem Sinne, dass er „anwesend" ist; Gott ist bei uns in unserem Wesen, in unserem Charakter. Gott ist wirklich *bei* uns. Die Geschichte von Jesus teilt der Welt mit, dass Gott *für* uns ist, nicht gegen uns.

Ich erinnere mich, einmal über diesen Satz nachgedacht zu haben – „Gott mit uns. *Gott* mit uns. Gott *mit* uns. Gott mit *uns*" – als mir plötzlich die Erkenntnis kam. Gott liebt uns nicht nur, er mag uns auch! Er ist wirklich *auf unserer Seite*. Gott ist mit uns. Und das bedeutet, dass Gott mit *mir* ist.

Wenn das Evangelium eine Technik oder ein Tipp fürs Leben wäre, dann könnten wir es von jedem erfahren, es in jeder Religion finden und erklären, dass es viele Wege zu Gott gebe, und jeder sei ein anderer Ausdruck des Evangeliums. Aber wenn das Evangelium zuerst und vor allem eine Person ist, dann gibt es nur einen Weg, zu Gott zu kommen, und das ist Gott selbst, der zu uns gekommen ist.

---

lichsten Aspekt dieser Prophezeiung (dass Jesus „Gott mit uns" ist), weil wir uns ablenken lassen von Debatten darüber, ob das Wort, das mit Jungfrau übersetzt wurde, nun tatsächlich „Jungfrau" bedeutet oder „junge Frau". Das hebräische Wort in Jesaja, Kapitel 7, Vers 14, ist *almah*, und das bedeutet „junge Frau" oder „junge, alleinstehende Frau". Und man setzte voraus, dass eine solche Frau eine Jungfrau war. Das gilt noch mehr für das griechische Wort, das im Matthäusevangelium zu finden ist: *parthenos*, die „Jungfrau".

In den Himmel kommen – oder kommt der Himmel in uns?

Das Evangelium hat zum Ziel, uns von innen heraus zu verändern, hier und jetzt, nicht dort und später einmal. Es geht nicht in erster Linie darum, dass wir in den Himmel kommen, obwohl das natürlich eine entscheidende Folge ist. Das Evangelium will den Himmel in unser Leben hineinbringen. Das Evangelium will uns helfen, schon jetzt einen Vorgeschmack auf den Himmel zu erleben, durch unsere Beziehung zu Gott und zu anderen.

Jesus hat seine Jünger aufgefordert, darum zu bitten, dass der Himmel hierher kommt, nicht dass wir dorthin gehen: „Dein Reich komme, dein Wille geschehe im Himmel, wie auf Erden" (Matthäus 6,10). Im letzten Kapitel der Bibel lesen wir, wie das Vaterunser schließlich und vollkommen erhört wird: Dort erleben wir, wie der Himmel, das neue Jerusalem, auf die Erde herabkommt, und nicht, wie die Menschen auf der Erde in den Himmel auffahren, und eine neue Welt beginnt (Offenbarung 21).

Sie erinnern sich noch an die Vier-Punkte-Zusammenfassungen des Evangeliums? Einige werden verdeutlicht durch ein Schaubild, das die Menschheit auf der einen Seite des Abgrunds zeigt und Gott auf der anderen. Ein Kreuz, das für Jesus steht, ist die Brücke über den Abgrund der Sünde. Wir können darübergehen und zu Gott gelangen. Ich finde dieses Schaubild durchaus hilfreich, nur denke ich, dass die Zielrichtung falsch ist. Das Ziel des Evangeliums ist weniger, dass wir zu Gott gelangen, sondern eher, dass Gott zu uns kommt.

Von Anfang an war es Gottes Absicht, zu uns zu kommen. Gott hat uns als körperliche Wesen erschaffen, und er wollte, dass wir als körperliche Wesen in einer körperlichen Welt leben. Es war nie seine Absicht für uns, dass wir reine Geist-Wesen werden und im Himmel mit ihm leben. Geist-Wesen hatte er bereits, die Engel. Aber Gott hat diese Welt geschaffen. Er hat unseren Körper erschaffen, und er nannte alles „sehr gut" (1. Mose 1,31).

Von Anfang an kam Gott zu uns. Es war nicht seine Absicht, dass wir Wege suchen, um zu ihm zu kommen. Im Garten Eden gab es keinen Thron, auf dem Gott darauf wartete, dass Adam und Eva zu ihm kamen, um mit ihm zusammen zu sein. Nein, Gott kam zu ihnen, ging im Garten umher „am Abend, als ein frischer Wind aufkam" (1. Mose 3,8). Das Leben mit Gott in dieser Welt, in unserem Körper, umgeben von unseren Freunden und seiner Liebe – das ist Gottes ursprüngliche Absicht für unser Leben, und die wird er nicht aufgeben. Vielmehr wird er sie vollkommnen machen.

Gott hat uns erschaffen, und als wir dann abirrten, hat er unsere Rettung in Gang gesetzt. Zuerst wählte er Anführer aus, dann gab er das Gesetz, um uns zu zeigen, wie wir leben sollen, dann schickte er Propheten, die uns helfen sollten, unseren Kurs zu korrigieren. Schließlich krempelte Gott seine Ärmel hoch und kam selbst auf die Erde als einer von uns. Aber mit Jesus ist nicht alles zu Ende. Jesus sagte uns, dass der Heilige Geist unseren Geist mit dem Geist Christi durchdringen, uns an seine Lehre erinnern, uns überführen würde, wenn wir abirren, und uns trösten würde, wenn wir Leid erleben (siehe Johannes 15,26–27; 16,15).

Dass Sie dieses Buch lesen, ist auf das Wirken des Heiligen Geistes in Ihrem Leben zurückzuführen, davon bin ich überzeugt. Sie leben unter dem Einfluss des Geistes. Er war immer bei Ihnen als Stimme der Ermahnung und Ermutigung und brachte Sie geduldig näher zu Jesus. Das ist kein Fatalismus. Es wurde kein Zwang ausgeübt. Wenn Sie sich zu Jesus gezogen fühlten, dann war das keine Täuschung.

Vielmehr reagiert Ihr Wille auf Liebe. Sie folgen dem Einfluss des Geistes in Ihrem Leben. Und wenn Sie den Entschluss fassen, dem Ruf Jesu zu folgen, wird der Heilige Geist Ihren Geist mit seinem Wesen füllen, Ihnen die Kraft geben, sich von innen heraus zu verändern. Sie werden nicht mehr daran zweifeln, dass Gott Sie kennt, ganz genau und intim. Gott versteht Sie.

„Ich verstehe dich"

Laura war zutiefst verzweifelt. Ihr Mann hatte sie wegen einer anderen Frau verlassen, und sie hatte das Gefühl, den Boden unter den Füßen verloren zu haben. Sie kam zu mir und suchte Rat und Hilfe bei mir. Ich tat, was ich konnte, und besonders ein Satz von mir veränderte sofort die Dynamik des Gesprächs.

„Wissen Sie, Laura, ich verstehe Sie", sagte ich.

Diese drei Wörter – *ich verstehe Sie* – änderten den Verlauf des Gesprächs mehr, als irgendjemand hätte ahnen können. Vor Jahren hatte ich eine ähnliche Erfahrung gemacht, die mich zutiefst erschütterte, und mein Herz flog Laura entgegen, als sie mir ihre Geschichte erzählte. Ich hatte das Gefühl, ihren Schmerz wirklich mit zu fühlen, und das wollte ich sie wissen lassen.

„Was meinen Sie?", fragte Laura und wischte ihre Tränen fort. Ich erklärte, ich wüsste wirklich, was sie empfände und würde ihre emotionale Welt, in der sie sich gerade befände, kennen. Mehr noch, ich kannte sie nicht nur, in diesem Augenblick fühlte ich sie mit ihr. „Sehen Sie, ich habe einmal eine ähnliche Erfahrung gemacht", erklärte ich ihr. „Ich bringe Ihnen nicht nur Mitgefühl entgegen. Ich habe dasselbe erlebt wie Sie. Ich verstehe Sie wirklich."

Sofort trat eine Veränderung ein. Weiser, pastoraler Rat waren keine große Hilfe, aber jetzt hatte Laura das Gefühl, in ihrem Schmerz nicht allein zu sein. Der Apostel Paulus gab den Christen den Rat, „anderen zu helfen, ihre Lasten zu tragen" (Galater 6,2). Obwohl ich das schwer beschreiben kann, hatte ich den Eindruck, emotional die Fähigkeit zu bekommen, unter die Last von Lauras Schmerz zu greifen und ihr beim Tragen helfen zu können.

Sicherlich haben Sie schon ähnliche Erfahrungen gemacht, ob auf der gebenden oder auf der nehmenden Seite. Egal wie weise ein Freund ist, wie viel Mut er Ihnen macht, nichts hilft Ihnen besser, die Lasten des Lebens zu tragen, als ein Mensch, der aus eigener Erfahrung sagen kann: „Ich verstehe dich" oder „Ich habe das auch erlebt".

So ist das auch bei Gott. Jesus zeigt uns einen Gott, der nicht als losgelöste Gottheit aus der Höhe regiert, unberührt und unbefleckt von der Sünde und dem Leid der Menschen. Gott hilft uns nicht nur durch seine Macht und sorgt nicht nur für uns durch seine Liebe; durch seine Menschwerdung pflegt er eine intime Beziehung zu uns. Jesus hat erlebt, wie es ist, wenn Fremde und Freunde einen missverstehen, verlassen, verleugnen und hintergehen. Er kennt finanzielle Not und Stress in der Beziehung. Er weiß, wie es ist, in viele Richtungen gezerrt und so müde zu sein, dass man nicht mehr weiter weiß. Er kennt die Versuchung der Sünde und weiß, wie schwer es ist, dagegen anzukämpfen.

Dieses Wissen kann die Dynamik unserer Gespräche mit Gott verändern. Wenn wir im Gebet zu Gott kommen, können wir ihn jetzt mehr als alles andere durch Jesus sagen hören: „Ich habe das erlebt. Ich verstehe dich."

Gottes „Präsentation"

War das bei Ihnen auch so, dass Sie ein Lieblingsteil in den Kindergarten mitbringen, es vorzeigen und davon erzählen durften? Es sollte ein ganz persönlicher und für Sie kostbarer Gegenstand sein, den Sie den anderen Kindern zeigen und davon erzählen sollten. Beides war wichtig, das Vorzeigen und das Erzählen. Wenn wir über einen Gegenstand nur reden, fehlt der anschauliche Aspekt, den wir zum besseren Verständnis brauchen. Und wenn wir den Gegenstand nur vorzeigen, fehlt die Erklärung, warum dieser Gegenstand für uns so wichtig ist.

Jesus ist dieses, um im Bild zu bleiben, „Lieblingsteil" für Gott. Jesus hat das Evangelium nicht nur gepredigt, er verströmte es. Es zeigte sich in allem, was er sagte und tat. Wenn wir sagen, dass Jesus Gott mit uns ist, dann meinen wir jeden Aspekt der Geschichte Jesu: Sein Leben, seine Lehren, sein Tod, seine Auferstehung und seine Wiederkunft. Jeden dieser Aspekte der Geschichte Jesu wollen wir kurz anreißen und herausarbeiten, inwiefern sie die gute Nachricht abbilden.

Sein Leben. Gott hat uns in einzigartiger Weise sein Herz gezeigt, als er als hilfloses Baby in diese Welt gekommen ist und alle Härten des Lebens als Mensch auf sich genommen hat. Er brachte Licht zu allen, die bereit sind, ihre Augen aufzutun (Johannes 1,9). Weil Jesus das Wort Gottes nicht nur *predigte,* sondern das Wort Gottes *ist*, können wir in seinem Leben lebendige Veranschaulichungen finden von dem, was er lehrte. Jesus lehrte praktische Liebe. Er gab den Hungrigen zu essen und heilte Kranke. Jesus lehrte die Feindesliebe, und er heilte die Wunde eines Mannes, der gekommen war, um ihn zu verhaften. Jesus lehrte eine mutige Liebe und griff die etablierte Religion seiner Zeit an, warf die Tische der Händler im Tempel um. Jesus lehrte vergebende Liebe, und als er starb, bat er Gott, seinen Mördern zu vergeben.

Das Leben Jesu schenkt uns eine Klarheit, die keine andere Offenbarung, kein anderes heiliges Buch, kein Prophet, Guru oder Lehrer bieten kann.

Doch Jesus zeigte uns nicht nur Gott in seiner Vollkommenheit, sondern lebte auch ein vollkommenes Menschsein. Stellen Sie sich vor: Seit Adam und Eva gab es auf diesem Planeten kein vollkommenes menschliches Leben mehr – bis Jesus kam. Wenn wir uns mit dem Leben Jesu beschäftigen, bekommen wir ein klares Bild davon, wer Gott ist *und* wer wir sein sollen und wozu wir geschaffen sind.

Seine Lehre. Jesus war das „Wort Gottes" und wurde nicht müde, das Wort Gottes weiterzugeben. Wir können seine Predigten nachlesen (siehe Matthäus 5–7), die Geschichten, die er erzählt hat (siehe Lukas 15), Gespräche, die er führte (siehe Johannes 4), und seine Konfrontationen mit den religiösen Führern (siehe Matthäus 23). In der Kirchengeschichte gab es Zeiten, wo die Lehren Jesu keinen verändernden Einfluss auf das Leben der Christen hatten. In der Geschichte treten die Lehren Jesu manchmal so weit in den Hintergrund, dass sie scheinbar vollkommen aus dem offiziellen Glauben der Kirche verschwunden sind. Nachfolgend zwei Auszüge aus zwei alten Glaubensbekenntnissen, die beide um das vierte Jahrhundert herum entstanden sind. In beiden Glaubensbekenntnissen finden wir die Grundlagen des christlichen Glaubens an Gott, den Vater, Sohn und Heiligen Geist. In diesen beiden vorliegenden Auszügen geht es um Jesus.

> ... und an Jesus Christus, seinen eingeborenen Sohn, unsern Herrn,
> empfangen durch den Heiligen Geist,
> geboren von der Jungfrau Maria,
> gelitten unter Pontius Pilatus,
> gekreuzigt, gestorben und begraben,
> hinabgestiegen in das Reich des Todes,
> am dritten Tage auferstanden von den Toten.
> *(Apostolisches Glaubensbekenntnis)*

> ... und an den einen Herrn Jesus Christus,
> Gottes eingeborenen Sohn,
> aus dem Vater geboren vor aller Zeit:
> Gott von Gott, Licht vom Licht,
> wahrer Gott vom wahren Gott,
> gezeugt, nicht geschaffen,
> eines Wesens mit dem Vater;
> durch ihn ist alles geschaffen.
> Für uns Menschen und zu unserm Heil
> ist er vom Himmel gekommen,
> hat Fleisch angenommen
> durch den Heiligen Geist
> von der Jungfrau Maria
> und ist Mensch geworden.
> Er wurde für uns gekreuzigt unter Pontius Pilatus,
> hat gelitten und ist begraben worden,
> ist am dritten Tage auferstanden nach der Schrift
> und aufgefahren in den Himmel.
> *(Nizänisches Glaubensbekenntnis)*

Haben Sie gemerkt, welcher Aspekt des christlichen Glaubens in der Zeit, als diese Glaubensbekenntnisse entstanden, vernachlässigt wurde? Was fehlt? Das ganze Leben und die Lehren Jesu! Die Glaubensbekenntnisse springen von seiner Geburt gleich zu seinem Tod: Von „geboren von der Jungfrau Maria" zu „gekreuzigt unter Pontius Pilatus".

Zum Glück legen seit der Entstehung dieser Glaubensbekenntnisse immer mehr Christen ihren theologischen Fokus auf die Bedeutung der Lehren und das Beispiel Jesu Christi.

Sein Tod. Jesus hat keinen Zweifel daran gelassen, dass sein Tod im Mittelpunkt seines Auftrags stand. Der Tod des Jesus von Nazaret durch Kreuzigung durch die Römer ist eine historisch belegte Tatsache und eine Tragödie, die dem Leben eines jüdischen Führers ein Ende setzt. Aber genau deshalb war Jesus auf die Erde gekommen. Das hat er selbst gesagt (siehe Markus 8,31; 9,31; 10,45).

Dass die Christen das leere Kreuz irgendwann zum Symbol ihres Glaubens gemacht haben, hat seinen Grund. Jesus lehrte, dass sein Tod, nicht nur sein Leben, ein Werk kosmischen Ausmaßes vollbringen und die Welt für immer verändern würde. Dieser zentrale Punkt sollte seinen Jünger immer wieder in Erinnerung gerufen werden, durch die Taufe (ein Symbol für den Tod, das Begräbnis und die Auferstehung mit Christus), sowie durch die Eucharistie oder das Abendmahl (ein Symbol dafür, dass wir das Opfer Christi für uns annehmen).

Seine Auferstehung. Wie können wir glauben, dass der Tod Jesu bewirkt hat, was er sollte? Seine Auferstehung bestätigt seine Ansprüche und offenbart die Realität seiner Stellung. Wegen der Auferstehung Jesu haben wir die Gewissheit des göttlichen Ursprungs seiner Botschaft und Mission (1. Korinther 15,17). Mehr noch, die Auferstehung Jesu gibt uns allen die Hoffnung, dass dieses Leben nicht das Ende ist, dass der Tod nicht das letzte Wort haben wird und dass Gottes Liebe mächtiger ist als das größte Übel. Christus ist als Erster vom Tod auferstanden, und darüber können wir uns freuen. Er ist also eine Art Prototyp unseres Schicksals (1. Korinther 15,20.23).

Und das ist nicht alles. Als Jesus am Kreuz starb, sprach er seinen Mördern Vergebung zu. War das nur ein Trick, um ihrer Gewalttätigkeit ein Ende zu setzen? Die Auferstehung zeigt uns, ob Jesu Gesinnung von Dauer war oder ob er auferstand, um Gericht zu halten und Rache zu üben. Und ganz bestimmt ist *Vergebung* die Botschaft, die zu predigen der auferstandene Jesus seinen Jüngern auftrug (Lukas 24,47).

Seine Wiederkunft. Jesus versprach seinen Jüngern, wiederzukommen und sie zu holen, um bei ihm zu sein (Johannes 14,3). Seither warten die Nachfolger Jesu auf seine Wiederkunft. In gewisser Weise ist Jesus bereits durch seinen Heiligen Geist wiedergekommen, „dem Geist der Wahrheit" oder „dem Geist von Jesus Christus" (Johannes 14,17–18; Römer 8,9), und ist in uns heute gegenwärtig (Matthäus 28,20). Aber eines Tages wird Jesus kommen, um alles in Ordnung zu bringen. Für den Augenblick hat Gott uns hier auf der Erde gelassen, weil Arbeit zu tun ist (2. Petrus 3,9).

Wenn wir die Person Jesus anschauen, können wir von jedem Blickwinkel aus erkennen, dass Gott mit uns ist. Gott für uns. Gott hinter uns und vor uns. Gott an unserer Seite.

Und mehr noch, durch sein Leben, seine Botschaft, seinen Tod, seine Auferstehung und seine Wiederkunft zeigt uns Jesus Gottes Liebe, er errettet uns von Sünde, richtet sein Reich auf und entmachtet die Religion, und das alles mit einem Ziel – uns in Gottes Liebesleben hineinzuholen.

KAPITEL 7

GOTTES BEISPIELHAFTE LIEBE

Es gibt nichts Schöneres, als geliebt zu werden, um seiner selbst willen oder vielmehr: trotz seiner selbst.

Victor Hugo

JESUS IST GOTT MIT UNS, GEKOMMEN, UM

UNS GOTTES LIEBE ZU ZEIGEN, VON SÜNDE ZU RETTEN, GOTTES REICH ZU BAUEN UND RELIGION ZU ENTMACHTEN,

DAMIT WIR TEILHABEN AN GOTTES LEBEN.

Sie kennen ihn sicher, diesen inneren Skeptiker, der niemals schläft. Ich kenne ihn auf jeden Fall. Wenn ich zu den zwölf Jüngern Jesu gehörte, dann wäre ich bestimmt Thomas, der auch der „zweifelnde Thomas" genannt wird. Ich bin die Person, die immer in Frage stellt, immer hinterfragt, immer nachfragt, immer nach Beweisen verlangt. Woher wissen wir, dass Gott wirklich

Liebe ist? Wie können wir *sicher* sein, dass der Gott des Universums sich tatsächlich eine Beziehung mit uns wünscht?

Wollen wir doch ehrlich sein: Unsere Welt sendet uns die unterschiedlichsten Signale bezüglich der Kraft, die hinter den Kulissen am Werk ist. Die Natur ist atemberaubend schön, aber sie kann auch ungeahnt grausam sein. Im Jahr 1849 stellte Alfred Lord Tennyson nach vielen Jahren sein Gedicht „In Memoriam A. H. H. fertig. Darin setzt er sich auseinander mit der scheinbaren Widersprüchlichkeit zwischen dem Glauben an Gott, wie er ihn kennt, und dem, was er in der Natur sieht. Er spricht von den Menschen als denen

> Who trusted God was Love indeed,
> And Love Creation's final law –
> Tho' Nature, red in Tooth and claw,
> With ravine, shriek'd against his creed.

> *Die darauf vertrauten, dass Gott Liebe ist,*
> *Und Liebe das höchste Gesetz der Schöpfung –*
> *Obwohl die Natur, mit roten Zähnen und Klauen*
> *Gegen ihr Glaubensbekenntnis anbrüllte.*

Mit anderen Worten, auch wenn wir gern darauf vertrauen würden, dass Gott Liebe ist, in der Natur gibt es so viel Tod und Blut, dass es schwer fällt, auf Gottes Liebe zu vertrauen. Das gilt auch für die Kultur und das Verhalten der Menschen. Hier auf der Erde finden wir Widersprüche zuhauf. Wir leben in einer Welt, in der die Wörter *Kind* und *Missbrauch* in einem Satz verwendet werden, in der für viele Christen der „gerechte Krieg" eine vorherrschende Theologie und „heiliger Krieg" eine Ideologie ist, unter der sich andere religiöse Gruppierungen zusammenfinden; in einer Welt, in der Massaker, Bombenattentate und Massengräber beinahe alltäglich geworden sind und Rassismus sich ausbreitet und Diskriminierung wegen des Alters, der Orientierung, des Geschlechts und einer Behinderung immer noch viel zu häufig zu finden ist.

Ist dies wirklich die Welt, die von einem Gott, der Liebe ist, erschaffen wurde? Und sind wir wirklich eine Spezies, die im Bilde dieses Gottes erschaffen wurde?

Die uneinheitlichen Signale beschränken sich nicht auf die natürliche Welt oder darauf, dass Menschen zur Unmenschlichkeit fähig sind. Auch in der Bibel finden wir, wenn wir ehrlich sind, gemischte Botschaften. Wir lesen Geschichten über Gottes Handeln mit Völkern und einzelnen Menschen, die uns manchmal Mut machen, manchmal in Verwirrung stürzen und uns manchmal richtiggehend Angst machen. Einmal zeigt sich Gott unendlich liebevoll, dann wieder scheint er übermäßig hart zu reagieren. Auf der einen Seite sorgt er für sein Volk mit der innigen Liebe eines Elternteils, dann wieder vernichtet er die Welt mit einer Flut, fordert den Tod von ganzen Völkern und befiehlt die rituelle Opferung von zahllosen Tieren.

Wie können wir ein für alle Mal wissen, dass Gott Liebe ist? Wie kann Gott unsere Verwirrung durchdringen und uns in aller Deutlichkeit zeigen, wer er ist? Uns fehlt die Möglichkeit zu erkennen, wie Gott wirklich ist. Ein zweifelnder Thomas wie ich braucht Gewissheit.

Und darum hat Gott, um aller Verwirrung ein Ende zu setzen, mit absoluter Klarheit und ein für alle Mal durch Jesus gezeigt, wer und was er ist. In einem mittlerweile berühmt gewordenen Lied desselben Titels fragte Joan Osborne einmal: „What if God was one of us?" („Was, wenn Gott einer von uns wäre?"). Die Antwort darauf lautet, dann würden wir Liebe sehen, reine und machtvolle Liebe, eingebettet und eingeprägt in die Menschheitsgeschichte durch genau dieses Leben.

Wenn dieses erste Geschenk des Evangeliums – dass Jesus gekommen ist, um uns Gottes Liebe zu zeigen – eine Schlagzeile wäre, dann würde sie lauten: Gute Nachricht! Gott ist wie Jesus! Jesu Leben und Liebe sind der Beweis, den Zweifler wie ich brauchen.

Besser als Science fiction

Ich liebe gute Science-fiction-Filme, und die erfolgreiche Alien-Reihe gehört zu meinen Lieblingsfilmen. Im Jahr 2012 brachte der Regisseur Ridley Scott mit *Prometheus – Dunkle Zeichen* einen weiteren Film in der Reihe heraus.

Prometheus – Dunkle Zeichen, ein Vorläufer (Prequel) der anderen Filme, basiert auf der Annahme, dass die Menschen ursprünglich von einer Alien-Rasse, den so genannten Konstrukteuren, auf der Erde geschaffen wurden. Eine Forschergruppe auf der Erde findet Hinweise auf unseren Ursprung und tritt eine Reise ins All an, um die Konstrukteure zu suchen und sie zu fragen, warum sie uns erschaffen hätten. Doch an ihrem Ziel müssen sie erfahren, dass die Konstrukteure alle Menschen vernichten wollen. Die Schöpfer der Menschen hassen sie jetzt. Sie verachten ihre eigene Schöpfung und beschließen Tausende Jahre früher, dass die ganze Menschheit sterben muss.

Im Film wird nicht erklärt, warum unsere Schöpfer die Menschen vernichten wollen, aber der Regisseur Ridley Scott erklärt seine Theorie in einem nachfolgenden Interview. In Scotts Vorstellung ist es so, dass die Konstrukteure uns anfangs tatsächlich liebten, doch ihre Enttäuschung über unsere zunehmende Aggression und Neigung zu Gewalt wuchs. Darum nahm ein Konstrukteur die Gestalt eines Menschen an und lebte unter uns und zeigte einen besseren Weg des Menschseins auf. Er lehrte uns, unsere Feinde zu lieben, denen zu vergeben, die uns verletzen, und im Frieden zu leben ... bis wir ihn kreuzigten.

Ja, nach dieser Science-fiction-Saga gehörte Jesus einer Alien-Rasse an, die uns geschaffen hat, und sein Kommen auf die Erde war unsere letzte Hoffnung auf Erlösung. Als wir nicht auf ihn hörten und ihn vielmehr töteten, kamen unsere Schöpfer zu dem Schluss, dass es für uns keine Hoffnung mehr gab, und beschlossen unsere Vernichtung, bevor wir lernten, durch das All zu reisen und unsere verderbliche Neigung zu destruktiver Gewalt auf anderen Planeten zu verbreiten.

Mir fällt auf, dass diese Geschichte als Mythos schlüssig ist. Sie macht Sinn. Dies ist die Art von Reaktion, die wir von jedem niedrigeren Gott erwarten könnten. Wenn irgendein Gott einer von uns geworden und uns ausreichend Beweise für seinen göttlichen Ursprung gegeben und uns zum Frieden aufgerufen hätte, und wir hätten ihn deswegen getötet, dann kann ich verstehen, dass dieser Gott sagen würde: „Okay, genug ist genug. Ich habe euch jede erdenkliche Chance gegeben, und jetzt sehe ich, dass es für euch keine Hoffnung mehr gibt."

Jesus reagiert anders. Bei ihm finden wir nichts als Liebe. Er hat uns geschaffen und kam auf die Erde, um uns zu zeigen, wie wir als Menschen besser werden können, aber wir haben ihn zurückgewiesen und getötet. Doch Jesus hat nicht wie die Konstrukteure mit strenger Gerechtigkeit und tödlichem Zorn reagiert. Jesus zeigt uns Gottes Liebe auf eine Art, die uns vielleicht unglaublich vorkäme, wenn nicht sein historisch überliefertes Leben den Beweis dafür liefern würde.

Wie sieht diese Liebe denn nun aus? Was ist das Merkmal der Liebe Gottes im Vergleich zur Liebe des Menschen? Wir wollen uns mehrere Dimensionen der göttlichen Liebe ansehen. Gottes Liebe zu uns ist unaufhörlich, universell, instinktiv, bedingungslos, aktiv, bescheiden, lebensverändernd und persönlich.

Und nun zur Erklärung: unaufhörlich

„Lassen Sie mich Ihnen zeigen, was ich meine."

Eine meiner liebsten Professorinnen an der Universität nahm sich häufig die Zeit, um eine Aussage, die sie machte, näher zu erläutern. Manchmal bat sie einen Freiwilligen nach vorn, um ihr bei einer Demonstration zu helfen. Dann wieder zeichnete sie ein Bild an die Tafel. Doch wie auch immer, ich freute mich immer, wenn sie sagte: „Lassen Sie mich Ihnen zeigen, was ich meine", weil ich wusste, dass die Dinge dann tatsächlich sehr viel verständlicher wurden.

Jesus ist Gott, der sagt: „Lass mich dir zeigen, was ich meine." Er ist Gottes Verdeutlichung seiner zentralen Botschaft der Liebe an uns: „Diese Liebe zeigt sich darin, dass Christus zur rechten Zeit für uns gottlose Menschen gestorben ist. Als wir noch hilflos der Sünde ausgeliefert waren, hat er sein Leben für uns gegeben. Kaum jemand würde für einen anderen Menschen sterben, selbst wenn dieser schuldlos wäre. Es mag ja vorkommen, dass einer sein Leben für einen ganz besonders gütigen Menschen opfert. Gott aber beweist uns seine große Liebe gerade dadurch, dass Christus für uns starb, als wir noch Sünder waren" (Römer 5,6–8).

Beachten Sie, dass diese Verse im Präsens geschrieben sind: Gott *beweist* (nicht bewies) uns seine große Liebe. Durch Jesus – vor allem durch seinen Tod und die Art seines Sterbens – setzte Gott ein Zeichen in der Geschichte; ein Zeichen, das sich nicht auslöschen lässt, ein Fixpunkt der Klarheit, der für immer seine Liebe deutlich macht. Die Kreuzigung Christi steht als fortdauernder Beweis für Gottes Liebe zu uns.

Die römischen Soldaten trieben Nägel in die Hände und Füße Jesu, und Gott liebte sie trotzdem. Die religiösen Führer seiner Zeit schleuderten ihm Beleidigungen entgegen, und Gott liebte sie. Die Jünger verleugneten Jesus und ließen ihn im Stich, und Gott liebte sie trotzdem.

Mehr als die Ehrenmedaille: universell

Das Viktoriakreuz ist die höchste militärische Auszeichnung Kanadas, ähnlich der Ehrenmedaille in den Vereinigten Staaten. Diese Medaillen werden verliehen für außergewöhnliches Handeln, das über die Pflicht hinausgeht. Von den Tausenden Medaillen, die bisher verliehen wurden, waren die meisten dafür, dass Soldaten ihre Kameraden mit ihrem Körper vor Granaten schützten.

Das erste Viktoriakreuz des Zweiten Weltkriegs bekam Kompanie-Sergeant Major John Robert Osborn. Der Sergeant Major und seine Männer waren in Hong Kong von ihrem Bataillon abgeschnitten und lagen unter heftigem Beschuss. Als der Feind näher rückte, wurden die kanadischen Soldaten unter Sperrfeuer genommen. Mehrmals schützte Osborn seine Männer, indem er eine scharfe Granate aufhob und zurückschleuderte, doch dann fiel eine so, dass er sie nicht mehr rechtzeitig aufheben konnte. Osborn blieb nur ein Sekundenbruchteil für seine Entscheidung. Er rief seinen Kameraden eine Warnung zu und warf sich auf die Granate. Sie explodierte, und er war sofort tot. Seine Kompanie überlebte diese Schlacht, weil Osborn sich opferte.

Ich liebe solche Geschichten über Tapferkeit und Selbstopfer. Sie geben mir Hoffnung für die Menschheit und ermöglichen uns einen Einblick in Gottes Güte, die sich in den Menschen, die sein Ebenbild sind, spiegelt. Aber egal wie schön diese Heldentat sein mag, Jesus zeigt uns eine noch viel größere Liebe im Herzen Gottes. Sehen Sie, Soldaten, die sich auf Granaten werfen, tun dies aus Liebe zu ihren Freunden, auch wenn sie gleichzeitig darum bemüht sind, auf dem Schlachtfeld ihre Feinde zu töten. Jesus ist für seine Freunde *und für seine Feinde* gestorben und für alle, die sich irgendwo dazwischen befinden.

In Jesus erkennen wir eine Liebe, die so universell und bedingungslos ist, dass es schon beinahe beunruhigt. Jesus wollte niemandem schaden. Vielmehr starb er, um alle zu retten, auch die, die ihn umbrachten. Darum können wir sagen: „Als wir Gott noch feindlich gegenüberstanden, hat er uns durch den Tod seines Sohnes mit sich selbst versöhnt" (Römer 5,10).

Nachdem Jesus verraten und von seinen Freunden verlassen, von Fremden geschlagen, verspottet und gequält wurde, während er sterbend am Kreuz hing, sagte er: „Vater, vergib ihnen, denn sie wissen nicht, was sie tun" (Lukas 23,34). Das ist die Liebe, die Gott für Sie empfindet.

Und als Jesus von den Toten auferstand, sagte er nicht: „Okay, ihr habt eure Chance gehabt. Jetzt ist die Zeit der Vergeltung gekommen." Nein. Jesu Botschaft war nach seiner Auferstehung dieselbe wie die, die er während seines Lebens verkündet und während seines Sterbens demonstriert hatte: Die Botschaft der Vergebung und Versöhnung für alle Sünder, Heiligen und Suchenden (Lukas 24,47). Durch die Art, wie er lebte und starb und wieder lebte, lehrte uns Jesus, unsere Feinde zu lieben, weil die Botschaft des Evangeliums ist, dass Gott seine Feinde liebt.

Gott liebt uns, egal was wir getan oder wen wir verletzt haben. Leben Sie geliebt, weil Sie geliebt sind. Das Kreuz ist der Beweis dafür. Das ist die gute Nachricht.

Göttliche Seltsamkeit: instinktiv

Es gibt eine Art der Liebe, die instinktiv ist, elterlich und mütterlich. Abgesehen von seltenen Ausnahmen empfindet eine Mutter instinktiv eine beschützende und fürsorgende Liebe zu ihren Kindern. Bei der Geburt eines Kindes bringt eine Mutter zugleich eine tiefe Liebe zu diesem Kind auf die Welt. Diese Art der Liebe braucht keine Entscheidung. Eine Mutter entscheidet sich nicht, ihr Kind zu lieben; sie kann gar nicht anders.

So ist Gottes Liebe zu uns. Gott sagte einmal zu Israel: „Kann eine Mutter ihren Säugling vergessen? Bringt sie es übers Herz, das Neugeborene seinem Schicksal zu überlassen? Und selbst wenn sie es vergessen würde – ich vergesse dich niemals" (Jesaja 49,15)!

Jesus erzählte von einem Sohn, der nicht abwarten konnte, bis sein Vater starb und er sein Erbe bekam, darum forderte er schon vor dem Tod des Vaters sein Erbe ein und beleidigte und kränkte dadurch seinen Vater zutiefst (siehe Lukas 15,11–32). Der schockierte und verletzte Vater gab dem Sohn, was er gefordert hatte. Der Sohn verließ sein Elternhaus und verprasste sein Geld. Bald war nichts mehr übrig. Als der Sohn voller Reue zu seinem Vater zurückkehrte, sagte der Vater nicht: „Du hast Nerven, hier wieder aufzutauchen!", oder: „Wie kannst du denken, ich wäre dir noch wohlgesinnt, nachdem du mich so verletzt hast?" Vielmehr rannte der Vater seinem Sohn entgegen, umarmte und küsste ihn und veranstaltete ein Fest für ihn.

Diese Großzügigkeit ist so unglaublich, dass man am Erziehungsstil des Vaters zweifelt. Hier gibt es keine „harte Liebe". Und genau das ist der Punkt. Gottes Liebe zu uns ist so großzügig, dass sie, wenn sie in menschliche Begriffe gefasst würde, seltsam anmuten würde. Seine Liebe ist so dauerhaft, dass sie selbst durch das schlimmste Verhalten nicht zerstört oder gedämpft werden kann.

Das Evangelium ist die gute Nachricht, dass Gott einer von uns wurde, um uns seine Liebe zu zeigen. Und diese Liebe gibt uns den Mut, zu ihm zu kommen, oder zu ihm zurückzukommen, egal wie weit wir weggelaufen sind.

Keine Fähigkeiten nötig: bedingungslos

Die Leute in der Gemeinde, die ich als Kind mit meiner Familie besuchte, fand ich nicht besonders cool. Im Vergleich zu den Leuten, die ich im Fernsehen, in der Schule oder in meiner Nachbarschaft erlebte, erschienen mir die Leute in der Gemeinde etwas mehr ... na ja, so halt. Als ich älter wurde, erkannte ich, wie schön das war. Genauso sollte Gemeinde sein: Ein Ort, an dem jeder angenommen ist, egal ob er zu den „Coolen" gehört oder nicht.

Der Apostel Paulus schrieb an eine Gemeinde: „Schaut euch doch selbst an, liebe Brüder und Schwestern! Sind unter euch, die Gott berufen hat, wirklich viele, die man als gebildet und einflussreich bezeichnen könnte oder die aus einer vornehmen Familie stammen?" (1. Korinther 1,26). Dann spricht er davon, dass Gott sie liebt und sie zu sich gerufen hat, nicht weil sie überdurchschnittlich wären, sondern weil Gottes Gnade überdurchschnittlich ist.

Intelligenz, Kraft und Status: Es ist egal, ob Sie das haben oder nicht. Diese Dinge sind nicht der Grund, warum Gott Sie liebt. Gnade bedeutet, dass Gott sagt: „Ich liebe dich nicht wegen deiner attraktiven Eigenschaften." Denn wenn Gott uns tatsächlich nur wegen unserer guten Eigenschaften lieben würde, was würde denn dann passieren, wenn wir diese Eigenschaften verlieren? Gott sagt: „Ich liebe dich, weil Liebe mein Wesen ist. Es stimmt: Von meiner Liebe kommst du nicht los. Und ich habe dich erschaffen in meinem Bild, damit du meine Liebe erwidern kannst."

Das griechische Wort für die Liebe Gottes zu uns, die offenbart ist in Jesus, lautet *agápe*. Agape ist eine bedingungslose Liebe, eine loyale Liebe, eine Liebe ohne weitere Verpflichtungen, eine Liebe, die sich bindet, die sich zeigt und nicht davonläuft.

Gott liebt Sie, weil er Sie liebt. Es ist Gottes Wesen, Sie zu lieben. Der Ursprung für Gottes Liebe zu Ihnen ist die Person Gottes, nicht Ihre Person. Das bedeutet, dass wir geliebt sind, egal wie sehr wir unser Leben vor die Wand gefahren haben. Sie können Gott nicht dazu bringen, Sie mehr zu lieben, und Sie können ihn nicht dazu bringen, Sie weniger zu lieben.

Liebe in Bewegung: aktiv

Durch Jesus zeigt Gott nicht nur, wie sehr er uns liebt. Er zeigt uns, was Liebe überhaupt ist. „Wie sehr Christus uns liebt, haben wir daran erkannt, dass er sein Leben für uns opferte. Ebenso müssen auch wir bereit sein, unser Leben für unsere Geschwister hinzugeben" (1. Johannes 3,16).

In unserer Kultur gibt es eine Fülle von Büchern, Filmen und Liedern, die ausdrücken, dass Liebe sich so oder so *anfühlt*. Aber Jesus zeigt uns, dass Liebe *in Bewegung ist*.

Wenn ich Menschen in Not sehe und mir einrede, ich würde sie lieben, gleichzeitig ignoriere ich ihre Not aber, dann habe ich die Verbindung verloren. Das ist keine Liebe. Das ist Empfindung, eine Art selbst erzeugte innere Propaganda, die das eigene Ego streichelt.

Wenn ich dagegen aktiv Menschen in Not helfe, es aber tue, weil ich als liebevoller Mensch gelten will und um meinen Ruf aufzubessern, dann ist das auch keine Liebe. Dann benutze ich Menschen zu meinem eigenen Vorteil (siehe 1. Korinther 13,3).

Liebe ist die Kombination aus Achtung und Handeln, jemanden wertzuschätzen und zu handeln im Bewusstsein, wie kostbar diese Person ist.

Durch Jesus lernen wir, dass Liebe nicht handelt um eines guten Gefühls willen. Liebe tut, was gut ist, ungeachtet unserer Gefühle. Liebe ist kein Gefühl der Anziehung oder ein Wunsch. Liebe ist der Wille, aktiv zu werden, Energie aufzuwenden und sein Leben für andere einzusetzen, indem wir unsere eigenen Bedürfnisse hintenan stellen oder die des anderen an erste Stelle setzen.

Das ist nicht die Liebe, die in Popsongs beschrieben wird. Es ist die Liebe, die die Welt verändert.

Ich sage nicht, dass Liebe gar nichts mit Gefühlen zu tun hat. Aber wir können Liebe nicht durch ein besonderes Gefühl eingrenzen. Manchmal bedeutet die Liebe zu einem Menschen auch, dass wir den momentanen Gefühlen *nicht* nachgeben.

Gott auf den Knien: demütig

Die letzten Worte und Taten eines Menschen, der weiß, dass er bald sterben wird, tragen häufig eine besondere Bedeutung. Lesen Sie den Bericht des Apostels Johannes über Jesu Handeln, als er sein Ende nahen sah: „Wie er die Seinen geliebt hatte, die in der Welt waren, so liebte er sie bis ans Ende. ... Er stand vom Tisch auf, zog sein Obergewand aus, band sich ein Handtuch um die Hüften und goss Wasser in eine Schale. Dann begann er, seinen Jüngern die Füße zu waschen und sie mit dem Handtuch abzutrocknen, das er sich umgebunden hatte" (Johannes 13,1.4–5; Luther 2017).

Jesus steht kurz vor seiner Verhaftung und Verurteilung zum Tode. Trotzdem lesen wir beim Apostel Johannes, dass er die Seinen „liebte bis ans Ende". Das Wort für „Ende" hier ist *telos*. Es bedeutet Endziel oder Vollendung von etwas – der höchste Ausdruck oder die absolute Fülle einer Realität. In einer Übersetzung heißt es: Er erwies „ihnen seine Liebe bis zur Vollendung" (Zürcher Bibel).

Wenn Christen an das *telos* des Auftrags Jesu auf der Erde denken, steht ihnen sofort das Kreuz vor Augen. War Jesus nicht auf die Erde gekommen, um zu sterben? Ja, das stimmt. Aber er ist auch gekommen, um uns zu zeigen, wie wir leben sollen. Auch das ist ein Ausdruck der Liebe Gottes zu uns.

Und darum lebte Jesus für uns, bevor er für uns starb, und zeigte uns, wie wir die Liebe Gottes zu uns weitergeben können, indem wir anderen dienen.

Bei diesem letzten Abendmahl nahm sich Jesus also Zeit, das Verständnis seiner Jünger des Passahfestes zu verändern. Er sagte, Brot und Wein seien sein Leib und Blut, und Brot und Wein zu essen und zu trinken, sei für alle seine Nachfolger ein Akt der Erinnerung.

Doch zuvor wollte Jesus seinem Volk durch sein Handeln das Herz Gottes zeigen: Er kniete nieder und wusch ihre Füße. Jesus war ihr Herr, ihr Anführer, ihr Lehrer, ihr Meister und Messias. Nie hat er von den Menschen erwartet, dass sie ihm dienen, sondern vielmehr stellte er sein ganzes Leben in den Dienst der Menschen. Als er mit seinen Jüngern über Leitung durch Dienst sprach, sagte er: „Denn auch der Menschensohn ist nicht gekommen, um sich bedienen zu lassen. Er kam, um zu dienen und sein Leben als Lösegeld hinzugeben, damit viele Menschen aus der Gewalt des Bösen befreit werden" (Markus 10,45).

Wenn Sie den Raum betreten hätten, in dem die Jünger mit Jesus ihr letztes Abendmahl vor seiner Kreuzigung einnahmen, hätten Sie den Leiter dieser Gruppe vermutlich nicht erkennen können. Er wäre derjenige gewesen, der auf den Knien lag und die

Aufgabe eines Dieners übernommen hatte, der allen anderen im Raum diente und ihnen durch sein Beispiel Mut machte, gegenseitige Liebe zu üben ohne Rücksicht auf das eigene Ego.

Und darin erkennen wir Gott: Er wäscht die Füße. Wir erhaschen einen Blick darauf, wie Gott ist – in einem Wort: *demütig*. Ein Gott, der sich nicht auf Diener verlässt oder Dienst einfordert, sondern ein Gott, der dient, ein Gott, der liebt, und zwar ganz praktisch. Unsere Gesellschaft hat oft ein ganz anderes Bild von Gott. Unser Gott ist kein Gott, der Anbetung *fordert*, sondern ein Gott, den wir aus Dankbarkeit anbeten *möchten*. Sie wissen ja, er ist der Schöpfer und Erhalter des Universums, und er zeigt uns sein Herz in menschlicher Gestalt – auf den Knien, Füße waschend, liebend und leitend durch sein Vorbild.

Am Ende fordert Gott uns auf, dem Beispiel Christi zu folgen: „Ihr nennt mich Lehrer und Herr. Das ist auch richtig so, denn ich bin es. Wenn schon ich, euer Lehrer und Herr, euch die Füße gewaschen habe, dann sollt auch ihr euch gegenseitig die Füße waschen. Ich habe euch damit ein Beispiel gegeben, dem ihr folgen sollt. Handelt ebenso" (Johannes 13,13–15).

Frosch küssende, Prinz hervorbringende Liebe: lebensverändernd

Ganz anders als bei der romantischen Liebe liebt Gott uns nicht, weil wir so wundervoll sind. Er liebt uns. Punkt. Und seine Liebe macht uns wundervoll. Anders als bei der Geschichte vom Froschkönig wartet Gott nicht, bis er uns attraktiv findet, bevor er seiner Liebe Ausdruck verleiht. Er küsst uns, und diese Liebe verwandelt uns. Diese Art der Liebe nennt sich Gnade, und sie ist unfassbar.

Die Liebe der Eltern zu ihren Kindern zeigt sich darin, dass sie ihnen helfen, sich zu liebevollen Individuen zu entwickeln. Jesus zeigt uns, dass Gott uns zwar so liebt, wie wir sind, aber er liebt uns auch zu sehr, um es dabei zu belassen. Sich Zeit zu nehmen, auf Jesus zu sehen, um von ihm zu lernen und uns von ihm lieben zu lassen, tut uns gut.

Im dritten Kapitel des Johannesevangeliums finden wir den vermutlich berühmtesten Vers der Bibel – Johannes 3,16: „Denn Gott hat die Menschen so sehr geliebt, dass er seinen einzigen Sohn für sie hergab. Jeder, der an ihn glaubt, wird nicht zugrunde gehen, sondern das ewige Leben haben." Was für eine ermutigende Proklamation von Liebe und Leben!

Dieser Vers fasst in wenigen Worten so vieles zusammen. Gott liebte die Welt, die ganze Welt und alle Menschen, in der vergangenen, gegenwärtigen und zukünftigen Welt – das sind Sie, und das bin ich. Und aus Liebe folgte das entschlossene Handeln der Liebe: Das Geben. Gott gab uns Jesus, seinen einen und einzigen Sohn, sein einzigartiges Ich in unserer Gestalt, sein Herz im Körper eines Babys.

Und wie sollte unsere Reaktion auf diese Liebe aussehen? Was können wir Gott zurückgeben? Gott fordert von uns nichts weiter als Glauben, unser Vertrauen darauf, dass das wahr ist, und die Bereitschaft, das Risiko einzugehen, seine Liebe zu uns zu akzeptieren und zuzulassen, dass diese Liebe uns verändert. Denn sie wird uns verändern. Die Veränderung wird so einschneidend, so umgestaltend sein, dass es ist, als würden wir vom Tod zum Leben übergehen, vom Untergang zur Rettung, von Trennung zu Intimität, von Einsamkeit zu Liebe.

Gott ist in Sie verliebt: persönlich

Wie wäre es, jeden Morgen aufzuwachen in dem Wissen, dass Sie wie verrückt geliebt werden? Wie wäre es, durch Ihren Tag zu gehen in dem Wissen, dass die Person, die Sie am meisten lieben, Ihre Liebe erwidert, an Sie denkt, mit Ihnen zusammen sein und von Ihnen gehalten werden möchte, bis zum Tod und darüber hinaus? Wie würde es sich anfühlen, in dieser Welt zu leben und dieses Leben zu haben?

Wir haben bereits festgestellt, dass Gott Liebe ist. Wir wollen jetzt etwas persönlicher werden: Gott liebt *Sie*. Suchen Sie für sich Formulierungen, die Ihnen helfen, diese Wahrheit zu erfassen. Gott ist verrückt nach Ihnen. Gott ist in Sie verliebt. Gott kann nicht aufhören, an Sie zu denken. Gott möchte Sie heiraten, Sie als Braut haben, für jetzt und für immer.

Vielleicht gibt es in Ihrem Leben bereits so jemand. Vielleicht ist es ein Freund, ein Elternteil, ein Hund oder ein Partner. Sie können diese Beziehung als Vergleich nehmen, um Gottes Liebe zu Ihnen, die viel größer ist als jede Liebesbeziehung zwischen Menschen, besser zu begreifen. Menschen und Haustiere können uns zwar lieben, aber ihre Liebe ist endlich und unvollkommen. Sie können nicht immer für uns da sein, uns so unterstützen, wie wir es brauchen. Ihre Liebe ist nicht vollkommen, auch wenn sie uns vielleicht gut tut. Aber das, was Sie in einer irdischen Beziehung erleben, lässt nur erahnen, wie vollkommen und unendlich Gott Sie liebt.

In der Bibel finden wir viele Beispiele von irdischen Liebesbeziehungen, die uns verdeutlichen sollen, wie sehr Gott uns liebt. Gott sagt, er liebt uns wie ein vollkommener Elternteil, wie ein hingebungsvoller Ehemann, wie ein enger Freund und ein liebender Hirte, der jedes seiner Schafe liebt. Denen, die eine wundervolle Liebesbeziehung zu einem Menschen haben, sagt er, seine Liebe zu uns sei so groß, und unsere anderen Liebesbeziehungen seien im Vergleich dazu eine „Bosheit" (Matthäus 7,11; Lukas 11,13). Das soll unsere menschlichen Beziehungen nicht abwerten, sondern unser Verständnis dafür weiten, wie großartig Gottes Liebe zu uns ist.

Vielleicht fehlt Ihnen in diesem Leben ein solcher Mensch. Vielleicht ist Ihr Gefühl der Einsamkeit in diesem Leben für Sie manchmal kaum zu ertragen. Dann sollten Sie diesem Kapitel besondere Beachtung schenken. Lesen Sie es noch einmal und denken Sie über das nach, was Ihnen ins Auge sticht. Ihr Verständnis Ihrer Welt, Ihres Lebens und Ihres Wertes kann bestimmen, wie weit Sie diese Wahrheiten an sich heran lassen.

Wenn Sie sich hier wiederfinden, dann bete ich für Sie, dass Ihr Geist aufwacht und sich öffnet für die mächtige Wahrheit, für die kreative Kraft, die dieses Universum geschaffen hat und die auch Sie mit voller Absicht geschaffen hat, um Ihnen ihre Liebe zuteilwerden zu lassen. In diesem Augenblick denkt dieser Gott an Sie, liebt Sie und wünscht sich, dass Sie seine Liebe erwidern.

Mögen Sie in der Lage sein, zusammen mit dem Apostel Paulus zu sagen: „Darum lebe nicht mehr ich, sondern Christus lebt in mir! Mein vergängliches Leben auf dieser Erde lebe ich im Glauben an Jesus Christus, den Sohn Gottes, der mich geliebt und sein Leben für mich gegeben hat" (Galater 2,20).

Gott liebt Sie wie verrückt.

Finden Sie sich damit ab.

KAPITEL 8

TRENNUNG – HEILUNG

> Gnade ist, dass Gott sagt: „Ich liebe die Welt so sehr und kann nicht zulassen, dass sie von der Sünde regiert wird und die Sünde das letzte Wort hat. Ich bin ein Gott, der alles neu macht."
> **Nadia Bolz-Weber**

JESUS IST GOTT MIT UNS, GEKOMMEN, UM

| UNS GOTTES LIEBE ZU ZEIGEN, | VON SÜNDE ZU RETTEN, | GOTTES REICH ZU BAUEN UND | RELIGION ZU ENTMACHTEN, |

DAMIT WIR TEILHABEN AN GOTTES LEBEN.

Eines Tages wurde ich gebeten, ein atheistisches Pärchen zu trauen. Das fand ich etwas seltsam, denn ich ging davon aus, dass sich zwei Atheisten doch eher für eine säkulare Trauung entscheiden würden. Als wir uns trafen, um die Trauzeremonie zu besprechen, sagten sie: „Bruxy, wir sind so froh, dass Sie bereit sind, uns zu trauen. Wir haben Predigten von Ihnen im Netz gefunden. Darin kommt zum Ausdruck, dass Sie die Menschen mögen und das Leben lieben. Das gefällt uns. Wir möchten uns sehr gern von Ihnen trauen lassen, aber eine Bitte haben wir. Wir sind Atheisten, und unsere Trauung soll authentisch sein, darum bitten wir Sie, Gott nicht zu erwähnen. Oh, und bitte kein Gebet."

Ich fand ihren Wunsch, nicht heucheln zu wollen, gut (das war sehr nach „Jesu Herzen"!), und ich versicherte ihnen, dass ich nicht die Absicht hätte, etwas von ihnen zu verlangen, das nicht ihren Überzeugungen entspräche. Aber dasselbe gelte auch für mich.

Ich erklärte, dass ich als jemand, der Jesus nachfolgt, Gott liebt und der Überzeugung ist, dass die Ehe ein Bild ist für diese unglaubliche Liebesbeziehung, die Gott zu uns hat, auch kein Heuchler sein wollte, indem ich meinen Glauben verleugnete. Auch ich wolle authentisch leben, darum würde ich beten, aber sie brauchten das nicht. Ich würde über Gott reden, aber sie brauchten es nicht zu glauben. Und ganz bestimmt würden sich in meine Predigt Teile der Lehre Jesu einschleichen, weil ich meine besten Aussagen eigentlich von ihm entleihen würde, aber sie brauchten ihm nicht zu folgen. Dann könnten wir alle authentisch sein.

Nach einer kleinen Diskussion sagten sie schließlich: „Okay. Damit können wir umgehen. Aber eins noch: Sünde, Gericht und Hölle sollten in Ihrer Predigt nicht vorkommen."

Das war jetzt interessant. Warum befürchteten sie, ein Pastor könnte bei einer Hochzeit eine Predigt über Sünde und Hölle halten? Ich fragte nach und erfuhr ihre Geschichte.

Beide waren in einem religiösen Elternhaus aufgewachsen, und in Erinnerung geblieben waren ihnen unendliche Predigten darüber, dass wir alle Sünder in den Händen eines zornigen Gottes seien, und dass Gericht und die Hölle auf uns warteten. Diese beiden Menschen lebten in dem Glauben, Sünde und Hölle seien die wichtigsten Themen, über die alle Pastoren predigten, wann immer sie ein Publikum hatten. Obwohl sie das von mir eigentlich nicht erwarteten, waren sie trotzdem misstrauisch und befürchteten, ich könnte vielleicht nur auf meine große Chance warten.

Zum Glück verlief die Trauung ohne Störung, und jeder von uns hatte die Möglichkeit, authentisch zu sein. Ich sprach über den Gott der Liebe und über Jesus, der uns liebt, wie ein Mann seine Braut liebt. Ich sprach über das erste Wunder, das Jesus getan hat: Bei einer Hochzeit verwandelte er Wasser in Wein. Das kam ganz gut an.

Leider erleben wir viel zu häufig, dass Christen die Verkündigung der guten Nachricht von Jesus mit der folgenden Aussage beginnen: Wir sind Sünder und zur Hölle verdammt. Das ist der falsche Ansatz.

An der Botschaft vorbei

Wenn unser Gesprächseinstieg der Hinweis ist, dass wir alle Sünder sind, dann bringen wir die Geschichte der Bibel durcheinander, dann fangen wir mit 1. Mose, Kapitel 3 an – der Geschichte vom Sündenfall von Adam und Eva. Aber die Bibel setzt zwei Kapitel früher ein mit der Geschichte der tiefgreifenden Entscheidung Gottes, menschliche Wesen in seinem Bild und seiner Ähnlichkeit zu erschaffen, die ein Spiegelbild seiner Ehre sind, und deren Auftrag es ist, für die ganze Schöpfung zu sorgen.

Die Wahrheit ist, dass wir unendlich kostbare Ebenbilder Gottes sind, und nichts kann uns das wegnehmen. Unsere Bestimmung ist, wie Gott zu sein und eine fortdauernde Liebesbeziehung zu Gott zu haben. Diese Wahrheit verdeutlicht die Tragik unserer Sünde. Wir sollten mit unseren Mitmenschen, uns selbst und diesem Planeten nicht so umgehen. Unsere Bestimmung war eine andere.

Ich verstehe, warum einigen Menschen das Wort *Sünde* nicht gefällt. Viel zu oft wird es im Mund geführt, um zu verurteilen, und nicht, um Hoffnung anzubieten. Mit anderen Worten, viel zu lange wurde es viel zu nachlässig angewendet, sodass es zu einer

Farce mutiert ist – seine Bedeutung wurde abgeflacht durch Formulierungen wie „köstlich sündig". Aber wenn wir wissen, was Sünde tatsächlich bedeutet, und den Begriff so anwenden, wie Jesus es im Sinn gehabt hat, dann ist Sünde ein Wort, das ein Problem beschreibt, mit dem wir alle zu kämpfen haben. Und es beschreibt die Lösung, die Jesus anbietet, in seiner ganzen Bedeutung.

Das Wort „Sünde" ist die Übersetzung des griechischen Wortes *hamartia*. Es bedeutet, das Ziel zu verfehlen, am Ziel vorbeizuschießen. Sünde bezieht sich auf Situationen, in denen es uns nicht gelingt, die Liebe zu leben, zu der wir geschaffen wurden. Sünde bedeutet, nicht in der Mitte, aus dem Tritt gekommen, nicht liebevoll zu sein. Diese Erklärung sollte Ihnen helfen zu erkennen, dass Sie genauso sündigen wie ich. Wir sind Sünder. Wir leben nicht immer ausschließlich auf das Ziel ausgerichtet.

Das ist das Dilemma des Menschen. Wir sind gespaltene Wesen. Es gibt ein Ich, das genau weiß, was zu tun ist, und ein Ich, das sich trotzdem für das Gegenteil entscheidet. Es gibt ein Ich, das sich entschließt, sich gesund zu ernähren, und ein Ich, das sich trotzdem ein zweites Stück Kuchen auf den Teller tut. Es gibt ein Ich, das sich entscheidet, genug Schlaf zu bekommen, und ein Ich, das wieder viel zu lange aufbleibt. Wir sagen Sätze wie: „Das wird meine letzte Zigarette sein, und dieses Mal meine ich es ernst." Oder: „Morgen gehe ich zum Sport, und dieses Mal halte ich durch." Oder: „Ich werde mich nicht noch einmal auf eine solche Beziehung einlassen. Ich weiß, dass das nicht gut für mich ist." Wenn wir solche Dinge sagen, meinen wir sie in dem Augenblick vielleicht durchaus ernst. Aber es gelingt uns oft nicht, sie umzusetzen. Wir sind auf einer Straße unterwegs, die gepflastert ist mit guten Vorsätzen.

Das war nicht unsere Bestimmung, aber so haben wir uns entwickelt. Sünde ist das Wort, das Jesus für unser gespaltenes Ich verwendet. Und Jesus ist gekommen, um uns von Sünde zu erlösen.

Sünde trennt

„Wir haben uns gerade getrennt", sagte eine alte Freundin zu mir auf meine Frage, wie es ihrem Mann ginge. Ihre Beziehung war so, wie alle es sich wünschen – ein Ehepaar, das einen beinahe krank macht mit seiner schwärmerischen Liebe und seinem perfekten Leben.

Das dachten wir zumindest.

Als sie mir nun sagte, sie und ihr Mann wären getrennt, konnte ich es nicht fassen. Ich war so fassungslos, dass mein Unterbewusstsein sich meiner Zunge bemächtige, bevor mein Ich in dieser Angelegenheit ein Wort mitzureden hatte. „Sind wir das nicht alle?", murmelte ich.

„Pardon?", entgegnete sie, und ihr Kopf legte sich zur Seite, als wären meine Worte ein Puzzle auf dem Tisch, das gelegt werden müsste. Ich erklärte ihr, mit meiner „äußeren Stimme" hätte ich das gar nicht sagen wollen, und unser Gespräch ging weiter.

Das Gespräch in meinem Inneren lief ganz anders. (Später entschuldigte ich mich bei ihr, dass ich ihr nicht meine volle Aufmerksamkeit geschenkt hätte, aber manchmal passiert das. Verurteilen Sie mich nicht.) Sie sehen, ihre unerwartete Trennung war ein menschliches Beispiel für die „Trennung", gegen die wir alle ankämpfen, jeden einzelnen Tag unseres Lebens. Ihre Trennung war im Kleinen eine Trennung, die alle Menschen erleiden.

Ich erwähnte, dass das ursprüngliche griechische Wort für Sünde in der Bibel *hamartia* lautet. Es bedeutet „das Ziel verfehlen". In diesem Sinne wird es häufig verwendet. Aber wenn wir tiefer in die Etymologie des Wortes einsteigen, wird es interessant. *Hamartia* ist von zwei Wörtern abgeleitet: *Ha*, einem verneinenden Wort, das „nicht" bedeutet, und *meros*, das „nicht Teil von" oder „zusammen mit" bedeutet. Sünde bedeutet also, *nicht* Teil zu sein von dem, mit dem wir zusammen sein sollten. Mit anderen Worten, *Sünde ist Trennung*.

Man kann nachvollziehen, dass das Wort *hamartia* auch im Zusammenhang mit Bogenschießen verwendet wird und in diesem Kontext bedeutet, dass ein Pfeil sein Ziel verfehlt – das heißt, der Pfeil ist von dem Ziel, das er treffen sollte, getrennt. Sünde ist ein Störfaktor für eine Beziehung. Sie trennt Menschen, teilt Gruppen und zerbricht unseren Geist. All dies erwächst aus der Tatsache, dass Sünde uns von Gott trennt.

Sünde trennt: Das ist eine grundlegende Tatsache. Schauen wir uns die stufenförmigen Auswirkungen von Sünde auf uns und unsere Beziehung an, indem wir diesen Satz schrittweise ergänzen.

Sünde trennt *uns*

Sünde ist diese Kraft, die in der Psyche eines jeden Menschen wirkt, und die uns voneinander trennt.

Weil wir alle mit dem Virus der Sünde infiziert sind, ist unsere Funktion gestört. Tief in unserem Innern wissen wir alle, dass wir für Beziehungen geschaffen wurden. Doch wir alle tragen Impulse und Einstellungen mit uns herum, die genau diese Beziehungen zerstören.

Jesus beschreibt die Sünde folgendermaßen: „Was aus dem Inneren des Menschen kommt, das lässt ihn unrein werden. Denn aus dem Inneren, aus dem Herzen der Menschen, kommen die bösen Gedanken wie sexuelles Fehlverhalten, Diebstahl, Mord, Ehebruch, Habsucht, Bosheit, Betrügerei, ausschweifendes Leben, Neid, Verleumdung, Überheblichkeit und Unvernunft. All dieses Böse kommt von innen heraus und macht die Menschen vor Gott unrein" (Markus 7,20–23).

Die in dieser Liste aufgeführten Eigenschaften der Sünde sind schädlich für eine Beziehung und unterhöhlen sie. Wir brauchen nicht tatsächlich zu töten oder zu stehlen oder jemanden zu hintergehen, um das Menschsein dieser Person herabzusetzen. Die in diesem Abschnitt beschriebenen Verhaltensweisen liegen zuallererst in der Herzenseinstellung begründet. Daraus entsteht eine unendliche Zahl an Mikroverhaltensweisen, die ganz unmerklich, aber ununterbrochen unser Miteinander stören und es uns schwer machen, die Art von verbindlicher Beziehung zu gestalten, nach der wir uns sehnen.

Wenn wir also eingestehen, dass wir Sünder sind, erkennen wir einerseits an, dass mit der Welt nicht alles in Ordnung ist und dass die Schuld daran bei uns zu suchen ist. Dass um uns herum alles schiefläuft, liegt an uns und nicht nur an einigen von uns, sondern an uns *allen*.

Sünde trennt uns *von der Person, die wir waren*

Im Anfang hat uns Gott, der Liebe ist, erschaffen, als Mann und Frau, in seinem Bild und seiner Ähnlichkeit. Unser Wille, unsere Bedürfnisse, unsere Wünsche – sie waren auf Liebe eingestimmt. Stellen Sie sich das doch mal vor: Wie wäre es, wenn wir immer die richtige Entscheidung kennen würden, die liebende Entscheidung – und sie treffen würden, jedes Mal, fröhlich, weil wir es wollen, nicht weil wir einen Zwang dazu verspüren? Was, wenn wir unsere ursprünglichen Anlagen ausleben könnten und voller Freude liebevolle Entscheidungen treffen würden? Wäre das nicht schön? Das war unser ursprünglicher Zustand, so sollten wir als Menschen leben: Wir sollten leben und lieben wie Gott, und jede Entscheidung sollte in dieser Haltung getroffen werden.

Die richtige Entscheidung zu treffen, war für uns so natürlich wie das Atmen. Wir brauchten gar nicht darüber nachzudenken, uns quälen und sorgen, ob wir auch die richtige. Entscheidung treffen würden. Es war uns nicht einmal bewusst, dass wir „richtige" Entscheidungen trafen. Die Liebe unseren Willen lenken zu lassen, war so natürlich und unterbewusst wie das Atmen. Wie schön!

Das erklärt, warum der verbotene Baum im Garten Eden der Baum heißt, „der Gut und Böse erkennen lässt" (1. Mose 2,9.17).

Wie bereits in Kapitel 3 gesehen, ging es gar nicht darum, dass dieser Baum hilfreiches Wissen über Gut und Böse vermittelte, sondern dass wir, wenn wir uns für unseren eigenen Weg entscheiden und von diesem Baum essen, uns für das eine oder andere entscheiden. Wir wurden geschaffen, um zu lieben, und jede Entscheidung, die wir bis zu diesem Punkt getroffen hatten, war die für die Liebe, ganz natürlich.

Eines Tages werden wir wieder wir selbst sein – so wie wir sein sollten. Aber jetzt noch nicht. In der Zwischenzeit ist die Sünde in unserem Moralsystem am Werk. Jeder von uns kennt ihre Auswirkungen aus eigener Erfahrung und indem wir uns in der Welt um uns herum umsehen. Oh, wären wir doch nur wieder der Mensch, der wir einmal waren!

Sünde trennt uns von der Person, die wir *sein sollten*

Sie und ich, wir alle bleiben weit hinter unserer Bestimmung zurück. Viele von uns leben jeden Tag mit einem unterdrückten Gefühl der Scham, weil es uns nicht gelingt, der Mensch zu sein, der wir sein sollten, wie wir genau wissen, der wir gern wären und für den andere uns halten. Wir kommen uns vielleicht vor wie ein Hochstapler, versuchen immer, einen guten Eindruck zu machen. Aber warum ist es uns so wichtig, einen guten Eindruck zu machen? Was sind unsere Beweggründe?

Viele halten diesem Druck allein aus dem Grund stand und brechen nicht unter der Last der Depression zusammen, weil wir daran glauben, dass in der Zukunft alles besser werden wird, als es gerade ist. Eines Tages werde ich einen besseren Job haben. Eines Tages werde ich mehr Geld zur Verfügung haben. Eines Tages werde ich meine Traumfigur haben. Eines Tages werde ich erfolgreicher, attraktiver und beliebter sein. Eines Tages, eines Tages, eines Tages ... Aber was, wenn Sie wüssten, dass Sie niemals einen besseren Job bekommen oder abnehmen oder mehr Freunde gewinnen werden als im Augenblick? Können Sie heute glücklich sein mit Ihrem Leben, so wie es gerade ist? Tief in unserem Unterbewusstsein ist die Kraft der Sünde am Werk, sodass es uns nicht gelingt, hier und jetzt wir selbst zu sein. Über dieses Versagen sind wir traurig.

Jesus war ein vollkommener Mensch (siehe Hebräer 4,15; 1. Petrus 2,22; 1. Johannes 3,5). Seit Adam und Eva, die sich ihrer Nacktheit nicht schämten und in vorbehaltloser Beziehung zu Gott lebten, gab es auf der Welt keinen vollkommenen Menschen mehr. Aber wie haben wir auf diese Vollkommenheit reagiert? Wir haben Jesus deswegen getötet. Wir konnten seine Vollkommenheit nicht ertragen. Seine Vollkommenheit hat unsere Unvollkommenheit aufgedeckt, und die Sünde hat uns Scham empfinden lassen über die breite Kluft zwischen der Person, die wir sind, und der Person, die wir sein sollten.

Aber jetzt kommt die gute Nachricht: Wenn wir es zulassen, wird Jesus uns nicht nur zeigen, wer wir sein sollten, er wird uns auch helfen, wieder so zu werden. Jesus wird uns mit unserem wahren Ich vereinen.

Sünde trennt uns von dem, mit dem wir *zusammensein* sollten

Unsere Bestimmung war Intimität mit dem Allmächtigen. Gott ist im Grunde seines Wesens auf Beziehung ausgelegt, und wir wurden in seinem Bild erschaffen. Wie in Kapitel 3 ausgeführt, wurden wir *durch* Beziehung *für* Beziehung geschaffen. Aber Sünde ist für die Liebe ein Fremdkörper. Liebe muss die Sünde bekämpfen, so wie Antikörper dem Körper helfen, gegen Krankheitserreger in unserem Blut anzukämpfen.

Der Prophet Jesaja schreibt diese ernüchternden Worte:

> Ihr meint wohl, der Herr sei zu schwach, um euch zu helfen, und dazu noch taub, so dass er eure Hilferufe gar nicht hört. O nein! Eure Schuld – sie steht wie eine Mauer zwischen euch und eurem

Gott! Eure Sünden verdecken ihn, darum hört er euch nicht (Jesaja 59,1–2).

Hier wird deutlich, dass Gott uns nicht aktiv ignoriert, während wir in Sünde leiden. Vielmehr hat unsere Sünde eine Kluft zwischen uns und Gott geschaffen, und sie erfüllt diese Kluft wie mit dunklen Wolken, was Beziehung zunehmend schwierig macht.

Sünde trennt uns von der Person, mit der wir *für immer* zusammensein sollten

Sünde ist wie ein geistlicher Virus, und genau wie ein Virus breitet sie sich aus. Sie vermehrt sich und infiziert. Sünde ist kein statisches Ding, das in der Ecke unseres Lebens hockt wie ein Briefbeschwerer auf einem Schreibtisch. Sünde ist kein gutartiger Tumor, der sich irgendwo in unserem Körper festgesetzt hat, sondern ein bösartiges Gewächs, das sich immer weiter ausbreitet, wenn es nicht behandelt wird.

Also, wie viel Sünde dürfte Ihrer Meinung nach in den Himmel gelassen werden? Was wäre ein akzeptables Maß an Sünde, das Gott im Reich des ewigen Lebens dulden sollte? Vielleicht 5 Prozent? 0,5 Prozent? Wären 0,05 Prozent noch in Ordnung?

Die Antwort auf diese Frage lautet: 0 Prozent. Wenn Olympia-Sportler auf leistungssteigernde Substanzen getestet werden, bestehen sie den Test nicht, wenn in ihrem Blut auch nur eine Spur dieser Mittel nachzuweisen ist. Ihr Blut ist entweder sauber oder nicht sauber. Ein Sportler darf 0 Prozent der verbotenen Substanzen zu sich nehmen. Er kann nicht protestieren: „Aber in meinem Blut sind doch nur Spuren der verbotenen Substanzen nachweisbar, also nehme ich doch offensichtlich nicht zu viel davon." Der Maßstab ist Vollkommenheit.

Wenn eine Person Blut spenden möchte, muss die Blutbank sicherstellen, dass das Blut des Spenders vollkommen frei ist von zum Beispiel HIV. Die Person kann nicht protestieren: „Aber mein Blut ist doch *überwiegend* HIV-frei, und ganz gewiss ist es bei mir nicht so schlimm wie bei einigen Leuten, bei denen AIDS schon ausgebrochen ist, also, wo liegt das Problem?" Der Standard muss absolute Reinheit sein, und das aus gutem Grund.

Dasselbe gilt für unsere Beziehung zu Gott. Gottes Standard für den Himmel muss sündlose Vollkommenheit sein. So wurden Adam und Eva erschaffen. Ein *vergleichsweise* guter Mensch zu sein, reicht nicht aus. Wenn Gott uns in die ewige Dimension hineinlassen würde, obwohl Sünde noch Teil unserer geistlichen Beschaffenheit ist, dann würden wir das Reich des Himmels verunreinigen und das ganze Chaos des Planeten Erde neu auflegen. Darum verbannt Gott die Sünde aus dem Himmel. Er stellt die Infektion und den Infizierten in einem anderen Reich unter Quarantäne. Die Hölle ist Gottes Quarantäne-Lösung für Leute, die lieber an ihrer Sünde festhalten und sich der Reinigung durch Christus verweigern.

Aber das bedeutet nicht notwendigerweise, dass die Hölle eine Ewigkeit der Qual ist, wie die Maler des Mittelalters es dargestellt haben und einige zeitgenössische Prediger es verkünden. Überzeugte Christen haben andere Theorien über das Wesen der Hölle. Einige Christen sehen sie als eine ewige bewusste Qual, während andere die Hölle ansehen als einen Ort der vorübergehenden Qual für unvergebene Schuld, damit die Menschen schließlich zu Christus umkehren und postmortem aus der Hölle errettet werden. Für wieder andere ist die Hölle der letzte Tod, das Ende unserer Seelen. So wie ein Feuer Materie vernichtet, symbolisiert geistliches Feuer das Ende von geistlichen Dingen. Geistliches Feuer verbrennt die Seele, löscht sie aus. Die Hölle ist das Nichts. Das Gar-Nichts.[12]

---

12   Das ist meine gegenwärtige theologische Position. Ich sage meinen atheistischen Freunden, dass wir uns zumindest auf eine geistliche Realität einigen können, und das ist das Wesen ihrer ewigen Zukunft.

Es gibt noch viel mehr zu sagen über die Hölle, aber das heben wir uns für ein anderes Buch auf. Letzten Endes ist die Hölle kein Schlüsselbegriff für das Evangelium. In der Apostelgeschichte zum Beispiel, in der über viele Darstellungen des Evangeliums der frühen Kirchenführer berichtet wird, wird die Hölle kein einziges Mal erwähnt. Warum? Weil die frühen Jesus-Nachfolger wussten: Das Evangelium dient dem Zweck, auf *jemanden* zuzulaufen, und nicht von *etwas* wegzulaufen.

Einer der Gründe, warum einige Christen auf Sünde und Hölle herumreiten, ist vielleicht, dass dieses Problem, das unser Miteinander stört, in unserer heutigen Kultur geleugnet wird. Viel zu viele Menschen haben sich auf den kulturellen Mainstream eingeschossen und vertreten die Meinung, wir seien doch ganz in Ordnung so, wie wir sind. Aber diese Art der auf Leugnung basierenden, sich selbst beruhigenden Propaganda wird durch die täglichen Ereignisse, über die abends in den Nachrichten berichtet wird, ad absurdum geführt. Wer kann sich heute in der Welt umschauen und allen Ernstes behaupten, alles sei prima, und wir brauchten nichts zu ändern?

Ja, am Anfang hat Gott einen vollkommenen Menschen erschaffen, seinem Bild gleich. Aber wir müssen weiterlesen. Die Vollkommenheit fand in 1. Mose, Kapitel 3, ein jähes Ende. Adam und Eva wendeten sich von Gottes Liebe ab, hörten auf die falsche Stimme, streckten ihre Hände nach dem falschen Baum aus und aßen die falsche Frucht. Dadurch haben unsere Vorfahren der Sünde in ihrem Leben, in unserer Spezies und in unserer Welt Tür und Tor geöffnet. Und diese Sünde haben wir mitbekommen.

Wir könnten uns nun darüber beklagen, dass wir die negativen Konsequenzen der Sünde von Adam und Eva geerbt haben. Warum müssen wir für die schlechten Entscheidungen anderer bezahlen? Warum werde ich, der ich im einundzwanzigsten Jahrhundert lebe, verantwortlich gemacht für Adams und Evas Handeln vor Tausenden von Jahren? Zwei Gründe dafür: Die Kosten der Liebe und Solidarität der Gemeinschaft.

Die Kosten der Liebe

Wir leben mit den Konsequenzen von Adams und Evas Sünde, weil Liebe ihren Preis hat. Wir wurden erschaffen durch die Liebe zur Liebe, und da Liebe eine Entscheidung ist, bekamen wir die Möglichkeit, uns für die Liebe zu entscheiden. Gott hätte jeden erschaffen können, aber er *entschied* sich, uns zu erschaffen. Er *entschied* sich, uns zu lieben. Jetzt ist die Frage, ob auch wir uns entscheiden, seine Liebe zu erwidern.

Liebe fordert eine Entscheidung. Ohne Entscheidung ist Liebe nur Fassade. Stellen wir uns vor, die Apokalypse ist über die Welt gekommen, und Sie und eine andere Person bleiben allein auf der Erde zurück (als lebende, atmende Menschen). Wenn diese andere Person sich Ihnen zuwenden und sagen würde: „Ich liebe dich. Du bist der einzige Mensch für mich", dann ist das nicht dasselbe, als wenn jemand dieselben Worte zu Ihnen sagt in einer Welt mit Milliarden anderer Möglichkeiten.[13]

Darum gab Gott den ersten Menschen die Möglichkeit der Entscheidung. Im Grunde genommen sagte Gott zu ihnen: „Ihr könnt mich lieben, mir vertrauen und mit mir gemeinsam für diesen Planeten und für euch sorgen. Oder ihr könnt euch von dem Plan für euer Leben abwenden, aber der Preis dafür ist hoch." Adam und Eva entschieden sich für die Unabhängigkeit von Gott, und seither haben wir ähnliche Entscheidungen getroffen.

In der freien Entscheidung liegt das Risiko, dass die Menschen durch ihre Entscheidungen anderen schaden. Adam und Eva haben das getan. Sie haben uns anderen geschadet. Seither kommen alle Menschen bereits mit Sünde behaftet auf die Welt (Psalm 51,5).

---

13 Das heißt nicht, dass es in arrangierten Ehen keine Liebe gibt. Die Eheleute haben die Gelegenheit, in ihrer Liebe zueinander zu wachsen durch ihre vielfältigen unendlichen Entscheidungen, durch ihre Investition in diese Beziehung.

Aber gehen Sie nicht zu streng mit Adam und Eva ins Gericht. Es gibt keine Garantie, dass Sie es besser gemacht hätten. Sehen Sie Ihr Leben an, und meines – wir alle haben uns und anderen oft geschadet. Beispiele dafür gibt es in Hülle und Fülle, und wenn Sie ehrlich mit sich sind, dann fallen Ihnen viele ein. Denken Sie doch nur, in welchem Zustand wir unseren Planeten für die nächste Generation hinterlassen.

Wir alle sind Opfer von schlechten Entscheidungen, die andere getroffen haben, und wir alle machen andere durch unsere schlechten Entscheidungen zu Opfern. Der Kreis des Lebens ist der Kreis der Sünde. Dieser Kreis muss durchbrochen werden, und jemand muss uns unsere Scham nehmen.

Solidarität der Gemeinschaft

Meinen ersten Touchdown werde ich nie vergessen. Aus verschiedenen Gründen war ich der Footballmannschaft unserer Highschool beigetreten – ich brauchte das Training, ich wollte beliebt sein, und mir gefielen die Trikots. Die Regeln des Spiels kannte ich nicht, aber das war auch nicht wirklich nötig. Weil ich groß und kräftig war, spielte ich auf der Linie – in der Defensive und der Offensive hatte ich die Möglichkeit, in Sekundenschnelle zu blocken oder anzugreifen. Mehr brauchte ich nicht zu wissen.

Wir waren im vierten Viertel des Spiels, und es stand unentschieden. Die Anspannung war hoch, da sich die Spieler der gegnerischen Mannschaft mit dem Ball bis auf wenige Meter zu unserer Endzone vorgearbeitet hatten, und sie hatten den Ball. Was dann passierte, lief wie in Zeitlupe ab. Der gegnerische Quarterback verfehlte den Ball, und ich war nur wenige Schritte von dem länglichen Football entfernt, der wie ein verwirrtes Känguru über den Platz hoppelte. Mit dem Fokus eines Superhelden hechtete ich auf den Ball zu und rettete den Tag. Der Ball rollte zum Glück in meine Richtung, und ich schnappte ihn mir. Ich drehte mich um und setzte zu einem Sprint auf die gegnerischen Endzone an. Ich rannte so schnell, dass es mir vorkam, als würde ich das ganze Footballfeld in nur einer Sekunde überqueren. Meine Mannschaftskameraden schrien meinen Namen.

In einem überwältigenden Gefühl der Freude und Selbstsicherheit erreichte ich die Linie. Ich stand in der Endzone! Während ich noch dort stand und überlegte, wie ich meiner Freude Ausdruck verleihen sollte, griff die gegnerische Mannschaft mich an. Warum um alles in der Welt machten sie das denn? Als ich mich nach einem Rempler langsam aufrappelte, traf mich die Erkenntnis wie ein Schlag in die Magengrube.

Ich stand in unserer Endzone. Ich war in die falsche Richtung gelaufen.

Das Horn ertönte, und das Spiel war vorbei. Ich hatte meinen ersten und letzten Touchdown erzielt (oder zwei Punkte für die gegnerische Mannschaft, um genau zu sein). Ich war ein Held, das stimmte – aber für die gegnerische Mannschaft.

An diesem Tag habe ich etwas sehr Wichtiges gelernt. Wenn ein Spieler einen Touchdown erzielt, erzielt die *Mannschaft* einen Touchdown. Das ist Solidarität der Gemeinschaft. In einer Mannschaft ist die Leistung oder das Versagen eines Einzelnen die Leistung oder das Versagen der ganzen Mannschaft. Wenn ein Spieler einen Punkt im Hockey macht, dann bekommt die Mannschaft den Punkt. Wenn ein Spieler im Basketball einen Korb wirft, dann bekommt die Mannschaft zwei Punkte. Und wenn ein großer, stämmiger Junge aus Scarborough in Ontario im vierten Viertel aus Versehen in seine eigene Endzone rennt, dann verliert die Mannschaft das Spiel.

Als sich Adam, der Erste unserer Gemeinschaft, von Gottes Liebe und Gottes Leben abwandte, traf unsere ganze Spezies die Trennung der Sünde.[14]

---

14 Wie in einer Fußnote in Kapitel 3 bereits bemerkt, sind „Adam" und „Mensch" Übersetzungen desselben hebräischen Wortes *ha'adam*, das

Adam 2.0

Die gute Nachricht ist, dass das Prinzip der Solidarität der Gemeinschaft auch im Umkehrschluss gilt. Das heißt, die Gerechtigkeit Jesu wirkt sich positiv auf uns aus, wenn wir uns auf die Seite dieses „zweiten Adams" stellen und nicht auf die des ersten Adams.

Der Apostel Paulus schreibt: „Hat aber die Verfehlung eines einzigen Menschen zur Herrschaft des Todes geführt, um wie viel mehr werden dann alle, die Gottes überreiche Barmherzigkeit und seine Vergebung erfahren haben, durch Jesus Christus leben und mit ihm herrschen" (Römer 5,17). Und auch: „Der Tod ist durch die Schuld eines einzigen Menschen in die Welt gekommen. Ebenso kommt auch durch einen Einzigen die Auferstehung. Wir alle müssen sterben, weil wir Nachkommen von Adam sind. Ebenso werden wir alle zu neuem Leben auferweckt, weil wir mit Christus verbunden sind" (1. Korinther 15,21–22).[15]

Jesus ist Adam 2.0 – ein neuer Anfang für die Menschheit. Wie Adam war Jesus der Versuchung der Schlange ausgesetzt, aber er hat die bessere Entscheidung getroffen. Dadurch haben wir jetzt die Möglichkeit zu entscheiden, ob wir uns auf die Seite Christi stellen und uns mit ihm solidarisch erklären. Wenn wir das nicht tun, stehen wir automatisch auf der Seite Adams.

---

abgeleitet ist von dem hebräischen Wort für „Dreck". Wörtlich bedeutet es „Erdenkreatur" oder „Erdling". Adam, der Erdling, war der erste Mensch – der Proto-Mensch – in dem wir alle unsere Identität finden, bis wir sie in Jesus finden, dem neuen Adam.

15   Ihnen fällt vielleicht auf, dass Eva in dieser Logik gar nicht vorkommt. Das ist nicht so, weil sie nicht wichtig wäre, sondern weil „Adam" als Kurzform für Adam und Eva verwendet wird. Die Geschichte aus 1. Mose lässt dies zu, da „Adam" sich auf den ursprünglichen Erdling bezieht, aus dem Gott Eva erschaffen hat. Adam und Eva zu „Adam" zusammenzufassen, ist genauso zulässig, wie Adam und Jesus in deutlichem Kontrast darzustellen als den Beginn und den Neubeginn der Menschheit.

Erlösung ist, die eigene Identität von Adam auf Christus auszurichten. Wenn wir „in Christus" sind, dann gehören wir zur Mannschaft Jesu, und wir können die Nutznießer sein von dem, was Jesus für uns getan hat. Jesus errettet uns vom Gericht und vom Zorn, wie wir jetzt sehen werden.

Errettet vom Gericht

Jesus sagte: „Ich sage euch die Wahrheit: Wer meine Botschaft hört und dem glaubt, der mich gesandt hat, der hat das ewige Leben. Ihn wird das Urteil Gottes nicht treffen, er hat die Grenze vom Tod zum Leben schon überschritten" (Johannes 5,24). Lassen Sie diese Worte in sich nachklingen: „Der hat das ewige Leben" und „ihn wird das Urteil Gottes nicht treffen" und „er hat die Grenze vom Tod zum Leben schon überschritten". Jesus sagt hier, dass wir, wenn wir ihm vertrauen, etwas gewinnen – das ewige Leben – und verschont bleiben vor dem Gericht.

Das ist die Macht der Vergebung. Vergebung spiegelt nicht vor, als sei die Sünde nie geschehen, sondern nimmt die Konsequenzen dessen, was geschehen ist, fort, zumindest aus Gottes Perspektive. Wenn eine Person einer anderen vergibt, dann steht die Tür der Vergebung offen. Wenn eine Bank eine Schuld erlässt, dann ist die Schuld beglichen. Wenn ein Regierungsbeamter einem Gefangenen vergibt, dann ist der Gefangene frei. Und wenn zerstrittene Familienmitglieder Verletzungen der Vergangenheit vergeben, dann wird der Weg frei gemacht für Wiedervereinigung.

In der Bibel wird diese beziehungsverändernde Vergebung *Rechtfertigung* genannt. „Alle sind schuldig geworden und spiegeln nicht mehr die Herrlichkeit wider, die Gott dem Menschen ursprünglich verliehen hatte. Aber was sich keiner verdienen kann, schenkt Gott in seiner Güte: Er nimmt uns an, weil Jesus Christus uns erlöst hat" (Römer 3,23-24). Rechtfertigung ist ein juristischer Begriff und bedeutet, dass eine Person von aller Schuld frei gesprochen wird („justified"). Es ist, als hätte ich nie gesündigt („just-as-if-I'd" never sinned). So lernte ich es als Kind. Das stimmt zwar, aber das ist noch nicht alles. Rechtfertigung bedeutet, für unschuldig *erklärt* worden zu sein, und es bedeutet auch, unschuldig *gemacht* worden zu sein, mit Gott ins Reine gekommen zu sein. Gerechtfertigt worden zu sein bedeutet also, gerecht gemacht worden zu sein (eine wörtliche Übersetzung des griechischen Wortes), und gleichzeitig auch, wieder richtig gestellt worden zu sein in unserer Beziehung zu Gott.

Wenn Freunde sich streiten, versöhnen sie sich wieder, und sie fragen sich gegenseitig: „Alles wieder gut?", um sicher zu gehen, dass ihre Beziehung wieder in Ordnung ist. Rechtfertigung ist, als würde Gott zu uns sagen: „Es ist alles wieder gut."

Wenn wir Jesus bitten, uns unsere Sünden zu vergeben, wird das Gericht überflüssig. Es löst sich auf wie Zucker im Wasser.[16] Darum erklärt der Apostel Paulus zuversichtlich: „Wer nun mit Jesus Christus verbunden ist, wird von Gott nicht mehr verurteilt" (Römer 8,1–2).

Da ist es: Diese vollkommene Freisprechung vom Gericht wird uns allen *im Hier und Jetzt* angeboten. Wir können jetzt schon mit dieser Zuversicht leben. „Nachdem wir durch den Glauben von unserer Schuld freigesprochen sind, haben wir Frieden mit Gott durch unseren Herrn Jesus Christus. Er hat uns die Tür zu diesem neuen Leben geöffnet. Im Vertrauen haben wir dieses Geschenk angenommen, auf das wir uns jetzt gründen" (Römer 5,1–2). Dieser „Friede mit Gott" bedeutet, dass unsere Beziehung zu Gott

---

16 Mich fasziniert die an Bildern und Analogien reiche Sprache. Sie verstehen die Aussage dieses Bildes, auch wenn es eigentlich ziemlich ungenau ist. In Wasser aufgelöster Zucker mag verschwinden, ist aber immer noch da. Eigentlich geben wir bewusst Zucker in unseren Tee und in andere Getränke, weil es uns um die Wirkweise des Zuckers geht. Je mehr ich darüber nachdenke, desto mehr wird mir klar, dass diese Analogie nicht wirklich passend ist. Aber Sie verstehen trotzdem, was ich meine. (Und ja, manchmal überdenke ich meine Analogien.)

nicht mehr durch Sünde oder Rebellion auf unserer Seite oder Zorn und Gericht auf Gottes Seite blockiert ist. Gott thront nicht über uns wie ein zorniger Richter, sondern steht an unserer Seite wie ein Freund, der uns tröstet und uns Mut macht.

Rechtfertigung ist, als würde Gott in die Zukunft greifen und unser Urteil vom Jüngsten Tag in unsere Gegenwart holen und fallen lassen mit den Worten: „Nicht schludig!". Wir sind frei. Frei vom Zorn und frei von der Angst. Wir sind frei zu leben und zu lieben und haben die Freiheit, uns danach zu sehnen, dass die Zukunft anbricht, weil wir gerechtfertigt sind, nicht erst gerechtfertigt *werden*.

Gerettet vom Zorn

Wir haben bereits gesehen, wie Jesus uns vom Tod rettet, der geistliche Trennung von Gott ist, und uns hier und jetzt Rechtfertigung zuspricht, sodass wir keine Angst mehr zu haben brauchen vor dem Gericht.

In der Bibel wird auch vom „Zorn" Gottes gesprochen, den Jesus wegnimmt: „Wer an den Sohn Gottes glaubt, der hat das ewige Leben. Wer aber nicht auf ihn hört, wird nie zum Leben gelangen, sondern Gottes Zorn wird für immer auf ihm lasten" (Johannes 3,36). Dieses Wort *Zorn* ist eine Übersetzung des griechischen Wortes für Wut – die Emotion, die meistens mit Gericht einhergeht.

In Römer, Kapitel 5, den Versen 9 bis 10, schreibt Paulus: „Schon jetzt sind wir von Gott angenommen, weil Jesus Christus sein Blut für uns vergossen hat. Und erst recht werden wir am kommenden Gerichtstag durch ihn vor Gottes Zorn gerettet. Als wir Gott noch feindlich gegenüberstanden, hat er uns durch den Tod seines Sohnes mit sich selbst versöhnt. Wie viel mehr werden wir, da wir jetzt Frieden mit Gott haben, am Tag des Gerichts bewahrt bleiben, nachdem ja Christus auferstanden ist und lebt."

Vor Gottes Zorn gerettet. Im griechischen Urtext steht eigentlich wörtlich, dass wir gerettet sind vor „dem" Zorn und nicht vor „Gottes Zorn". Das ist ein kleiner Unterschied. Vielleicht ist „Zorn" eher eine natürliche Konsequenz für unsere Sünde und nicht die Wut einer zornigen Gottheit, die Blitze zur Erde schleudert, wann immer wir sie ärgern.

Wenn ein Fisch aus dem Wasser auf den Landungssteg springt, dann zappelt er eine Weile und stirbt irgendwann. Er hat die Umgebung verlassen, für die er geschaffen wurde. Vielleicht ist das ein guter Vergleich für den Zorn Gottes: Eine traurige Konsequenz unserer Entscheidungen, mit denen wir zum Ausdruck bringen wollen: „Ich weiß es besser als Gott". Wir verlassen das Umfeld der göttlichen Liebe, für die wir erschaffen wurden. Manche religiöse Menschen stellen Gott in seinem Zorn am Gerichtstag dar als einen alten Mann, der über den Landungssteg läuft und mit seinem Stock alle ungehorsamen Fische zu Tode prügelt – oder schlimmer noch, durch das Wasser watet und entscheidet, welche Fische leben dürfen und welche Fische Schläge verdient haben, die er dann zur anschließenden Bestrafung auf den Landungssteg wirft.[17] Aber das ist nicht das Bild von Gottes Zorn, das in der Bibel zu finden ist.

Beachten Sie, was Paulus zu Beginn des Römerbriefs zum Thema Zorn sagt: „Gott lässt aber auch seinen Zorn sichtbar werden. Vom Himmel herab trifft er alle Menschen, die sich gegen

---

17 Diese Analogie hörte ich zuerst in einer Diskussion mit Joshua Ryan Butler. Um fair zu sein, muss ich sagen, dass diese Art der Theologie besser repräsentiert wird durch einen Mann, der über einen Landungssteg voller „gestrandeter" Fische läuft und entscheidet, welche Fische er ins Wasser zurückwirft und welche Fische er auf dem Landungssteg sterben lässt. Aber am Ende bin ich nicht sicher, dass die Klärung dieses Punktes uns hilft, dem Gott, der durch Jesus geoffenbart ist, näherzukommen.

Gott und seinen Willen auflehnen. Sie tun, was Gott missfällt, und treten so die Wahrheit mit Füßen" (Römer 1,18).

Paulus sagt hier, dass Gottes Zorn schon geoffenbart ist, von Menschen im Jetzt und Hier bereits erlebt wird – immerzu. Wie sieht er aus, wenn er sich zeigt? Im weiteren Text wird diese Frage beantwortet. Dreimal wird die Antwort wiederholt: „Gott hat sie überlassen, preisgegeben" (Verse 24, 26, 28) ihren Machenschaften und ihrem Willen. Gottes Zorn scheint sich so zu äußern, dass Gott uns machen lässt, was wir in unserem Eigensinn tun wollen. Er lässt uns unseren Willen. Aber das braucht nicht das Ende zu sein. Hier und jetzt ruft Gott uns durch Jesus zu sich zurück.

Ich kann es gar nicht genug betonen: *Gott ist nicht böse mit Ihnen.* Er möchte, dass Sie nach Hause kommen – nicht um die Bestrafung entgegenzunehmen, die er für Sie vorgesehen hat, sondern damit Sie der Strafe entkommen, die Sie sich selbst auferlegt haben, indem Sie Distanz zwischen sich und der Liebe Gottes geschaffen haben.[18]

Bluttransfusion

Wenn wir die Sünde mit einer Verunreinigung unseres geistlichen Blutes vergleichen, dann wird sie von Generation zu Generation weitergegeben. Die Situation scheint übel zu sein, aber die Heilung ist wirksam und für alle zu haben.

Der Apostel Johannes sagt: „Und das Blut, das sein Sohn Jesus Christus für uns vergossen hat, befreit uns von aller Schuld" (1. Johannes 1,7). Ja, unser Blut ist verunreinigt, aber das Blut Jesu ist das Blut Gottes und vollkommen rein. Und durch Jesus bietet

---

18 Jesu Gleichnis vom verlorenen Sohn (Lukas 15) macht diesen Begriff des Zorns deutlich. In dieser Geschichte erleben wir den Sohn, der auf einer Schweinefarm endet. Der Vater hat den Sohn nicht dorthin geschickt, aber er lässt den Sohn die Konsequenzen seiner eigenen Entscheidungen spüren. Lesen Sie in Kapitel 12 mehr darüber.

Gott uns eine Art Bluttransfusion an. Das Blut Christi – das heißt, sein Leben und seine Vollkommenheit – als Angebot für jeden von uns als einen Weg, wieder Vollkommenheit zu erlangen.

Warum war der Tod Jesu so blutig? Warum die Brutalität der Kreuzigung, und warum nicht Erhängen oder eine tödliche Injektion? Die menschliche Antwort ist, dass die Kreuzigung zur Zeit Jesu in den von den Römern besetzten Ländern die übliche Form der Todesstrafe war. Die himmlische Antwort ist jedoch interessanter. Die Kreuzigung Christi stellt uns nicht nur Gottes Liebe vor Augen, sondern zeigt auch sehr eindrücklich, dass Jesus buchstäblich sein Blut für unsere Sünde vergossen hat, um uns durch seine Vollkommenheit zu reinigen. In den Schriften der alten Hebräer ist das Blut ein sehr ausdrucksstarkes Symbol für das ganze Leben eines Menschen (siehe 1. Mose 4,10; 3. Mose 17,11). Der blutige Tod Christi sagt etwas aus über die lebensspendende Heilung, die Gott unseren von Sünde erkrankten Seelen anbietet.

Ich mag Bilder von der Kreuzigung nicht, ob nun in Filmen, auf Gemälden oder in Skulpturen. Kreuzigung ist schließlich eine Form der unmenschlichen Folterung, die zum Tod führt. Aber wenn ich an das Kreuz Christi denke, sehe ich hinter dem Blut das Leben, die Heilung, die Ganzheitlichkeit und Versöhnung, die das Blut bringt. Dieses Blut ist eine körperliche Erinnerung an eine geistliche Realität und eine gute Nachricht für die Menschheit.

Und die gute Nachricht wird noch besser.

Wenn Jesus uns erlöst – wenn sein Leben unseren Tod überwindet und sein Blut durch unsere geistlichen Adern fließt –, dann sind wir *für immer* geheilt. Unser Geist wird erfüllt mit dem Leben Christi, und alle unsere Sünden werden vollständig weggenommen (Johannes 1,29), ein für alle Mal.

Es stimmt: Wir sind geheilt, *und das bleibt auch so*. Alle unsere Sünden, die vergangenen, gegenwärtigen *und zukünftigen* sind bereits weggenommen und vergessen: „Ich vergebe ihnen ihre Schuld und denke nicht mehr an ihre Sünden" (Hebräer 8,12).

Sehen wir es doch einmal so: Wie viele unserer Sünden lagen, als Jesus am Kreuz für unsere Sünden gestorben ist, in der Zukunft? Alle! Sie wurden nicht nur von Ihren vergangenen Sünden gereinigt und geheilt, sondern auch von Ihren zukünftigen Sünden. Sie sind jetzt und für immer im Reinen mit Gott. Jetzt können Sie auch danach leben.

Um mit den Worten des Apostels Paulus in Epheser, Kapitel 2, Vers 13, zu sprechen: „Doch das ist vorbei! Jetzt gehört ihr zu Jesus Christus, der am Kreuz sein Blut für euch vergossen hat. Ihr seid Gott jetzt nahe, obwohl ihr vorher so weit von ihm entfernt lebtet." Das ist Wiedervereinigung!

Lebwohl, Müll

Was schleppen Sie aus Ihrer Vergangenheit noch mit sich herum? Welche Schuld oder welcher Müll quält Sie? Welche Erfahrung aus Ihrer Vergangenheit oder welche Angewohnheit in der Gegenwart löst Scham bei Ihnen aus, wenn Sie darüber nachdenken? Einige von uns können den Tag nur überstehen, wenn sie verdrängen und leugnen.

Wenn wir unsere Sünde ignorieren, dann sind wir wie Menschen, die ihren Müll im Keller lagern. Sicher, „aus den Augen, aus dem Sinn", dieses Motto funktioniert für eine Weile, aber im Laufe der Zeit wird der Haufen immer größer und der Geruch intensiver. Wir können versuchen zu leben, als gäbe es diesen Müll nicht, und irgendwann gewöhnen wir uns vielleicht sogar an den fauligen Gestank. Aber früher oder später wird sich jemand darüber beschweren, und dann können wir unseren Müll nicht mehr ignorieren.

Viele von uns leben in der Angst, ihr Müll könnte eines Tages entdeckt werden. Darum statten wir unsere Häuser mit Luftauffrischern aus und lassen niemanden in unsere Nähe kommen. Wir sind immer in Aktion. Wir tun gute Taten. Wir zeigen Interesse am Leben anderer, aber in erster Linie, um von uns abzulenken.

Doch es gibt einen besseren Weg, zu leben.

Jesus will Ihnen Ihren Müll abnehmen. Er will Ihren Müll ein für alle Mal entsorgen. Er ist bereit, ihn für Sie zur Müllkippe zu bringen. Kostenlos. Er ist der beste Sanierungsexperte.

Natürlich müssen wir tätig werden, bevor der Müllsammler unseren Müll abtransportieren kann: Wir müssen ihn an die Straße stellen. Wir müssen aufhören, ihn zu verstecken, und zugeben, dass Müll da ist. Und wenn wir das tun, dann wird er für immer weg sein.

Der Apostel Johannes sprach über die Rolle, die wir bei diesem geistlichen Reinigungsprozess spielen: „Wenn wir behaupten, sündlos zu sein, betrügen wir uns selbst. Dann lebt die Wahrheit nicht in uns. Wenn wir aber unsere Sünden bekennen, dann erweist sich Gott als treu und gerecht: Er wird unsere Sünden vergeben und uns von allem Bösen reinigen" (1. Johannes 1,8–9).

Wir müssen Jesus unsere Sünde bekennen, sie anerkennen. Dann, und nur dann, kann er aufräumen. Unseren Müll aus dem Keller der Leugnung hinauf an den Straßenrand des Bekenntnisses zu bringen, das ist der Weg, rein zu werden. Wie kann Gott unsere Sünde vergeben, wenn wir so tun, als gäbe es gar keine?

Ein wesentlicher Teil dieser Müllentsorgung ist unser Bekenntnis vor Gott. Aber Gott will, dass wir in Gemeinschaft leben und einander „Priester" sein können (2. Mose 19,6; 1. Petrus 2,9; Offenbarung 1,6). Wenn wir „rein werden" und unsere Sünden einem vertrauenswürdigen christlichen Bruder oder einer Schwester bekennen, dann hat er oder sie die Möglichkeit, uns die Gnade Gottes in Erinnerung zu rufen. Das kann ein sehr eindrückliches Erlebnis sein. Die Annahme und Umarmung dieser Person wird zum greifbaren Ausdruck der Annahme und Umarmung Gottes. Und für einige von uns gibt dies den Ausschlag, dass die heilende Botschaft von Gottes umfassender Vergebung bei uns wirklich ankommt und uns in ihrer Bedeutung aufgeht.

Jakobus, Jesu Halbbruder, fordert die Christen auf: „Bekennt einander also eure Sünden und betet füreinander, damit ihr geheilt werdet. Denn das Gebet eines Menschen, der nach Gottes Willen lebt, hat große Kraft" (Jakobus 5,16). Als Mitsünder, die durch Gnade gerettet sind, können wir uns gegenseitig die vorurteilsfreie Annahme Gottes zeigen, indem wir ganz ehrlich unser Versagen eingestehen und über Gottes Zuwendung sprechen.

Wir kippen unseren Müll vor unseren Mitchristen aus, wir bekennen, beten miteinander, und das war schon alles. Wir verdammen nicht, wir verurteilen nicht, wir beschämen nicht, und wir geben ungebeten auch keine Ratschläge. Unterstützung erfahren wir nur in realen Beziehungen, in denen wir „nackt und ohne Scham" sind. Dies ist ein Weg, die gute Nachricht auszuleben. Und Gott nutzt das für unsere Heilung.

Jesus vereint

Wenn Jesus Menschen begegnete, sprach er häufig zuallererst die Worte aus: „Deine Sünden sind dir vergeben" (Matthäus 9,2) – noch bevor die Menschen die Gelegenheit hatten, „hallo" zu sagen. Ganz offensichtlich war es Jesus ein Anliegen, seine Botschaft an den Mann zu bringen: Gott bietet allen Vergebung an, eine frisch geputzte Schiefertafel, und die Möglichkeit, in vereinter Beziehung noch einmal neu anzufangen, egal was Sie getan haben oder wie weit Sie abgewichen sind.

Jesus macht die Trennung, die die Sünde verursacht hat, rückgängig. Er zieht die Trennung, die Sünde ist, am Kreuz in seinen Körper, nimmt sie ein für alle Mal mit in den Tod (das ist das Thema von Epheser 2). Und als er wieder aufersteht, bleibt die Sünde im Grab, tot und begraben.

Wenn Sünde trennt, dann gilt:
Jesus *vereint*.
Jesus vereint *uns*.
Jesus vereint uns *mit der Person, die wir waren*.
Jesus vereint uns mit der Person, die wir *sein sollten*.

Jesus vereint uns mit der Person, mit der wir *zusammen sein* sollten.

Jesus vereint uns mit dem, mit dem wir *für immer* zusammen sein sollten.

Dies alles hat Jesus getan. Wir brauchen nichts weiter zu tun als anzunehmen, dass das wahr ist, und danach zu leben. Das ist „Glauben", wie Jesus es nennt.

Ist diese Botschaft nicht gefährlich?

Wenn die extrem radikale, Sünde auflösende, Zorn wegnehmende, reinigende und vereinigende Vergebung, die Jesus anbietet, Sie verfolgt, dann könnte das die Frage aufwerfen: Ist diese Botschaft nicht gefährlich? Ist es nicht möglich, dass die Menschen nur das hören, was sie hören wollen – dass alle Sünden, die sie je getan haben und je tun werden, bereits von Gott vergeben wurden? Könnte man diese Botschaft nicht missbrauchen, um maßlos zu sündigen und ein noch schlimmeres Leben zu führen?

Wenn Sie diese Frage stellen, dann ist das ein gutes Zeichen. Es bedeutet, dass Sie einen Eindruck bekommen von der Radikalität des Evangeliums. Die Antwort auf die Frage, ob die gute Nachricht, die Jesus verkündigte – von Gottes umfassender Erlösung, Vergebung und Versöhnung – missbraucht werden kann ist ... *ja!* Das Evangelium ist eine risikobehaftete Botschaft. Aber die meisten Dinge, die das Potenzial besitzen, die Welt zu verändern, sind mit einem Risiko behaftet, und dies ist die wichtigste, Welt verändernde Botschaft überhaupt.

Das Evangelium wurzelt in der Annahme, dass die radikale Gnade das Beste in uns hervorbringen wird, wenn sie richtig verstanden und völlig angenommen wird. Gott setzt auf diese eine Hoffnung: dass Sie und ich, wenn wir diese Botschaft von seiner bedingungslosen Liebe, unendlichen Gnade und lebenserneuernden Vergebung hören, eine Veränderung in unseren Wünschen und Werten erleben. Gott glaubt, dass Gnade uns zu einem besseren Leben inspirieren wird und dass wir sie nicht als Vorwand nutzen, um ein noch schlimmeres Leben zu führen. Und er bietet uns die Hilfe seines Heiligen Geistes an, um dies geschehen zu lassen (Apostelgeschichte 2,38).

Der Apostel Paulus schreibt, dass *Gnade* – nicht mehr Gesetze, Regeln oder Androhung von Strafe, sondern die Gnade, die durch Christus zu uns kommt – uns dazu bringt, „dass wir uns von aller Gottlosigkeit und allen selbstsüchtigen Wünschen trennen, stattdessen besonnen und rechtschaffen hier in dieser Welt leben, so wie es Gott gefällt" (Titus 2,12). Wenn die Liebe eines Menschen Ihr Leben zum Besseren verändert hat, wenn die Liebe Sie verändert hat, wenn jemand Sie mehr liebt, als Sie verdienen, ist es dann nicht Ihr Wunsch, Ihre Dankbarkeit zu zeigen? Ganz ehrlich, Dankbarkeit ist die einzig angemessene Reaktion auf Gnade.

So viel mehr

Bei vielen Christen bildet das, was wir bisher über das Evangelium gelernt haben – Gottes Liebe und Erlösung von Sünde – den Schwerpunkt des Evangeliums. Erinnern Sie sich noch an unseren Überblick über die Vier-Punkte-Zusammenfassungen des Evangeliums in Kapitel 6? Die meisten lauten ungefähr so: Weil Gott uns liebt, hat er Jesus in diese Welt gesandt, damit er am Kreuz stirbt, um uns zu retten, und jetzt müssen wir durch den Glauben darauf reagieren und dieses Geschenk der Erlösung annehmen.

Das ist wirklich eine gute Nachricht. Aber offen gestanden, es ist nur ein Bruchteil des Evangeliums.

Ja, durch Jesus sind wir gerettet: Von Sünde, vom Zorn, von der Hölle, vom Gericht. Aber Gott rettet uns nicht nur *von* etwas, er rettet uns *zu* etwas und *jemandem*. Und darum soll es in den restlichen Kapiteln dieses Buches gehen.

Sind Sie bereit? Das Beste kommt noch.

KAPITEL 9

AUSSERHALB DER WELTKARTE

Das Ziel des Evangeliums ist weniger, dass wir nach unserem Tod ins Himmelreich kommen, sondern eher, wie wir vor unserem Tod im Himmelreich leben.

Dallas Willard

JESUS IST GOTT MIT UNS, GEKOMMEN, UM

| UNS GOTTES LIEBE ZU ZEIGEN, | VON SÜNDE ZU RETTEN, | **GOTTES REICH ZU BAUEN** UND | RELIGION ZU ENTMACHTEN, |

DAMIT WIR TEILHABEN AN GOTTES LEBEN.

Wenn wir *Risiko* spielen, ein Brettspiel auf der Basis einer Weltkarte, ist ein Familienstreit vorprogrammiert. Jeder Spieler ist bemüht, ein Reich aufzubauen und eine Weltherrschaft zu etablieren, indem er andere Länder annektiert. Völker, Provinzen und Länder werden auf Räume reduziert, die eindeutig definiert sind durch Grenzlinien. Jeder Spieler kann auf eine Stelle auf der Karte zeigen und sagen: „Ich möchte in das Land von ihm oder ihr einmarschieren", oder: „Bob kontrolliert im Augenblick das Reich von dem oder der, aber das will ich. Zeit zum Angriff!" (Entschuldige, Bob.)

In der realen Welt jedoch ist ein Land mehr als eine durch Grenzlinien auf einer Karte markierte Fläche. Ein Land ist auch ein Lebensstil. Jedes Volk verfügt über eine eigene Kultur, eine Geschichte und ein Erbe, es hat eine Sprache oder sogar mehrere Sprachen, einen Regierungsstil, eine Wirtschaft und Außenpolitik, die definieren, wie groß der Einfluss dieses Landes auf die anderen Länder ist. Die Reiche dieser Welt sind *mehr als* Flächen auf einer Karte, trotzdem sind sie durchaus auf einer Weltkarte zu finden. Sie sind physische, geografische, identifizierbare Realitäten.

Und das Reich Christi?

Es liegt außerhalb der Weltkarte.

Sozusagen.

Jesus-Nation

Das Reich Gottes ist in der Lehre Christi ein ganz wichtiger Begriff. Oft sagte er Sätze wie: „Jetzt ist die Zeit gekommen, Gottes Reich ist nahe. Kehrt um zu Gott und glaubt an die rettende Botschaft" (Markus 1,15)! Für Jesus hat die „gute Nachricht" zu tun mit dem Kommen des „Reiches Gottes". In der Bibel wird die ganze Botschaft Jesu sogar als die „gute Nachricht des Königreichs" zusammengefasst (Matthäus 4,23; Lukas 4,43; Apostelgeschichte 8,12: 28,31).

Dieses Reich ist kein physischer Ort oder ein Stück Land, wie Jesus deutlich macht, obwohl wir in der physischen Welt darin leben. Das Reich Gottes ist ein *Lebensstil*, und Jesus ist unser König; es gibt uns die Möglichkeit, teilzuhaben an dem, was er in der Welt tut, ungeachtet unseres Wohnorts.

Das Wort *Königreich* ist fast gänzlich aus unserem heutigen Sprachgebrauch verschwunden. Heute sprechen wir eher von

Völkern und Ländern und nicht von Königreichen. Trotzdem hat das Wort *Königreich* (griechisch: *basileia*) im Zusammenhang mit dem Evangelium immer noch einen hohen Stellenwert, weil das Wort *König* (*basileus*) darin enthalten ist: Ein König ist derjenige, der die Vision und Werte des *König*reichs prägt.

Bei Jesus bezieht sich das Wort *Königreich* auf ein Reich der Beziehung mit Gott und anderen, die im Einklang steht mit Gottes Willen und Gottes Art. Diese Art zu leben ist nicht immer leicht, aber sie schafft Zufriedenheit, weil wir genau zu einem solchen Leben geschaffen wurden.

Im Reich Christi gibt es keine irdischen Grenzen, allerdings leben seine Repräsentanten in irdischen Reichen. Diese Repräsentanten sind Bürger des Landes, in dem sie physisch leben. Aber Bürger des Reiches Christi sind nicht in erster Linie *Bürger des Landes*, in dem sie leben, sondern vielmehr *Botschafter für* das Volk dieses Landes.

In meinem Pass steht, dass ich kanadischer Staatsbürger bin. Ich wurde in Kanada geboren, bin dort aufgewachsen und lebe schon immer in Kanada. Ich bin gern Kanadier. Ich schätze unseren Premierminister, genieße unsere Kultur und feiere unsere Diversität. Aber in meinem Herzen, Geist, in meinen Prioritäten und meinem Handeln bin ich in erster Linie *Christ*, nicht *Kanadier*. Ich bin ein Botschafter *für* die Kanadier und eben auch Kanadier. Im Grunde genommen habe ich von meinem wahren König den Auftrag bekommen, ein Botschafter seines Reiches für die Bewohner Kanadas zu sein – und über die Grenzen des Landes hinaus, wenn möglich.

Unsere Kirche, *The Meeting House*, ist wie jede andere Kirche ein Botschaftsgebäude in einem fremden Land, wo die Kultur des Reiches Christi von jedem, der zu Besuch kommt, erlebt und kultiviert werden kann. Jeder Nachfolger Christi ist Teil einer wachsenden Bewegung von Menschen, die sich dagegen wehren, dass die Reiche dieser Welt – die politischen, religiösen, ethnischen und ökonomischen Reiche – einen negativen Einfluss haben auf die Liebe der Menschen untereinander.

Wir haben bereits festgestellt, dass Jesus uns nicht *von* etwas errettet, sondern *für* etwas. Dieses Etwas könnte „das Reich Gottes" sein. Diese gute Nachricht des Reiches ist eine der aufregendsten, doch vernachlässigten Dimensionen des Evangeliums. Denken Sie an unseren Überblick über gängige Vier-Punkte-Zusammenfassungen des Evangeliums in Kapitel 6. In den meisten kommt diese lebensverändernde gute Nachricht nicht vor. Das finde ich schade, weil das Reich Gottes ein ganzheitliches Konzept ist, das das Evangelium in dieser Welt verankert (und in den Menschen nicht nur eine Sehnsucht weckt nach der nächsten Welt). Das Reich, zu dem wir gehören, wird sich prägend auswirken auf:

- unsere Loyalität (unserem König und Land gegenüber)
- unsere Gesetze (wie wir richtig und falsch unterscheiden) und
- unseren Lebensstil (kulturelle Normen).

Von innen heraus

Wenn Jesus religiösen Menschen seiner Zeit die gute Nachricht des Reiches erklärte, musste er häufig unterscheiden zwischen seinem Reich und dem Reich, auf das die Menschen warteten. Viele gingen davon aus, dass Gottes Reich auf der Erde ein physisches Reich sein würde, durch Gewalt etabliert. Sie glaubten, dass der Messias als eine Art Kriegsherr erscheinen würde, der all dies geschehen lassen würde. Religiöse Menschen wünschen sich oft, dass Gott mit allen notwendigen Maßnahmen ein irdisches, religiös-politisches Reich etabliert, ähnlich wie Israel zur Zeit des Alten Testaments oder Rom zur Zeit des Neuen Testaments, oder wie einige religiöse Terrororganisationen es in der heutigen Zeit versuchen. In einer Demokratie wie der der Vereinigten Staaten geschieht das etwas zurückhaltender. Religiöse Menschen sprechen von den Vereinigten Staaten als einem „christlichen Land" und beten und agieren politisch mit der Absicht, den „richtigen" Kandidaten ins Amt zu bringen, damit „diese Nation zu Gott zurückfinden kann". Aber diese Denkweise offenbart ein falsches Verständnis davon, wie das Reich, das Gott sich wünscht, aussehen sollte.

In einem Gespräch mit den religiösen Führern seiner Zeit über das Reich erklärt Jesus die Unterscheidung folgendermaßen: „Die Pharisäer wollten von Jesus wissen: ‚Wann wird denn Gottes Reich kommen?' Er antwortete ihnen: ‚Gottes Reich kann man nicht sehen wie ein irdisches Reich. Niemand wird sagen können: ‚Hier ist es!' oder ‚Dort ist es!' Denn Gottes Reich ist schon jetzt da – mitten unter euch" (Lukas 7,20–21). In diesen Worten Jesu fallen zwei wichtige Attribute für das Reich Gottes auf.

Erstens, das Reich Gottes ist nicht *etwas, das zu sehen ist* – es ist kein sichtbares Gebäude oder ein geografischer Standort. Wir bauen das Reich Gottes nicht durch Architektur und Armeen oder politische Machtspiele. Es ist keine religiöse Organisation oder politische Partei, sondern reicht tiefer.

Zweitens, das Reich Gottes ist *in eurer Mitte*. Im Griechischen besagt der Satz wörtlich, dass das Reich Gottes „in" euch ist, abgeleitet von einem griechischen Wort, das „im Innern" bedeutet. Gleichzeitig wird das Personalpronomen im Plural verwendet.

Jesu Worte können so verstanden werden, dass das Reich Christi eine Art zu leben ist, die: (a) in den Herzen von einzelnen Menschen existiert, und (b) in der Beziehung dieser einzelnen Menschen ihren Ausdruck findet. Eine genaue Wiedergabe dieses Verses wäre: „Das Reich Gottes ist in euch allen miteinander." Denn schließlich setzt sich ein Reich aus den einzelnen Bürgern zusammen, aber es ist niemals eine einsame Erfahrung. Es ist immer persönlich, doch niemals privat.

Näher, als Sie denken

Jesus predigte, dass „Gottes Reich nahe gekommen ist" (Markus 1,15). Im griechischen Urtext heißt dieser Satz wörtlich, dass das Reich Gottes „in Reichweite" ist. Mit anderen Worten, Jesus bringt Gottes Reich so nahe, dass Sie die Hand ausstrecken und es berühren, es anfassen und in es eintreten können. Die gute Nachricht des Reiches ist, dass wir an Gottes Willen und Gottes Art auf Erden wie im Himmel teilhaben können.

Wenn wir das Evangelium in Begriffen des Reiches ausdrücken, wird deutlich, dass es in Jesu Botschaft nicht in erster Linie darum geht, dass wir Menschen nach unserem Tod in den Himmel kommen, sondern darum, wie der Himmel auf die Erde kommt, während wir noch leben. Dafür zu beten, hat Jesus seine Nachfolger gelehrt: „Lass dein Reich kommen. Dein Wille geschehe hier auf der Erde, so wie er im Himmel geschieht" (Matthäus 6,10).

So, wie Jesus das Wort *Reich* verwendet, ist es ein Wort, das Beziehung ausdrückt. Es beschreibt unsere Beziehungen mit Begrifflichkeiten wie König und Untertanen in einem Reich. Wenn wir teilhaben am Reich Christi, wird das Auswirkungen haben auf unsere Beziehung zu anderen Reichen, zum Beispiel auf das Land, in dem wir leben, und auf die Reiche der Kultur, Politik, Wirtschaft, Medien und andere. Als Bürger des Reiches Christi lehnen wir alle Ideen, Haltungen, Einflüsse, Emotionen oder geistliche Kräfte ab, die gegen den Menschen und gegen Gott gerichtet sind.

Wenn wir Jesus als unseren König annehmen, dann ist das Reich des Himmels in uns. Aber dort soll es nicht bleiben. Unsere Aufgabe ist es, die Realität des Reiches in unserem Leben, unseren Beziehungen und Prioritäten auszuleben.

Nicht von dieser Welt

Als Jesus verhaftet und vor den römischen Statthalter Pontius Pilatus gestellt wurde, ging es natürlich auch um das Reich. Behauptete Jesus wirklich, König eines neuen Reiches zu sein? Wenn ja, dann war er möglicherweise eine Bedrohung für die römische Herrschaft.

Pilatus wollte wissen, was es mit diesem Mann auf sich hatte, darum kam er sofort zur Sache und fragte Jesus, ob er der König der Juden sei. Jesus antwortete: „Das Reich, dessen König ich bin, ist nicht von dieser Welt. Wäre mein Reich von dieser Welt, dann hätten meine Diener für mich gekämpft, damit ich nicht den Juden in die Hände falle. Nun ist aber mein Reich nicht von dieser Erde" (Johannes 18,36; Neue Genfer Übersetzung).

Nicht von dieser Welt? Einige deuten diese Aussage so, dass das Reich Jesu etwas ist, das wir nach unserem Tod erleben werden. Für sie ist das Reich eine Art Synonym für den Himmel. Tatsächlich spricht Jesus im Matthäusevangelium häufig von „Gottes himmlischem Reich" (z. B. Matthäus 4,17; 10,7; 18,3 und an mehr als zwanzig anderen Stellen).

Aber „Himmel" war für die Juden oft eine Umschreibung Gottes, zum Beispiel wenn jemand sagt: „Der Himmel helfe uns" oder: „Dem Himmel sei Dank". Juden sprachen oft indirekt von Gott. Das war für sie ein Ausdruck des Respekts, und das Matthäusevangelium war ganz eindeutig an eine jüdische Leserschaft gerichtet. Wenn wir einige der Lehren im Matthäusevangelium mit den anderen Evangelien vergleichen, dann sehen wir, dass Jesus vom „Reich Gottes" sprach (z. B. Markus 1,15; 10,14-15; Lukas 4,43; 8,1; 16,16; 17,20-21 und an mehr als dreißig anderen Stellen). Das meinte Matthäus, wenn er für seine jüdischen Leser höflich das „Reich des Himmels" schrieb. Das Reich Christi, wie die Christus-Nachfolger es später nennen (z. B. 2. Petrus 1,11), ist ganz eindeutig das Reich einer Person und kein Ort.

Also zurück zu unserer Frage: Was meinte Jesus, wenn er zu Pilatus sagte, sein Reich sei „nicht von dieser Welt"? Die Antwort liegt in der Bedeutung der Präposition *von*.

Wenn Jesus sagt, sein Reich sei nicht *von* dieser Welt, sagt er nicht, dass sein Reich nicht *in* dieser Welt ist. Jesus hatte bereits betont, dass sein Reich in dieser Welt sehr lebendig und aktiv ist. Durch die Aussage, dass sein Reich nicht *von* dieser Welt ist, stellt Jesus nun klar: „Mein Reich ist nicht von dieser Welt *hervorgebracht*". Das Reich Christi ist *in* dieser Welt hier und jetzt, aber diese Welt hat es nicht hervorgebracht. Es ist *in* der Welt, aber nicht *von* der Welt. Das Reich Christi ist anders, in Ethos und Haltung. Es ist ein Reich, in dem es nicht in erster Linie um Selbsterhaltung und Wohlstand geht, sondern um die auf andere gerichtete Liebe, um Frieden und Versöhnung.

Als Pontius Pilatus Jesus drängte, das Wesen seines Reiches zu erklären, nennt Jesus als einziges Unterscheidungsmerkmal zu allen anderen Reichen der Welt, dass seine Nachfolger jegliche Form von Gewalt ablehnen. Jesus drückte es folgendermaßen aus: „Mein Königreich gehört nicht zu dieser Welt. Wäre ich ein weltlicher Herrscher, dann hätten meine Leute für mich gekämpft" (Johannes 18,36).

Seit den Tagen Konstantins (272–337 nach Christus), des ersten römischen Kaisers, der dem christlichen Glauben anhing, wurde der Weg des Friedens als zentrales Merkmal des Reiches Christi viel zu häufig in den Hintergrund gedrängt, wenn nicht sogar vollständig außer Acht gelassen. Kaiser Konstantin setzte der Christenverfolgung ein Ende und machte es möglich, dass der christliche Glaube schließlich die offizielle Religion Roms wurde. Man stelle sich das vor! Das Weltreich, das für die Kreuzigung Christi verantwortlich war, nahm jetzt die christliche Religion an! Das muss den Menschen damals wie ein Geschenk von Gott vorgekommen sein, doch am Ende hat diese Verbindung von Kirche und Staat das Evangelium mit einem Judaskuss verraten. Der Staat überschüttete die Kirche mit Reichtümern, gewährte ihr Schutz und Macht. Und die Kirche schenkte dem Staat dafür eine überzeugende Theologie, die Gewaltherrschaft und Krieg befürwortete. Zwar wissen wir nicht, was in Konstantin vorgegangen ist, doch fest steht, dass seine Politik nach seiner Bekehrung katastrophale Folgen für die Sache des Evangeliums hatte. Die christliche Kirche heute kämpft immer noch mit diesem Gift im Leib Christi.

Reich gegen Kalifat

„Wir müssen unsere Grenzen schützen." Ein Mann mit Namen Hank kam nach einem Vortrag über Jesu Weg des Friedens, den ich in einer Kirche in den Vereinigten Staaten gehalten hatte, auf mich zu, und so begann unser Gespräch.

„Erläutern Sie das näher", forderte ich ihn auf.

„Gott hat uns den Auftrag gegeben, unser Eigentum zu schützen", sagte er. Okay, dachte ich bei mir, das wird interessant.

„Sie sind Christ, ja?", fragte ich ihn. Ich wollte mich vergewissern, wo er herkam.

„Absolut!", bestätigte Hank. „Als Christ geboren und aufgewachsen."

„Wie schön", erwiderte ich. „Können Sie mir sagen, wie Sie auf diese Idee kommen? Die Idee, dass unsere erste Aufgabe als Christen sei, uns selbst zu schützen?"

Und sofort begann er mit einer fünf Minuten dauernden Schimpftirade. Sie enthielt die folgenden zehn Punkte:

1. Wir (die Vereinigten Staaten – in Bezug auf Kanada war er sich nicht sicher) sind eine christliche Nation.
2. Als christliche Nation müssen wir die Freiheit verteidigen, die uns Gott geschenkt hat.
3. Da Gott diese Nation begründet hat, wäre es falsch zuzulassen, dass sie von den Grundlagen der Bibel abweicht.
4. In der Bibel lesen wir, dass die Regierung das Schwert trägt, um Gottes Urteil auszuführen.
5. Im Alten Testament hat Gott Israel viele Male zu den Waffen gerufen, um sein Land zu verteidigen.

6. Im Neuen Testament sagte Jesus, er sei gekommen, um ein Schwert zu bringen.
7. Im Buch der Offenbarung kommt Jesus zurück mit einem Schwert, bedeckt mit Blut und bereit, es einzusetzen.
8. Der zweite Zusatz der Verfassung der Vereinigten Staaten besagt, dass es unser Recht und unsere Verantwortung als gute Bürger ist, Waffen zu tragen.
9. Ja, Jesus hat uns vielleicht aufgefordert, „die andere Wange" hinzuhalten. Aber wir haben nur zwei Wangen, darum sollten wir schließlich doch zurückschlagen. (Ich fand den Punkt ziemlich clever.)
10. Darum sollten gute Christen keine Feiglinge sein und nicht vor ihrer Verantwortung, Waffen zu tragen, ihr Eigentum zu beschützen und ihre Feinde zu bekämpfen, zurückscheuen.

Als Hank mit seiner Schimpftirade zum Ende kam, schien er der Meinung zu sein, sehr überzeugend argumentiert zu haben, sehr *christlich*.

Ich antwortete: „Vielen Dank, Hank, für Ihre Gedanken. Aber ich habe den Eindruck, Sie wären im muslimischen Glauben besser aufgehoben als im christlichen Glauben."

Jetzt hatte ich seine Aufmerksamkeit.

Wir hatten Zeit, darum ging ich seine Argumente Punkt für Punkt durch und sagte ihm meine Meinung dazu. Meine Antwort lautete ungefähr folgendermaßen:

1. Es gibt keine so genannte „christliche Nation", nur christliche *Menschen* – Menschen aller Nationen, die Teil des nationenübergreifenden, multiethnischen Reiches Christi sind.
2. Das einzige Reich, das Gott uns anvertraut hat und das wir verteidigen sollen, ist das Reich Christi, und wir verteidigen und fördern dieses Reich, indem wir Lügen durch Wahrheit aufdecken und Hass mit Liebe begegnen.

3. Christus-Nachfolger folgen nicht nur den „Grundlagen der Bibel"; wir folgen Jesus. Außerdem sind die Vereinigten Staaten aus der Rebellion der Menschen gegen ihren damals rechtmäßigen Herrscher in England entstanden, der kein besonders guter war. Dazu gehörte die manipulative und häufig gewalttätige Aneignung von Land, in dem die Einheimischen lebten – die Ureinwohner Amerikas, die zuerst da waren. Dieser Anfang ist nicht besonders christlich.

4. Ja, in Römer, Kapitel 13, heißt es, dass Christen die Regierung unterstützen, Steuern zahlen und für die Regierung beten sollten, die das Schwert trägt. Doch in Kapitel 12 lesen wir, dass Christen nicht selbst das Schwert führen sollten. Die Mittel und Ziele des Staates (Römer 13) unterscheiden sich von den Mitteln und Zielen der Gemeinde (Römer 12).

5. Amerika ist nicht Israel, und Jesus brachte den neuen Bund und sein neues Reich, das den alten Bund außer Kraft gesetzt hat (Hebräer 8,13).

6. Das „Schwert", das Jesus gebracht hat, wird nicht von seinen Nachfolgern geführt. Die Botschaft Jesu könnte das Schwert bringen, aber aus dem Kontext seiner Lehre wird klar, dass Jesus die *Verfolgung von Christen* meint, nicht *Gewalt*, die von Christen *verübt* wird. Petrus, einer der Jünger, machte denselben Fehler und dachte, Jesus meinte, er sollte tatsächlich ein Schwert bei sich tragen und keine Angst haben, es einzusetzen. Aber Jesus tadelte ihn wegen seines Irrtums.[19]

---

[19] Dies ist eine von drei möglichen Erklärungen der Abschnitte im Neuen Testament, in denen vom Schwert die Rede ist. Die anderen beiden sind: (1) Jesus wollte, dass seine Nachfolger gewalttätig werden, und (2) das Schwert, das seine Nachfolger einsetzen sollten, ist eine Metapher für die Botschaft des Evangeliums. Ganz bestimmt wird es in den Schriften der frühen Kirchenführer in diesem Sinne verwendet (siehe z. B. Epheser 6,17; Hebräer 4,12). Die dritte Erklärung, wie in dem Text angesprochen, ist, dass das „Schwert" zwar gegenständlich gemeint sein

7. Das „Schwert", das Jesus im Buch der Offenbarung trägt, kommt aus seinem Mund – damit ist eindeutig seine Botschaft gemeint. (Haben Sie es schon mal erlebt, dass jemand mit einem Schwert im Mund versucht, einen richtigen Schwertkampf zu gewinnen? Ich nicht. Denn das wäre ziemlich töricht.) Und von Jesus heißt es, dass er mit Blut bedeckt war, bevor die Schlacht auch nur beginnt. Das ist sein eigenes Blut, das er für seine Feinde vergossen hat, nicht das Blut seiner Feinde, das durch seine Hand vergossen wurde.
8. Christus-Nachfolger sind letztendlich Bürger eines anderen Königreichs und einer anderen *Art* von Reich. Wir sind Botschafter unseres irdischen Volkes für das Reich Christi, in dem Gewaltlosigkeit die Norm ist. Im Volk Jesu gibt es keinen zweiten Verfassungszusatz. Die einzigen Waffen, die wir tragen, sind T-Shirts ...
9. Wie oft, sagte Jesus, sollen wir vergeben? Siebzig mal sieben Mal. Da halten wir aber oft die zweite Wange hin.
10. In der Bibel heißt es, gute Christen sollten nicht davor zurückscheuen, ihr Leben für ihre Feinde zu geben. Für eine Sache zu sterben, ist Christus gemäß, aber nicht für eine Sache zu töten.

Dann erklärte ich Hank, dass sein falsches Verständnis der Lehre Jesu eher in dem Vorbild Mohammeds gründe als in Jesus. Wenn

---

kann, aber *gegen* seine Jünger eingesetzt wird, nicht *von* ihnen. Ich folgte dieser dritten Erklärung für den bestimmten Abschnitt, den Hank im Sinn hatte, aber die zweite ist auch auf andere Abschnitte anwendbar. Mit einer hohen Wahrscheinlichkeit können wir jedenfalls die erste Möglichkeit ausschließen. Wir haben einfach keine schriftlichen Aufzeichnungen von Kirchenführern aus den ersten drei Jahrhunderten über diese Bewegung (vor Konstantin), die die Lehren Jesu als Aufruf zur Gewalt unter allen Umständen deuteten.

wir den Berichten über das Leben Mohammeds Glauben schenken können (der Hadith), dann kämpfte Mohammed in Dutzenden Schlachten, um ein irdisches, religionspolitisches Reich, das so genannte Kalifat, zu gründen und anschließend zu verteidigen. Das Kalifat ist ein physisches Reich, in dem das Gesetz des Landes (die Scharia) und die Religion des Landes (Islam) zu einem Lebensstil miteinander verschmolzen werden. Im Kalifat gibt es keine Trennung von Religion und Politik, von Kirche und Staat. In Bezug auf das Verständnis des „Reiches Gottes" bieten Mohammed und Jesus sehr unterschiedliche Sichtweisen. Ich erwarte, dass sich meine muslimischen Freunde auf die Seite Mohammeds stellen und die Menschen, die sich Christen nennen, auf die Seite Christi.

Scharia-Liebe

Jedes Reich ist geprägt durch die Treue seiner Untertanen, seine Gesetze und seinen Lebensstil, die auch prägenden Einfluss ausüben. Das Reich Christi ist eine Möglichkeit, in Loyalität zu Jesus zu leben, aber von welchen Gesetzen wird das Handeln seiner Bürger bestimmt?

Im Reich Christi kann das Gesetz des Landes auf einen Wert heruntergebrochen werden, in dem alle Gesetze erfüllt sind: Liebe. Liebe ist unsere *Scharia*, ein arabisches Wort, das „Weg" oder „Pfad" bedeutet.

Liebe steht über dem Gesetz als Leitprinzip Jesu. Das Gesetz ist fallspezifisch, während Liebe universell anwendbar ist. Das Gesetz ist geprägt durch Kultur, während Liebe Kulturen prägt, weil sie Herzen prägt. Wenn Liebe in unseren Herzen vorherrscht, werden Regeln und Gebote überflüssig.

Diese Lehre kam bei der religiösen Elite zur Zeit Jesu nicht besonders gut an. Und heute hat sich daran wenig geändert. Religiöse Menschen, auch und vor allem die übereifrigen, lieben Regeln. Erwartete und sogar verordnete Verhaltensmuster geben klar den Weg vor. „Sag uns nur, was wir tun sollen, und wir tun es", so lautet der Schrei vieler religiöser Menschen, für die Eindeutigkeit wichtiger ist als Liebe.

Bei einer Gelegenheit kam ein religiöser Führer mit einer sehr wichtigen Frage auf Jesus zu: „Lehrer, welches ist das wichtigste Gebot im Gesetz Gottes?", fragte der religiöse Leiter.

Jesus erwiderte: „Du sollst den Herrn, deinen Gott, lieben von ganzem Herzen, mit ganzer Hingabe und mit deinem ganzen Verstand. Das ist das erste und wichtigste Gebot. Ebenso wichtig ist aber ein zweites: ‚Liebe deinen Mitmenschen wie dich selbst'" (Matthäus 22,36-40).

Liebe Gott mit allem, was du hast, und liebe deinen Nächsten wie dich selbst. Das ist schon alles, was Jesus erwartet. Oberflächlich gesehen ist seine Antwort unglaublich einfach. Aber wenn wir unter die Oberfläche sehen, dann erkennen wir, dass sie gleichzeitig unglaublich tiefsinnig ist.

Ist uns klar, was Jesus hier getan hat? Er wurde nicht nach den beiden ersten Geboten gefragt, sondern nach dem wichtigsten Gebot. Aber seine Antwort macht deutlich, dass die Liebe zu Gott von der Liebe der Menschen untereinander nicht zu trennen ist. Wenn wir Gott lieben mit unserem ganzen Herzen, unserer Seele, unserem Geist und unserer Kraft, ohne gleichzeitig unseren Nächsten zu lieben wie uns selbst, könnten wir eine Form der religiösen Frömmigkeit entwickeln, die den Blick verloren hat für die leidenden Menschen in unserem Umfeld, oder schlimmer noch, die unsere Mitmenschen sogar verletzt. Aus „Liebe zu Gott" sprengen Menschen sich selbst und andere in die Luft. Aus „Liebe zu Gott" verschreiben sich Menschen der Meditation in Klöstern und ignorieren ihre leidende Umwelt. Darum verknüpfte Jesus unsere Liebe zu Gott mit unserer Liebe zu unseren Mitmenschen. Diese zweiseitig gerichtete Spiritualität Jesu macht deutlich, dass wir Gott *in erster Linie* lieben durch unsere Liebe zu unserem Nächsten (siehe Matthäus 25,31-46).

Gegen Ende seines Lebens wollte Jesus seinen Jüngern unbedingt klar machen, wie wichtig es ist, ihre Liebe zu Gott mit praktischer, liebevoller, auf andere ausgerichteter Liebe zu verbinden. Es war ihm so wichtig, dass er das erste Gebot übersprang und alles in dem zweiten zusammenfasste: „Ich gebe euch jetzt ein neues Gebot: Liebt einander! So wie ich euch geliebt habe, so sollt ihr euch auch untereinander lieben. An eurer Liebe zueinander wird jeder erkennen, dass ihr meine Jünger seid" (Johannes 13,34-35).

Zwei Dinge sind anders als in Jesu früherer Aussage über in beide Richtungen gerichtete Liebe: Erstens, Jesus legte eine ganz besondere Betonung auf das zweite Gebot, einander zu lieben. Zweitens, Jesus hatte das zweite Gebot abgeändert (jetzt das eine zentrale Gebot). Jesus trug seinen Nachfolgern auf, nicht nur andere zu lieben wie sich selbst, sondern sie zu lieben, wie er – *Jesus* – sie liebte. Das ist eine ganz bedeutsame Aufwertung der Liebe.

Die frühe Kirche übernahm diesen neuen Moralkodex und diese Ethik des „andere mehr Liebens" als das Fazit des Gesetzes des Landes im Reich Christi (z. B. Römer 13,8; Galater 5,14; Epheser 5,2; Jakobus 2,8; 1. Petrus 4,8; 1. Johannes 3,14-18; 4,19-21).

In vielen Religionen gibt es fromme Praktiken, die den Zweck haben, Gott zu gefallen: Sehr umfangreiche Pilgerreisen zu heiligen Schreinen, tägliche Gebete zu festgelegten Zeiten, heilige Zeremonien in heiligen Gebäuden, die von heiligen Männern in heiligen Gewändern geleitet werden, die heilige Rituale durchführen. Aber für Christus-Nachfolger ist die höchste Form der Anbetung und die zentrale Zeremonie unserer Religion, andere zu lieben, wie Jesus uns geliebt hat (Jakobus 1,26-27).

Der Lebensstil des Friedens

In unserer Gemeinde, *The Meeting House*, bin ich immer wieder verblüfft über die Verschiedenartigkeit der Menschen, die sich gegenseitig Bruder und Schwester nennen und miteinander umgehen als geachtete Familienmitglieder. Ich spreche von Menschen, die nicht nur verschiedenen Ethnien angehören und deren Lebensstile und Lebensphasen sehr unterschiedlich sind, sondern auch ihre Persönlichkeiten, ihre Bildungsebenen, ihre Tätigkeiten, Orientierungen und religiösen Hintergründe sind sehr unterschiedlich. Und trotzdem leben wir alle zusammen als eine große Familie, manchmal in der großen Runde, aber häufiger in kleinen Hausgruppen, die wie eine Familie aufgebaut sind und sich „Hausgemeinden" nennen.

Eine „Kirche" ist mit nichts zu vergleichen. Sie ist ein Ort, an dem ganz unterschiedliche Menschen, die als Gemeinsamkeit nur Jesus haben, sich treffen, um gemeinsam liebevollen Umgang miteinander zu lernen.

Gottes Reich ist ein Reich des Friedens, in dem die Grenzen, die die Menschheit in Untergruppen der Nationalität, Ethnie und Kultur einteilt, bedeutungslos werden. Jetzt sind wir alle Angehörige einer neuen Nation, die alle nationalen Grenzen bedeutungslos werden lässt. Wir sind Angehörige einer neuen Ethnie, die alle Ethnien einschließt. Und wir sind Bewohner eines neuen Landes, in dem eine eigene Kultur der Eingliederung und des aufeinander Zugehens gepflegt wird.

Wenn Gott in unserem Leben regiert, dann entsteht Frieden. Das hebräische Wort für Frieden ist *Schalom*, und es bezieht sich nicht nur auf die innere Ruhe. Schalom ist Frieden plus Gerechtigkeit. Es ist ein Frieden *in* uns, aber auch Frieden *zwischen* uns und anderen.

Jesus schenkt uns einen inneren Frieden, der unabhängig ist von äußeren Umständen (Johannes 16,33; Philipper 4,7), aber auch Frieden in unseren Beziehungen zu anderen, denen wir sonst vielleicht aus dem Weg gehen. Die frühe Kirche beschrieb das Evangelium folgendermaßen: „Ihr kennt die rettende Botschaft, die Gott dem Volk Israel verkünden ließ: Er hat durch Jesus Christus Frieden gebracht, und Christus ist ja der Herr über alle" (Apostelgeschichte 10,36; siehe auch Epheser 6,15).

Die Unterteilung in Juden und Heiden (Nichtjuden) bildet eine große soziologische Kluft in der Menschheitsgeschichte, vielleicht sogar die größte überhaupt. Zur Zeit Christi hatte diese Teilung ihren Höhepunkt erreicht. Die Römer waren in Israel einmarschiert, und die Juden waren umgeben von ihren heidnischen Unterdrückern und mussten ihr Leben nach deren Regeln gestalten. Das war für die Juden, die glaubten, dass sie als Gottes „erwähltes Volk" im verheißenen Land die Möglichkeit haben sollten, abgesondert in Frieden zu leben, ganz besonders schwer.

Aber die ersten Christen waren davon überzeugt, dass Jesus, der jüdische Messias, den Weg geebnet hatte, dass Juden und Heiden eine Familie sein könnten. Er tat dies, indem er die Mauern der alten Bundesreligion einriss, die auf Trennung durch Regeln und Rituale basierte. Wenn dies stimmte – falls Jesus dies tatsächlich zu Stande gebracht hätte –, dann wäre dies das größte soziologische Wunder aller Zeiten.

Der Apostel Paulus bezog sich auf diese gegenkulturelle Wahrheit, als er beschrieb, was Jesus durch seine Kreuzigung bewirkt hat:

> Durch Christus haben wir Frieden. Er hat Juden und Nichtjuden in seiner Gemeinde vereint, die Mauer zwischen ihnen niedergerissen und ihre Feindschaft beendet. Durch sein Sterben hat er das jüdische Gesetz mit seinen zahlreichen Geboten und Forderungen außer Kraft gesetzt. Durch Christus leben wir nicht länger voneinander getrennt, der eine als Jude, der andere als Nichtjude. Als Christen sind wir eins. So hat er zwischen uns Frieden gestiftet. Christus ist für alle Menschen am Kreuz gestorben, damit wir alle Frieden mit Gott haben. In seinem neuen Leib, der Gemeinde von Christus, können wir nun als Versöhnte miteinander leben. Christus ist gekommen und hat seine Friedensbotschaft allen gebracht: euch, die ihr fern von Gott lebtet, und allen, die nahe bei ihm waren. Durch Christus dürfen wir jetzt alle, Juden wie Nichtjuden, vereint in einem Geist zu Gott, dem Vater, kommen.

So seid ihr nicht länger Fremde und Heimatlose; ihr gehört jetzt als Bürger zum Volk Gottes, ja sogar zu seiner Familie (Epheser 2,14–19; siehe auch Kolosser 1,20).

Das war zu jener Zeit eine welterschütternde Nachricht, und nicht alle freuten sich darüber – vor allem nicht diejenigen, die an ihrem Hass und ihren Vorurteilen festhalten, die Vergeltung üben wollten.

Und weil Jesus diesen Frieden für uns erwirkt hat, praktizieren diejenigen von uns, die Bürger dieses neuen „Reichs des Himmels" auf Erden sind, Frieden als einen Lebensstil. Für uns sind Menschen nie der Feind, sondern Opfer des Feindes. Menschen brauchen Erlösung, keine Vergeltung. Jesus-Nachfolger sollten immer bereit sein, für eine Sache zu *sterben*, aber niemals, für eine Sache zu *töten*.

Die Strategie des Vorrückens

Wie in dem Brettspiel *Risiko* führen irdische Reiche Krieg, um Land zu erobern und dadurch an die Rohstoffe dieses Landes zu kommen. Reiche setzen Gewalt ein, um sich ein Land anzueignen, und anschließend üben sie Gewalt aus oder drohen Gewalt an, um dieses Land zu regieren und gegen andere Reiche, die dieses Land auch gerne einnehmen würden, zu verteidigen.

Das Reich Christi will auch vorrücken, aber das Land, für das wir kämpfen, ist der Raum der Trennung dazwischen. Das ist das „Land", das wir erobern sollen. Jesus-Nachfolger glauben, dass Versöhnung die Kernbotschaft des Evangeliums ist, und wir werden hart „kämpfen", damit zerbrochene Beziehungen, zu Gott und untereinander, wieder heil werden.

Das bedeutet, dass unser Krieg nicht *gegen* andere Menschen gerichtet ist, sondern *für* andere Menschen ausgetragen wird. Wir kämpfen gegen jede Macht – politische, gesellschaftliche oder geistliche –, die trennt und nicht vereint, oder die Hass fördert und nicht Liebe. Und wir tun dies auf eine Art, die Menschen nicht als den Feind betrachtet, sondern als Opfer des eigentlichen Feindes.

Der Apostel Paulus schrieb: „Denn wir kämpfen nicht gegen Menschen, sondern gegen Mächte und Gewalten des Bösen, die über diese gottlose Welt herrschen und im Unsichtbaren ihr unheilvolles Wesen treiben" (Epheser 6,12).

Manche Menschen glauben an einen real existierenden Satan, während andere der Meinung sind, der Teufel sei eine Metapher für das Böse. Ich persönlich glaube, dass Liebe und Güte mehr sind als losgelöste Konzepte und ihren letzten Ausdruck finden in einem realen, tatsächlichen und persönlichen Gott, der Liebe ist. Darum habe ich kein Problem damit zu glauben, dass das Böse selbst nicht nur ein vages Konzept ist, sondern letztendlich Ausdruck findet in einer tatsächlichen Person. In der Bibel finden sich viele Namen für dieses personalisierte Böse: Schlange, Satan, der Teufel oder der Böse, um nur einige zu nennen.

Die wirklich gute Nachricht ist, dass der Satan besiegt ist durch die alles auf den Kopf stellende Macht der Liebe, die sich durch das Kreuz Christi zeigt. Jesus hat „die Mächte und Gewalten entwaffnet und in ihrer Ohnmacht bloßgestellt, als Christus über sie am Kreuz triumphierte" (Kolosser 2,15). Sicher, der Teufel kann uns mit der einzigen Waffe angreifen, die ihm noch geblieben ist – Manipulation durch Täuschung –, aber er hat Macht eingebüßt. Er macht viel Wind und große Drohgebärden, um einzuschüchtern, zu verwirren und abzulenken. Leider führt diese Taktik bei uns viel zu oft zum Erfolg.

> „Natürlich bin auch ich nur ein Mensch, aber ich kämpfe nicht mit menschlichen Mitteln. Ich setze nicht die Waffen dieser Welt ein, sondern die Waffen Gottes. Sie sind mächtig genug, jede Festung zu zerstören, jedes menschliche Gedankengebäude niederzureißen, einfach alles zu vernichten, was sich stolz gegen Gott und seine Wahrheit erhebt. Alles menschliche Denken nehmen wir

gefangen und unterstellen es Christus, dem es gehorchen muss"
(2. Korinther 10,3–5).

Wir kämpfen nicht gegen Menschen, sondern gegen Ideen („jedes menschliche Gedankengebäude niederzureißen, einfach alles zu vernichten, was sich stolz gegen Gott und seine Wahrheit erhebt"). Einige Ideen sind einfach nur schlechte Ideen. Diese schlechten Ideen sind gegen die Liebe gerichtet und gegen den Gott, der Liebe ist, und manchmal werden sie so populär, dass sie einer Festung gleichen. Sie sind wie Militärbasen der schlechten Ideen. Wir sind also aufgefordert, diesen schlechten Ideen gute, wahre und liebevolle Ideen entgegenzusetzen. Paulus verwendete die Metapher der Gefangennahme: Wir nehmen diese Gedanken gefangen und kehren sie um, sodass sie Jesus dienen.

Am Ende ist unsere Motivation klar: Wir lieben die Wahrheit, wir lieben Gott, und wir lieben die Menschen zu sehr, um zusehen zu können, dass sie noch länger Kriegsgefangene der schlechten Ideen sind.

Die Taktik der Feindesliebe

Als Botschafter des Reiches Christi lieben wir unsere Feinde, weil das der Wille unseres Königs ist, weil es unserer Kultur und der Außenpolitik unserer Regierung entspricht.

Aber was hoffen wir durch dieses radikale Handeln denn zu erreichen? Was ist das Ziel, das beabsichtigte Ergebnis?

Feindesliebe beendet einen Prozess des Hasses und der Aggression. Aktive Feindesliebe bringt ein neues Element in eine Kultur der Gewalt ein und bietet jedem, der es erfährt, einen Augenblick der Erleuchtung und eine Gelegenheit, die Realität zu erkennen, wenn auch nur für einen Moment.

Versöhnung, die zu Vereinigung führt – dass Gott Feinde zu Freunden und sogar zu Familienmitgliedern macht –, das ist der Kern des Evangeliums. Der Apostel Paulus schrieb: „Als wir

Gott noch feindlich gegenüberstanden, hat er uns durch den Tod seines Sohnes mit sich selbst versöhnt. Wie viel mehr werden wir, da wir jetzt Frieden mit Gott haben, am Tag des Gerichts bewahrt bleiben, nachdem ja Christus auferstanden ist und lebt" (Römer 5,10). Das Reich Christi – Gottes Wille und Art, die sich in unseren Beziehungen zeigen – wurde gegründet von einem König, der seine Feinde bis zum Schluss liebte. Warum sollten die Bürger des Reiches denn anders leben?

Wenn Versöhnung das Ziel ist, dann kämpfen Christus-Nachfolger für dieses Ziel, indem sie Liebe üben. Liebe ist unsere einzige Taktik. Nicht immer zeigt sie sofort Wirkung. Vielleicht erleiden wir dabei einen Verlust, und in extremen Fällen verlieren wir vielleicht sogar unser Leben. Aber das Evangelium zeigt uns, dass Sterben manchmal nötig ist, um anderen zu helfen, die Wahrheit zu erkennen.

Jesus verkörperte diese radikale, gewaltlose Feindesliebe in der Art, wie er lebte und wie er starb, und er lehrte sie auch seine Nachfolger als den einzigen Weg, sein Reich voranzubringen.

> „Ihr wisst, dass den Vorfahren auch gesagt wurde: ‚Auge um Auge, Zahn um Zahn!' Doch ich sage euch: Leistet keine Gegenwehr, wenn man euch Böses antut! Wenn jemand dir eine Ohrfeige gibt, dann halte die andere Wange auch noch hin! Wenn einer dich vor Gericht bringen will, um dein Hemd zu bekommen, so lass ihm auch noch den Mantel! Und wenn einer von dir verlangt, eine Meile mit ihm zu gehen, dann geh zwei Meilen mit ihm! Gib jedem, der dich um etwas bittet, und weise den nicht ab, der etwas von dir leihen will.
>
> Es heißt bei euch: ‚Liebe deinen Mitmenschen und hasse deinen Feind'. Doch ich sage euch: Liebt eure Feinde und betet für die, die euch verfolgen! So erweist ihr euch als Kinder eures Vaters im Himmel. Denn er lässt seine Sonne für Böse wie für Gute aufgehen, und er lässt es regnen für Fromme und Gottlose. Wollt ihr etwa noch dafür belohnt werden, dass ihr die Menschen liebt, die euch auch lieben? Das tun sogar die Zolleinnehmer, die sonst bloß auf ihren Vorteil aus sind" (Matthäus 5,38–46).

Das war zur damaligen Zeit eine radikale Lehre, vor allem für die Menschen, die unter einem brutalen Unterdrückerregime wie dem der Römer lebten. Aber sie half, eine Bewegung in Gang zu setzen, die die Welt verändert, und es ist eine Wahrheit, die auch heute noch zentral ist für das Reich Christi.

Wenn wir aktiv die andere Wange hinhalten, zeigen wir unserem Angreifer, dass wir kein passiver Boxsack sind, sondern eine Person, die die Macht der Entscheidung besitzt – eine Macht, die uns unser Angreifer niemals nehmen kann. Und wenn wir noch eine zweite Meile mitgehen, zeigen wir, dass wir freier sind, als unsere Unterdrücker sich vorstellen können.

Die zweite Meile

Schauen wir uns das Beispiel von der zweiten Meile doch einmal genauer an. Jesus lehrte dies vor dem Hintergrund der Unterdrückung durch die Römer. Um das besser verstehen zu können, stellen wir uns einmal vor, die Nazis hätten den Zweiten Weltkrieg gewonnen und wären jetzt die Besatzungsmacht in unserem Land. Oder wir stellen uns vor, eine radikalisierte islamische Bewegung wäre an der Macht und würde durch regelmäßige öffentliche Hinrichtungen, hohe Steuerlasten und fortdauernde Beleidigung Macht ausüben. Genau das erlebten die Juden zur Zeit Jesu.

Israel war ein erobertes und unterdrücktes Land, und die Juden lebten jeden Tag mit einer ausländischen Militärpräsenz in ihrem Land, die ihnen ihre Machtlosigkeit vor Augen stellte. Wenn Jesus sagte: „Liebet eure Feinde", brauchten sich seine Zuhörer nicht zu fragen, wen er meinte. Jesu Bergpredigt war keine theoretische religiöse Philosophie. Es war eine Liebesethik der realen Welt in einer realen Welt des Hasses.

Römische Soldaten durften jeden eroberten Bürger zwingen, ihre Ausrüstung eine Meile weit zu tragen. Um einen vollständigen Missbrauch ihrer Macht zu verhindern, verlangte das römische Militärgesetz, dass der Soldat den Bürger am Ende dieser

Meile entlassen und für die nächste Meile einen anderen Bürger auswählen musste.

Stellen Sie sich vor, Sie verlassen an einem Nachmittag ihr Haus, um eine Besorgung zu machen. Vielleicht wollen Sie nur kurz etwas einkaufen. Ein römischer Soldat geht vorbei. Bestimmt wechseln Sie sofort die Richtung und versuchen, jeden Blickkontakt zu vermeiden. Sie hoffen, dass er Sie nicht zu sich ruft, denn er könnte Sie zwingen, seine schwere Ausrüstung eine ganze Meile zu tragen.

Jetzt stellen Sie sich vor, Sie sind gezwungen worden, die Ausrüstung eines Soldaten zu tragen. Wenn Sie zu den Jüngern Christi gehören, dann nehmen Sie sich, während Sie an der Seite Ihres „Feindes" gehen, niedergebeugt von der Last seiner Kriegswaffen, die Zeit, sich bewusst zu machen, wer dieser Soldat tatsächlich ist. Er ist ein Mensch, im Bild Gottes geschaffen und für seinen Schöpfer unendlich wertvoll. Die Ethnie, die Religion dieses Römers und die Rolle, die er als Ihr Unterdrücker spielt, wird im Vergleich zu der Liebe, die Gott für ihn empfindet, nebensächlich. Hier ist ein Mann, der seit seiner Kindheit den Lügen eines unterdrückenden Staates ausgesetzt ist; einem System, in dem er gelernt hat, dass falsch richtig, Hass gerechtfertigt und Gewalt von Gott gewollt ist. Sicher, Sie befinden sich im Krieg, aber nicht mit ihm. Sie sind im Krieg mit dem schlechten Gedankengut, das Sie beide in diese Situation gebracht hat.

Und auf diese Weise verändern Sie die Machtdynamik durch Liebe, wenn der römische Hauptmann Sie aus Ihrer Pflicht entlässt und sich nach einer anderen Person umschaut, die er in seinen Dienst zwingen kann. Sie lassen seine Ausrüstung nicht einfach fallen, sondern bieten an, noch eine Wegstrecke mit ihm zu gehen. Anfangs ist er verwirrt. Dieses Angebot kann er nicht begreifen. Aber da er sich mit einem Menschen, der ihm seine Hilfe anbietet, obwohl er das nicht nachvollziehen kann, nicht streiten will, nimmt der Römer Ihr Angebot an, und schon geht es weiter. Jetzt hat sich alles verändert – für Sie und für ihn.

Für Sie *war die erste Meile Unterdrückung, die zweite Meile aber ist Freiheit.* Die erste Meile war Zwang, die zweite wird aus freiem Willen zurückgelegt. Die erste Meile war ein Ausdruck gezielten Hasses, doch die zweite Meile ist eine Demonstration versöhnender Liebe. Die erste Meile gehört zum Weltreich Rom, die zweite Meile gehört zum Reich Christi.

Für den Soldaten war die erste Meile eine ganz normale Handlung, doch die zweite Meile ist ein Schock und erschüttert ihn in seinen politischen, religiösen und kulturellen Systemen. Sie zwingt alles in eine vermenschlichende Beziehung. Für ihn ist Ihre Entscheidung ein Augenblick möglicher Erleuchtung. Die zweite Meile, die Sie mitgehen, bietet ihm die Möglichkeit zum Nachdenken über seine Rolle. Jetzt haben Sie ihm die Gelegenheit gegeben, sein Leben in einem anderen Licht zu sehen, aus dem Schlaf des Rollenspiels der Macht aufzuwachen. Sie haben ihm die Möglichkeit gegeben, in Ihnen mehr als einen Sklaven zu sehen, nämlich einen Menschen. Sie haben ihm geholfen, sich selbst nicht mehr nur als einen Unterdrücker zu sehen und zu erkennen, dass er eine neue Perspektive für die Wahrnehmung seiner Welt braucht.

Oberflächlich mag die Feindesliebe nicht in jeder Situation Wirkung zeigen. Jesus liebte seine Feinde und wurde trotzdem hingerichtet. Aber Jesus-Nachfolger leben nicht oberflächlich. Wir sehen über Hautfarbe und Kleidung, Einstellungen und Akzente hinweg. Wir schauen über den Hass anderer hinweg und sehen die Liebe Gottes für jeden, und wir schauen über unmittelbare Ergebnisse in bestimmten Situationen hinweg auf das größere Ziel, das Reich Christi voranzubringen.

Und jetzt der Skandal

Jesus ist also gekommen, um uns Gottes Liebe zu zeigen, uns von Sünde zu retten und sein Reich aufzurichten. Wenn Jesus nur diese drei Aspekte des Evangeliums gepredigt hätte, dann wäre er vielleicht nicht so schnell umgebracht worden.

Wenn Jesus nur gepredigt hätte: „Gott liebt euch und hat einen wundervollen Plan für euer Leben", dann hätten die religiösen Führer antworten können: „Das wissen wir! Darum hat Gott uns aus Ägypten gerettet und uns die Tora geschenkt, die uns leiten soll!"

Wenn Jesus nur gepredigt hätte: „Gott will euch von eurer Sünde retten", dann hätten die Führer antworten können: „Das wissen wir! Darum hat uns Gott, als er uns aus Ägypten gerettet und uns die Tora geschenkt hat, befohlen, regelmäßige Tieropfer zu bringen!"

Wenn Jesus nur gepredigt hätte: „Gott will sein Reich hier auf Erden aufrichten", hätten die religiösen Führer antworten können: „Das wissen wir! Darum hat uns Gott, als er uns aus Ägypten gerettet und uns die Tora geschenkt hat, durch die Wüste geführt, über den Jordan und uns das Land Israel gegeben!"

Aber das Evangelium, das Jesus gepredigt hat, enthielt noch ein viertes Geschenk. Das löste mehr als alles andere einen Skandal aus, der Jesus zum Staatsfeind Nummer eins machte. Das war der Auslöser, der die religiösen Führer seiner Zeit veranlasste, seine sofortige Hinrichtung zu fordern. Denn Jesus predigte: „Gott liebt euch, will euch alle eure Sünden vergeben und sein Reich hier auf der Erde aufrichten – und um das alles zu erleben, braucht ihr eure Religion nicht mehr!"

Diese Botschaft empfanden einige Menschen als so bedrohlich, dass in ihren Augen ein Mord gerechtfertigt war. Ganz bestimmt ist es eine Botschaft, für die zu sterben Jesus bereit war.

KAPITEL 10

REQUIEM FÜR DIE RELIGION

In Eden gab es keine Religion, und auch im Himmel wird es keine geben. Und in der Zwischenzeit ist Jesus gestorben und auferstanden, um uns davon zu überzeugen, sofort damit aufzuhören...

Robert Farrar Capon

JESUS IST GOTT MIT UNS, GEKOMMEN, UM

| UNS GOTTES LIEBE ZU ZEIGEN, | VON SÜNDE ZU RETTEN, | GOTTES REICH ZU BAUEN UND | **RELIGION ZU ENTMACHTEN,** |

DAMIT WIR TEILHABEN AN GOTTES LEBEN.

Wir kommen jetzt zu einem der, wie ich finde, faszinierendsten Aspekte des Evangeliums und sogar der Geschichte aller Weltreligionen: Gottes Versprechen und Plan, die Religion durch sich selbst zu ersetzen.[20]

Stellen Sie sich das vor: Der Führer einer Weltreligion (in diesem Fall der Messias des Judaismus) tritt auf mit dem Anspruch, einen Auftrag auszuführen, der seine eigene Religion überflüssig macht? Das hat es in der Geschichte der Weltreligionen noch nie gegeben. Ob jemand an Jesus glaubt oder nicht, diese eine historische Tatsache macht Jesus zu dem interessantesten Mann, der je auf dieser Welt gelebt hat.

Aber warten Sie: Wenn Jesus gekommen ist, um die Religion überflüssig zu machen, warum hat er dann am Ende eine der großen Weltreligionen *gegründet*? Das ist doch ein Widerspruch in sich, oder?

Eine wichtige Frage, der wir in diesem Kapitel nachgehen wollen. Doch zuerst einige Begriffsklärungen.

Was ist Religion?

Das Wort *Religion* kommt von dem lateinischen Wort *religare*, eine Kombination von *re* (zurück, wiederholen) und *ligare* (binden). Das Wort *Ligament* ist ebenfalls von *ligare* abgeleitet. Ligamente, Gelenke, verbinden die Teile des menschlichen Körpers.

Die Religion kann also die Bindung des Ichs an etwas Wichtiges bedeuten, eine Art Verankerung, Halterung oder Verbindung. Positiv verstanden ist die Religion eine Leine, die einen Drachen hält und leitet. In diesem Sinne beschreiben Menschen ihre Verbindung zu Christus als ihre „Religion". In einer Welt der Loslö-

---

20 Mehr über diesen Aspekt des Evangeliums erfahren Sie in meinem Buch *The End of Religion*.

sung und Zusammenhanglosigkeit ist diese Art des sich selbst an den Ewigen Bindens gut. Aber auch wenn Sie das Wort *Religion* in diesem Sinne verwenden, hat dieses Kapitel Ihnen etwas Wichtiges zu sagen. Ersetzen Sie das Wort *Religion* doch einfach durch „religiöse Gesetzlichkeit" oder „leere Religion" oder „Systeme der Erlösung" oder „Regeln und Formeln über Glaube, Hoffnung und Liebe".

Einige Leute meinen mit dem Begriff *Religion* eine innige, von Herzen kommende Verbindung mit Gott. Jesus verwendete ein anderes Wort dafür. Er nannte diese vertrauensvolle Beziehung *Glaube*. (Im Neuen Testament ist das Wort für „Glaube" *pistis*. Es bedeutet nicht, an Ideen ohne Beweise zu glauben, sondern einer Person zu vertrauen. Glaube, oder Vertrauen, ist das grundlegende Element für eine gesunde Beziehung. In Kapitel 12 finden Sie mehr dazu.)

Jesus selbst hat das Wort *Religion*[21] kein einziges Mal in den Mund genommen. Vielmehr rief er die Menschen zu einer innigen Glaubensverbindung zu Gott als unserem Vater und zu anderen Christus-Nachfolgern als unseren Brüdern und Schwestern auf. *Jesus geht es um Beziehung und nicht um Religion.*

Sie sehen also, das Wort *Religion* hat hier eine negative Bedeutung. Vergessen Sie nicht, es stammt von dem lateinischen *religare*, einer Zusammensetzung von *re* (zurückkehren, wiederholen) und *ligare* (binden), ab. Wörtlich gebraucht kann Religion „zu einer Gebundenheit zurückkehren" bedeuten. Und wenn wir uns die

---

21 Das biblische Wort für „Religion" ist *threskeia*, ein griechisches Wort, das sich auf die äußeren Rituale und Praktiken eines Glaubens bezieht. Wie sein lateinisches Äquivalent *religare* kann *threskeia* eine positive oder negative Bedeutung haben, je nach dem Wesen und Fokus des Glaubens, der gemeint ist. Jesus legte die Betonung auf „Glaube", weil er von innen heraus wirkt, während „Religion" von außen nach innen wirkt. Leider dringt die Religion in manchen Fällen niemals bis zur Seele vor, sondern bleibt eine leere Hülle der Rituale.

Aufzeichnungen vieler Religionen der Welt aus der Vergangenheit und der Gegenwart anschauen, erscheint diese negative Interpretation mehr als zutreffend zu sein. Diese Art der Religion versucht, Begriffe wie Glaube, Spiritualität und Heiligkeit in voneinander abhängigen Systemen der Erlösung einzufangen. Religion agiert deshalb als eine Art Mediator zwischen den Menschen und der höchsten Realität; als systematischer, struktureller oder institutioneller Zwischenhändler, als Händler der Erlösung, der eine zusätzliche Ebene zwischen uns und Gott einschiebt. Aber wir brauchen nur Jesus als Zwischenhändler, der als Gott einer von uns geworden ist.

Der Apostel Paulus schrieb: „Es gibt nur einen einzigen Gott und nur einen Einzigen, der zwischen Gott und den Menschen vermittelt und Frieden schafft. Das ist der Mensch Jesus Christus" (1. Timotheus 2,5). Wir gehen am Sinn des Evangeliums vorbei, wenn wir zulassen, dass eine Institution oder Person an die Stelle von Jesus als unseren einzigen Vermittler tritt. Religiöse Menschen stehen immer in der Gefahr, die Stelle aus 1. Timotheus, Kapitel 2, Vers 5, in ihren Herzen folgendermaßen umzuformulieren: „Es gibt nur einen einzigen Gott und nur einen einzigen, der zwischen Gott und den Menschen vermittelt und Frieden schafft, und das ist [die römisch-katholische Kirche, die Bibel und die Zeugen Jehovas, *The Meeting House* oder dieser Lehrer oder jener Prediger etc. etc.]."

Wenn wir überprüfen wollen, ob wir uns auf Jesus verlassen oder auf einen billigen Ersatz als unsere Verbindung zu Gott, müssen wir uns die Frage stellen, ob wir die Meinung vertreten, dass Menschen Teil *unserer* bestimmten Organisation, Institution, Denomination oder geistlichen Gruppe sein müssen, um mit Gott im Reinen zu sein. (Dies ist mein stärkster Kritikpunkt an dem Glaubenssystem meiner Freunde von den Zeugen Jehovas.) Ich sage meinen Glaubensgeschwistern vom *Meeting House*, dass wir unseren Zweck als gesunde Gemeinde erfüllen, wenn wir ein Treffpunkt sind für Menschen, die Gott und einander näher kommen wollen. Aber an dem Tag, an dem ich anfange zu predigen, dass die Menschen *The Meeting House* brauchen, um mit Gott im Reinen zu sein, müsste ich gefeuert werden.

Diese Art der Religion ist keine Leine, die einem Drachen fliegen hilft, sondern eher eine Kette, die verhindert, dass der Drachen sich überhaupt in die Lüfte erhebt. Ob der Drachenbesitzer das andere Ende festhält, ist nicht von Bedeutung. Religion braucht Gott nicht am anderen Ende der Leine – das System funktioniert auch ohne ihn ganz prima.

Darum antworte ich, wenn mich jemand fragt, ob ich religiös bin, meistens etwa so: „Tja, Sie könnten mich so nennen. Aber ich neige dazu, mich eher als geistlichen Menschen zu sehen und nicht als religiösen. So oder so, eins kann ich Ihnen versichern, ich bin begeistert von Jesus."[22]

Für Jesus war die Religion ein großer, dicker Finger, der auf Gott wies, aber allen den Blick versperrte. Darum musste er ihn entfernen. Und wie er das getan hat, finde ich genial.

Was passiert also, wenn Gott direkt zu uns kommt? Welches sind die Auswirkungen für die Religion, wenn die höchste Realität in unsere Welt eintritt (durch Jesus) und in uns hineinkommt (durch den Heiligen Geist)? Was bedeutet es, wenn wir sagen, dass Gott in Jesus die Religion durch sich selbst ersetzt hat? Sehen wir uns einmal fünf Aspekte der Religion an – Opfer, Priester, Tempel, Rituale und Regeln –, an deren Stelle Gott selbst tritt.

---

22 Diese Sichtweise von uns als „geistliche" Menschen (griechisch *pneumatikos*) stimmt damit überein, wie die Schreiber des Neuen Testaments sich beschrieben haben (z. B. 1. Korinther 2,15; 3,1; Galater 6,1; 1. Petrus 2,5).

Opfer

Damit wir leben können, muss etwas sterben: Dieses Konzept des Opfers ist in fast allen alten Religionen als zentrales Element zu finden.

Sünde war das große Problem, und Erlösung eine große Notwendigkeit. Um Vergebung für uns als Person zu erwirken, musste ein Priester ein Opfer darbringen – Gott oder den Göttern wurde ein Geschenk gemacht, um seine oder ihre Gunst zu erringen. Das sollte das Gleichgewicht zu der Macht wieder herstellen.

Dieses sich immer wiederholende Ritual der Tier-, Menschen- oder Nahrungsmittelopfer legt die Verantwortung auf den Menschen, sich die Gottheit gewogen zu machen (oder zumindest zu besänftigen), ihre Vergebung zu erflehen, sie zu bitten, Gebete zu erhören und uns Menschen vielleicht sogar Aufmerksamkeit zu schenken. Durch das richtige Ritual lässt sich eine zornige Gottheit dazu bewegen, ihre Meinung zu ändern und uns freundlicher gesinnt zu sein.

Als Jesus seinen öffentlichen Dienst begann, deutete Johannes der Täufer auf ihn und sagte: „Seht, das ist Gottes Opferlamm, das die Sünde der Menschen wegnimmt" (Johannes 1,29). Diese gewagte, umstürzlerische Aussage machte deutlich, dass das ganze System auf den Kopf gestellt werden sollte. Sehen wir uns diese Aussage doch mal genauer an.

Erstens, „Gottes Opferlamm". Lämmer waren die Tiere, die die Juden für religiöse Opfer in den Tempel brachten. Aber Jesus ist das Lamm, das von Gott bereitgestellt wurde, nicht von uns. Jesus ist Gottes Geschenk der Gnade –, und er tut für uns, was wir durch Religion erreichen wollten.

Zweitens, „das wegnimmt". In dem Augenblick, in dem Johannes diese Aussage über Jesus macht, wurden im nahe gelegenen Tempel von Jerusalem und an anderen religiösen Stätten Lämmer und andere Tiere geschlachtet als Sühnopfer für die Sünde. Doch wenn Jesus die Sünde der Welt wegnimmt, dann sind alle diese Opfer von einem zum anderen Augenblick überflüssig.

Drittens, „die Sünde der Menschen". Jesus nimmt nicht nur einige Sünden (Plural) weg, sondern die Sünde (Singular) – das heißt, das ganze Sündenproblem. Und die Sünde, die Jesus wegnimmt, ist die Sünde der Welt, nicht nur die Sünde einer Gruppe von Menschen in einer bestimmten religiösen Gruppierung, zu einem bestimmten Zeitpunkt, sondern die Sünde aller.

Anders formuliert sagte Johannes an dieser Stelle: „Hey, ihr alle! Ihr braucht keine Lämmer mehr zu opfern, weil Jesus die Sünde aller Menschen ein für alle Mal weggenommen hat!" Das Evangelium ist Gottes gute Nachricht, dass wir nicht nur von unserer Sünde gerettet werden, sondern auch von unserer Religion.

Diese Botschaft war der Anlass für die spätere Konfrontation mit den Händlern im Tempel. Die Erlösung vieler religiöser Menschen hing von diesem System ab, und es war die Lebensgrundlage vieler religiöser Führer. Die Art der Spiritualität, die Jesus predigte, lässt die Religion überflüssig werden, und zur Zeit Jesu lebten viele Menschen, die das Gefühl hatten, man müsste ihm Einhalt gebieten und seine Botschaft zum Verstummen bringen.

Ironischerweise waren es gerade die religiösen Führer zur Zeit Jesu, die sich von seiner Botschaft vom Ende der Opfer so bedroht fühlten, dass sie seine Kreuzigung forderten, die es Jesus möglich machte, seiner Bestimmung zu folgen und das Opferlamm zu werden. Und die größte Ironie ist, dass die religiösen Führer das Opfer, das ein für alle Mal alle anderen religiösen Opfer überflüssig werden ließ, überhaupt erst möglich machten.

Jetzt sind wir von diesem blutigen Ritual befreit, und wir können leben als Menschen, denen Gott vergeben hat und die von Gott geliebt sind. Wann immer sich Zweifel bei uns einschleichen wollen, ob Gott uns tatsächlich liebt, uns Vergebung schenkt und uns annimmt, dürfen wir auf das Kreuz Christi sehen als eine anschauliche Erinnerung daran, dass Gott selbst das letzte Opfer bereitgestellt hat. Was Gott einmal für immer getan hat, braucht nicht wiederholt zu werden. Darum wird in der Bibel von Gottes Vergebung für seine Kinder in der Vergangenheit gesprochen, als eine Tat, die vorbei und erledigt ist (siehe Kolosser 2,13–14; 1. Johannes 2,12; Epheser 4,32; Hebräer 10,17–18). Als Jesus am Kreuz rief: „Es ist vollbracht" (Johannes 19,30), war das tatsächlich so. Die Vergebung ist vollendet. Die Religion ist überflüssig geworden. Darum konnte der Apostel Paulus voller Zuversicht sagen: „Wer nun mit Jesus Christus verbunden ist, wird von Gott nicht mehr verurteilt" (Römer 8,1).

Das letzte Opfer ist gebracht. Zwischen uns und Gott ist alles geregelt. Und das einzige Opfer, das wir bringen, ist unser Ich, wenn wir in Liebe als ein großes „lebendiges Opfer" (Römer 12,1) zusammen leben. Lebendiges Opfer: Was für eine oxymoronische Spiritualität! Wie zwei Wörter, die nicht zusammenpassen – wie Jumboshrimp, Schlafanzugparty, Wirt-Gast, Plastikgläser und Countrymusik. Wir alle zusammen sind ein lebendiges Opfer. Wir beten Gott nicht mehr an, indem wir töten, wir beten Gott an, indem wir leben.

Priester

In den religiösen Systemen der Zeit Jesu musste der Priester das Opfer für die Menschen darbringen. Der Begriff des Priesters ist einzigartig im Umfeld der geistlichen Führer. Ein Priester ist mit einem Pastor zu vergleichen (das bedeutet „Hirte") oder einem Pfarrer (*Minister* im Englischen bedeutet „Diener") oder einem Ältesten (das kommt von „Reife"). Ein Priester ist ein Vermittler: Eine Person, die für die Menschen zu Gott geht und in Gottes Sache zu den Menschen kommt.

Zur Zeit Jesu gab es viele Priester, allerdings nur einen Hohenpriester – den Obersten aller Priester, die im Tempel in Jerusalem arbeiteten. Jesus war nicht nur das letzte Opfer, sondern auch der letzte Hohepriester, der das Opfer darbringt. Das hat gravierende Folgen. Sie sollten sich jetzt besser hinsetzen.

Sich hinzusetzen bedeutet normalerweise, sich auszuruhen. Wenn Sie sitzen, ist Ihr Gewicht von Ihren Füßen genommen, und Ihre Beine können sich darauf verlassen, dass der Stuhl ihnen die Arbeit abnimmt. Behalten Sie das beim Weiterlesen bitte im Hinterkopf.

Die Priester der Religion Israels, die ihre Pflichten verrichteten, mussten dies im *Stehen* tun. Unter dem alten Bund stand der Priester Tag für Tag vor dem Altar und brachte immer wieder dieselben Tieropfer dar. Die Haltung der Priester sandte der Welt eine Botschaft aus: „Es ist nicht vorbei, liebe Leute. Ihr müsst immer neue Opfer für euch darbringen. Das ist ein fortdauerndes Erlösungssystem. Gewöhnt euch daran."

Aber das Opfer Christi war anders. Ganz anders. „Christus muss nicht – wie die anderen Hohenpriester – an jedem Tag zuerst wegen der eigenen Sünden für sich selbst ein Opfer darbringen, ehe er für sein Volk opfert. Als Jesus Christus am Kreuz für unsere Schuld starb, hat er ein Opfer dargebracht, das ein für alle Mal gilt" (Hebräer 7,27).

Das Opfer Jesu war anders als alle anderen religiösen Opfer, die die Priester aller Zeiten überall darbrachten. Es war das Opfer, das alle Opfer überflüssig machen sollte: Ein für alle Mal und für immer. Warum? Weil Jesus nicht nur ein Lamm oder eine Ziege opferte. Er opferte sich selbst. Das war nicht nur ein *menschliches* Opfer, sondern ein *göttliches Opfer*.

Und nachdem es gebracht war, als alles vorbei war – passen Sie gut auf –, *setzte er sich hin*. „Jesus Christus dagegen hat ein einziges Opfer für alle Sünden gebracht. Jetzt sitzt er für immer auf dem Ehrenplatz an der rechten Seite Gottes" (Hebräer 10,12). Dieses Spiel mit der Haltung im Hebräerbrief hat eine wichtige Bedeutung. Die Priester der Religion *stehen*, Tag für Tag, Opfer für Opfer. Ihre Arbeit ist nie getan. Aber Jesus brachte sich selbst als letztes Opfer dar, einmal und für immer, und dann *setzte er sich*, um auszudrücken: „Es ist vorbei."

Wir brauchen uns keine Gedanken mehr über das nächste Opfer zu machen, die nächste religiöse Pflichtübung oder die nächste gute Tat, die zu tun ist, um sich Gott gewogen zu machen. Das alles ist bereits getan.

Brauchen wir heute noch Priester? Nun, ja – und nein. Wir *brauchen* keine Priester mehr, weil wir selbst Priester *sind*. Der Apostel Petrus sagt, dass alle, die an Jesus glauben, „königliche Priester" (1. Petrus 2,9) sind.[23] Es stimmt: Wenn Sie Jesus nachfolgen, dann sind Sie gerade befördert worden!

Jesus ist also für immer unser Hohepriester, und wir sind mit ihm zusammen Priester. In der westlichen Kultur mögen wir versucht sein, diese Wahrheit des Evangeliums anzuwenden, indem wir sagen: „Das bedeutet doch, dass ich niemanden sonst brauche! Ich bin mein eigener Hohepriester!" Doch in der östlichen Kultur, die viel weniger individualistisch und viel mehr gemeinschaftlich geprägt ist, würde diese Priesterschaft aller Gläubigen einen Menschen verleiten zu sagen: „Ich brauche keinen bezahlten professionellen heiligen Mann, weil ich umgeben bin von Brüdern und Schwestern, die für mich beten und Gottes Wahrheit mit mir teilen können. Und ich kann einer von ihnen sein!" Jetzt können wir uns gegenseitig unsere Sünden bekennen und füreinander beten und Heilung finden von unserer Schuld, Scham und Bitterkeit (siehe Jakobus 5,16). Die Vorstellung der Priesterschaft des ganzen Volkes Gottes sollte uns näher zusammenführen, damit wir als Gemeinschaft mehr von Gott empfangen.

---

23 Dieser Gedanke, dass alle füreinander Priester sind, war das ursprüngliche Ziel Gottes für seine Menschen (vergleichen Sie 1. Petrus 2,9 und Offenbarung 1,6 mit 2. Mose 19,6). In 2. Mose 20,18–21 und 5. Mose 5,25–27 finden wir eine mysteriöse Geschichte darüber, wie Gott zuerst versuchte, seine Zehn Gebote allen Menschen direkt zu offenbaren. Doch die Menschen hatten Angst, darum baten sie Mose, ihr Repräsentant Gott gegenüber zu sein und Gottes Repräsentant für sie.

Der Apostel Petrus schreibt weiter: „Und dienet einander, ein jeder mit der Gabe, die er empfangen hat, als die guten Haushalter der mancherlei Gnade Gottes" (1. Petrus 4,10, Luther 2017). Wir alle sind „Haushalter der Gnade Gottes" füreinander. Wir sind die Kanäle, durch die Gott uns seine Gnade zuteilwerden lässt. Vielleicht brauchen wir keine besonders heilige Klasse von Professionellen, die sich „Priester" nennen, aber wir brauchen eine Gemeinschaft, eine geistliche Familie und authentische Freundschaften. Durch sie wirkt Gott. Mit anderen Worten, vielleicht brauchen wir keine Religion, aber Beziehung brauchen wir auf jeden Fall.

Tempel

Wird Ihnen langsam klar, was geschehen war, als Jesus starb? Durch seine Kreuzigung erfüllte Jesus das ganze religiöse System. Zum Zeitpunkt seines Todes war Jesus: erstens das Lamm, das geopfert wird, zweitens der Priester, der das Opfer darbringt, und drittens sogar der Tempel, in dem die Opfer geschahen. In seinem Leib und durch sein Handeln fasste Jesus das ganze religiöse System seiner Zeit zusammen. Jesus war und tat alles, was die Religion sein und tun wollte.

Religion gedeiht durch heilige Geografie und heilige Architektur. Damit Jesus die Religion nachhaltig überflüssig machen konnte, musste er unsere religiöse Vorstellung, *wo* wir Gott begegnen können, ganz neu justieren. Er musste die Merkmale eines heiligen Ortes und eines heiligen Raumes neu definieren.

In der Religion zur Zeit Jesu war der Tempel ein Ort, in dem die heilige Gegenwart Gottes wohnte und auf ganz besondere Weise erlebt werden konnte. Ja, Gott war allgegenwärtig, aber die Menschen glaubten, dass der Geist Gottes im heiligen Tempel auf einzigartige Weise erlebbar war.

Jesus lehrte die Menschen, dass *er*, nicht irgendein Tempel in Jerusalem oder sonst wo, der Ort ist, wo sie Gott begegnen. Er führte eine gegen die Religion gerichtete Begriffsveränderung ein, die die Welt für immer verändern sollte. Der Apostel Johannes berichtet von einem Gespräch, das Jesus mit religiösen Führern seiner Zeit vor dem Tempel führte. Er sagte zu ihnen: „Zerstört diesen Tempel! In drei Tagen werde ich ihn wieder aufbauen" (Johannes 2,19). Die religiösen Führer dachten, Jesus meinte tatsächlich den prächtigen Tempel in Jerusalem und taten seine Aussage als unsinnig ab, doch dann erklärt Johannes: „Mit dem Tempel aber meinte Jesus seinen eigenen Körper" (Johannes 2,21).

Verstehen Sie? Jesus sagt hier, dass *er* – nicht irgendein Gebäude – der heilige Raum ist, in den wir eintreten, um Gottes Geist zu begegnen und zu erleben. Das verändert alles. Wir brauchen kein bestimmtes Gebäude, keine Kathedrale, keinen Tempel, Schrein und kein Heiligtum, um die Gegenwart Gottes zu erleben.[24]

Aber wie „kommen wir zu Jesus" als unserem Tempel heute, wenn er bereits seit zweitausend Jahren auf diesem Planeten nicht mehr physisch anwesend ist?

Sie wissen ja, dass ein Tempel der Ort ist, wo Gottes Geist auf einzigartige Weise wohnt. Als Jesus physisch noch anwesend war auf der Erde, erhob er den Anspruch, Gottes Tempel zu sein, aber er führte auch noch eine weitere gegen die Religion gerichtete Begriffsveränderung ein: Als er die Erde verließ, versprach er, dass seine Nachfolger wie der Leib Christi werden und dieselbe Erfahrung machen würden, dass der heilige Geist Gottes zu ihnen

---

24 Zur Zeit Jesu war eine biblische Religion ohne Tempel, Priester und Opfer undenkbar. Im Jahr 70 nach Christus jedoch schlugen die Römer mit aller Härte eine Rebellion der Juden nieder und zerstörten den Tempel in Jerusalem. Er wurde nicht wieder aufgebaut, und auch die Opfer sind seither ausgesetzt. Innerhalb von nur einer Generation nach Jesus fand das Opfersystem im Tempel ein Ende, genau wie Jesus vorhergesagt hatte (siehe Matthäus 24; Markus 13; Lukas 21).

kommen würde, dass Gott persönlich gegenwärtig wäre (Johannes 15,26; 16,12–15; 17,26; Apostelgeschichte 1,8).

Heute sagen Menschen oft Dinge wie: „Mein Körper ist ein Tempel." (Nun, Menschen mit einem Körper wie *meinem* sagen das nicht so oft, aber Sie verstehen schon.) Dieser Gedanke ist abgeleitet von der gegen die Religion gerichteten Lehre Jesu und sollte mehr sein als eine Werbung für gesunde Ernährung und regelmäßige Selfies nach dem Training im Fitnessstudio. Die ersten Christus-Nachfolger gingen über die Vorstellung, dass eine Person der Tempel Gottes ist (wie in 1. Korinther 6,19), hinaus zu einer eher auf Beziehung angelegten Sichtweise des Tempels Gottes. Die frühe Kirche sprach davon, dass wir *gemeinsam* einen organischen, in Beziehung stehenden und revolutionären „Leib Christi" bilden (1. Korinther 12; Epheser 4,15–16), der tatsächlich ein vereinter Tempel Gottes ist (z. B. 1. Korinther 3,16; 2. Korinther 6,16; Epheser 2,21–22).

Jesus selbst sagte: „Denn wo zwei oder drei in meinem Namen zusammenkommen, bin ich in ihrer Mitte" (Matthäus 18,20). Das ist Tempelsprache. Es bedeutet nicht, dass Jesus nicht bei uns ist, wenn wir allein sind, aber dass wir in Gemeinschaft seine persönliche Gegenwart viel tiefer erleben können.

Der Apostel Petrus fasst unsere areligiöse Identität in Christus folgendermaßen zusammen: „Lasst auch ihr euch als lebendige Steine zu einem geistlichen Haus aufbauen. Dann könnt ihr Gott als seine Priester dienen und ihm Opfer darbringen, die der Heilige Geist in eurem Leben gewirkt hat. Weil ihr zu Jesus Christus gehört, nimmt Gott diese Opfer an" (1. Petrus 2,5). Ich liebe diesen Vers. Wir alle sind „lebendige Steine", die das Gebäude von Gottes neuem Tempel bilden, in dem wir als Priester einander dienen und geistliche Opfer bringen durch die Art, wie wir einander dienen und uns in Liebe begegnen.

Alle Säulen der alten Religion sind nun zusammengefasst in der Beziehungsdynamik des Volkes Gottes, das in Gemeinschaft zusammenlebt und sich gegenseitig Liebe erweist. Das bedeutet, dass der heiligste Ort auf diesem Planeten kein heiliges Gebäude oder eine heilige Stätte religiöser Pilgerschaft ist.

Der heiligste Raum auf dem Planeten ist der Raum zwischen Ihnen und mir, wenn wir einander lieben, wie Jesus uns liebt.

Rituale

Jakobus, der Halbbruder Jesu, ist die einzige Person in der ganzen Bibel, die das Wort *Frömmigkeit* oder *Religion* in einem uneingeschränkt positiven Sinne verwendet, wenn er schreibt: „Witwen und Waisen in ihrer Not zu helfen und sich vom gottlosen Treiben dieser Welt nicht verführen zu lassen – das ist wirkliche Frömmigkeit, mit der man Gott, dem Vater, dient" (Jakobus 1,27).

Aber erkennen Sie, was hier geschehen ist? Jakobus spricht über reine Frömmigkeit als einen Lebensstil, der verwurzelt ist in Liebe, und bereit, wenn nötig, auch kulturelle Grenzen zu überschreiten. Für Jakobus (und auch Jesus) sind die heiligen Orte, Menschen und Abläufe, die zu einer typischen Weltreligion gehören, nicht von Bedeutung.

Das Wort für Religion oder Frömmigkeit, das Jakobus hier verwendet, ist *threskeia*. Es kann eine positive oder negative Bedeutung haben. *Threskeia* bezieht sich in erster Linie auf die äußeren Verhaltensmerkmale einer Religion, dazu gehören auch die Zeremonien und Rituale.

Jakobus will in diesem Vers also ausdrücken, dass die religiösen Rituale der Christus-Nachfolger andere sind als die Einhaltung religiöser Liturgien, die Teilnahme an religiösen Gottesdiensten, Pilgerreisen, die Einhaltung bestimmter religiöser Festtage oder das Herunterleiern bestimmter Gebete zu festgelegten Tageszeiten in einer bestimmten Haltung und mit Blick in eine bestimmte Richtung. Unsere Rituale sind vielmehr gelebtes Erbarmen, Freundlichkeit und Mitgefühl, und der Mut, uns nicht von unserer Umwelt bestimmen zu lassen. Mit anderen Worten, *unsere Religion ist die Liebe*.

Jesus verändert unsere Vorstellung von religiösen Ritualen. Ein heiliges Leben zu führen, das vollkommen von der Liebe bestimmt ist – das ist unser „Ritual".

Aber was ist mit unseren christlichen Traditionen wie Taufe und Eucharistie (oder Abendmahl, wie andere Christen es nennen)?

In diesem Zusammenhang ist die *Gnade* ein zentraler Begriff. Christus-Nachfolger folgen keinen Ritualen, um sich etwas zu verdienen, das sie bereits geschenkt bekommen haben. Bestimmte Traditionen sollen uns an das *erinnern, was bereits unser ist*. Diese greifbaren Erinnerungen dienen nicht dem Zweck, Gnade zu empfangen, sondern sind eine Möglichkeit, uns über die Gnade zu freuen, die wir bereits empfangen haben. Das ist ein ganz wesentlicher Unterschied.

Die Taufe rettet uns nicht, reinigt uns nicht und nimmt auch unsere Sünde nicht weg. Aber sie erinnert uns daran, dass wir bereits rein gewaschen sind, dass uns Vergebung zugesprochen wurde und wir in ein neues Leben hineingeboren wurden durch Gottes Geschenk der Gnade. Die Eucharistie gibt uns nicht mehr von Gottes Gnade, als wir bereits empfangen haben. Aber sie erinnert uns daran, dass Jesus uns geliebt hat bis zum Tod, und an unser Privileg, Christi Liebe in uns empfangen zu können. Das ist das Schöne an der Tradition – wir inszenieren ein geistliches Bühnenstück, nehmen „den Körper und das Blut Christi" in unseren Körper auf, die uns in Erinnerung rufen sollen, dass wir das Leben und das Wesen Jesu in unseren Seelen bereits empfangen haben. „Feiert dieses Mahl immer wieder und denkt daran, was ich für euch getan habe" (Lukas 22,19; 1. Korinther 11,24–25), und das tun wir: Nicht um nach etwas zu streben, das wir nicht besitzen, sondern um uns an das zu erinnern, was wir bereits empfangen haben.

Rituale bewirken nichts, aber sie können unser Bewusstsein schärfen für das, was wahr ist.

Regeln

Kinder brauchen Regeln und Routinen, damit Liebe ihre innere Triebkraft wird und sie in die Lage versetzt werden, in jeder Situation kluge Entscheidungen treffen zu können. Regeln sind wie moralische Stützräder, die uns so lange in der Balance halten, dass unser Geist sich entwickelt und unsere Herzen lernen.

Und so gab Gott dem Menschen für eine gewisse Zeit einen Bund der Regeln, Vorschriften, Rituale und Routinen, während die Menschheit erwachsen wurde – eine Lebensform, die kleine Kinder brauchen. Die Religion zur Zeit Jesu basierte auf Regeln. Durch Mose hatte Gott das Gesetz gegeben: Einen Moralkodex, der zwar auf den Zehn Geboten aufgebaut, aber nicht darauf begrenzt war. Das Gesetz sollte dem Volk Gottes eine Zeit lang dienen, aber es war niemals Gottes Ideal, und es diente niemals dem Zweck, uns die Fülle des Herzens Gottes zu zeigen. Dazu brauchten wir Jesus: „Durch Mose gab uns Gott das Gesetz mit seinen Forderungen, aber nun ist uns durch Jesus Christus seine Gnade und Wahrheit begegnet" (Johannes 1,17; siehe auch Hebräer 7,18–19; Römer 3,21). Der alte Bund wirkte von außen nach innen. Er war wie ein Außenskelett, das uns helfen sollte, uns in die richtige Richtung zu bewegen. Er war nicht schlecht, aber von Anfang an nicht auf Dauer angelegt. Dieses an Gesetzen ausgerichtete Leben sollte immer nur eine Art Stützgurt sein, der uns Orientierung gibt, bis wir bereit wären für die Freundschaft mit Gott (siehe Galater 3,23–4,7).

Als die Zeit erfüllt war, half uns Gott durch Jesus, erwachsen zu werden. Jesus machte seine Nachfolger mit einer neuen Liebesethik bekannt, die ihre alte Gesetzesethik ablösen sollte, und in der Bibel lesen wir, dass Gott das von Anfang an für die Menschheit im Sinn gehabt hatte.

Aber zuerst musste Gott den alten Bund der Gesetze sozusagen zu Tode bringen. Und genau das geschieht in der Kreuzigung Jesu. Der Apostel Paulus beschreibt den Tod Jesu als das Ende des Gesetzes: Durch Jesu Sterben „hat er das jüdische Gesetz mit seinen zahlreichen Geboten und Forderungen außer Kraft gesetzt. ... Christus ist für alle Menschen am Kreuz gestorben" (Epheser 2,15–16; siehe auch Kolosser 2,13–14).

Jahrhunderte vor Jesu Geburt hatte Gott diesen Teil seines Plans durch die Propheten, zum Beispiel Jeremia, offenbart. Hier erkennen wir die Hoffnung eines „neuen Bundes", einer neuen Art der Beziehung. Jeremia schrieb:

> „So spricht der Herr: Es kommt die Zeit, in der ich mit dem Volk Israel und dem Volk von Juda einen neuen Bund schließe. ... Der neue Bund, den ich dann mit dem Volk Israel schließe, wird ganz anders aussehen: Ich schreibe mein Gesetz in ihr Herz, es soll ihr ganzes Denken und Handeln bestimmen. Ich werde ihr Gott sein, und sie werden mein Volk sein. ... Ich vergebe ihnen ihre Schuld und denke nicht mehr an ihre Sünden" (Jeremia 31,31–34).

Ein neuer Bund. Eine neue Art der Beziehung untereinander, des Zusammenspiels von Vergebung und Vergessen, damit wir unsere Sünde hinter uns lassen und einen neuen Anfang wagen können. Was für eine gute Nachricht!

Gottes Top Ten

„Aber die Zehn Gebote haben doch immer noch Gültigkeit", lautet der Protest von einigen religiösen Leuten. „Gott hat sie mit seinem Finger auf Steintafeln geschrieben! Deshalb müssen wir sie als wichtigste Leitschnur für unser Leben behalten." Dieses Gefühl teilen wir mit vielen Christen, aber sie scheinen zu vergessen, dass die Zehn Gebote Teil des alten Bundes sind.

Religiöse Christen wollten so gern an dem Bund festhalten, indem sie die Meinung vertreten, das Gesetz des Alten Testaments (das sich aus 613 Vorschriften zusammensetzt) sei in drei Kategorien aufgeteilt – die zivilen, zeremoniellen und moralischen Gesetze. Zwei davon seien aufgehoben, aber eines hätte nach wie vor Gültigkeit. Das zivile Gesetz, in dem das Zusammenleben des Volkes Israel geregelt ist, habe für uns heute keine Gültigkeit, so die Argumentation, da wir in unterschiedlichen Ländern mit unterschiedlichen Führungsstrukturen leben würden (z. B. Demokratie statt Theokratie). Das zeremonielle Gesetz, die Vorschriften für die religiösen Zeremonien des alten Judaismus, hätten für uns ebenfalls keine Gültigkeit mehr, da in diesem Gesetz in erster Linie die Reinheitsvorschriften und das Opfersystem geregelt sei. Jesu Opfer am Kreuz hat diese Vorschriften bedeutungslos werden lassen. Doch Gottes Moral- oder Ethikgesetz, das Gesetz, das uns lehrt, wie wir leben sollen, habe immer noch Gültigkeit, weil alle Menschen aller Länder und Ethnien und aller Zeiten nach Gottes moralischen Wertmaßstäben leben sollten. Und was sie nicht sagen: Die Zehn Gebote fallen natürlich in diese Kategorie, die noch Gültigkeit besitzt.

Dieses Schema ist in sich stimmig, und es scheint nachvollziehbar zu erklären, warum Christen einige Teile der Bibel in ihrem Leben so gern umsetzen und andere nicht. Aber da gibt es ein Problem: Das Gesetz des Alten Testaments lässt sich nicht so eindeutig in Kategorien einteilen. Durch Mose präsentierte Gott das Gesetz des alten Bundes als einen Handel, bei dem es um alles oder nichts ging. Und selbst die Christen, die behaupten, dass das moralische Gesetz, wie zum Beispiel die Zehn Gebote, noch Gültigkeit besitze und befolgt werden müsste, neigen dazu, das vierte Gebot (den Sabbat, also den Samstag, zu heiligen) zu ignorieren. Die meisten Christen schließen sich der Führung der frühen Kirche an und feiern ihre Gottesdienste am Sonntag. Das ist ein schöner Schlamassel, wie Laurel zu Hardy zu sagen pflegte.

Als Jesus den neuen Bund einführte – Gottes neuen Weg der Beziehung zu uns direkt durch Jesus und seinen Heiligen Geist –, trat er ein in eine neue Ära der Liebe als Leitprinzip. Das Gesetz war dadurch überholt. Darum nennt einer der Schreiber des Neuen Testaments das Alte Testament und eben auch die Zehn Gebote den „Dienst im alten Bund, der auf dem in Stein gemeißelten Gesetz beruhte" (2. Korinther 3,7). Im selben Abschnitt lesen wir, dass Gottes Wille „nicht mit Tinte, sondern mit dem Geist des lebendigen Gottes" geschrieben ist, „nicht auf steinerne Gesetzestafeln wie bei Mose, sondern in menschliche Herzen" (2. Korinther 3,3). Nicht einmal die Zehn Gebote, der einzige Teil des alttestamentlichen Gesetzes, der auf Stein geschrieben war, kann das, was Gott durch Jesus für uns getan hat, ergänzen.

Wie Sie sich vorstellen können, hat dieser Gedanke der Annullierung, des Ungültig-Machens des Alten, weitreichende Auswirkungen auf die Art, wie Christen die Bibel lesen. Obwohl wir *in der Bibel* Jesus besser kennenlernen, würde der Jesus, von dem wir *in der Bibel* lesen, es nicht befürworten, *der Bibel zu folgen*. In der Bibel erfahren wir vom Versagen des Alten und der Schönheit des Neuen, das Jesus gebracht hat, der sagte: „Folgt mir."

Liebe versus Gesetz

Einer der frühen Christus-Nachfolger, der Apostel Paulus, wusste aus eigener Erfahrung, wie es war, wenn man versuchte, dem alten Weg des Buchstabens des Gesetzes zu folgen. Als führender Religionsgelehrter seiner Zeit hatte Paulus sein Leben dem Ziel geweiht, nach dem Gesetz des Mose zu leben und anderen dabei zu helfen, seinem Beispiel zu folgen. Seine Schlussfolgerung? Vom Gesetz bestimmtes Leben hat den Vorteil, dass man sofort weiß, was richtig und falsch ist, aber es gelingt nicht, das Herz auf den Weg der Liebe einzustimmen.

Paulus schrieb:

> „Von Natur aus waren wir einst der Gewalt der Sünde ausgeliefert und wurden von unseren selbstsüchtigen Wünschen beherrscht. Durch das Gesetz wurde die Sünde in uns erst geweckt, so dass wir taten, was letztendlich zum Tod führt. Aber jetzt sind wir nicht länger an das Gesetz gebunden, sondern von ihm befreit, denn für das Gesetz sind wir tot. Deswegen können wir Gott durch seinen Heiligen Geist in einer völlig neuen Weise dienen

und müssen es nicht mehr wie früher durch die bloße Erfüllung toter Buchstaben tun" (Römer 7,5–6).

Selbstsüchtige Wünsche, die durch das Gesetz geweckt wurden? So sieht ein Leben nach dem Buchstaben des Gesetzes aus. In demselben Abschnitt spricht Paulus davon, dass ein Mensch, dem gesagt wird, er solle nicht begehren (das letzte der Zehn Gebote), um so mehr begehrt! Nachfolgend noch einige Beispiele dafür, dass vom Gesetz bestimmtes Leben nicht das Beste in uns hervorbringt:

Wenn Sie in einem Aufzug der Wand ein Schild entdecken mit der Aufschrift: „Frische Farbe – nicht berühren", was würden Sie am liebsten tun?

Als Tagesstätten begannen, Strafgelder zu verhängen für Eltern, die ihre Kinder zu spät abholen, verspäteten sich noch mehr Eltern.

Wenn ein achtzehn Monate altes Kleinkind beobachtet, dass ein Erwachsener etwas fallen lässt, wird es das innerhalb von fünf Sekunden aufheben und zurückgeben. Wenn Sie in der Wiederholung des Experiments aber das Kleinkind belohnen, wird die Tendenz der spontanen Freundlichkeit *abnehmen*.

Bei der Bostoner Feuerwehr gab es über Jahre hinweg unbegrenzte Krankheitstage, trotzdem nahmen die Feuerwehrleute nur die Krankheitstage, die sie brauchten. Doch dann führte die Feuerwehr eine Begrenzung auf fünfzehn Krankheitstage pro Jahr ein, und Gehaltsabzüge bei längerer Krankheitszeit, und raten Sie, was im folgenden Jahr passierte. Sie erkennen das Muster. Die Zahl der Feuerwehrleute, die sich während Feiertagen wie zum Beispiel Weihnachten krank meldete, *steigerte* sich – um das Zehnfache![25]

---

25 Diese letzten drei Beispiele sind entnommen aus David Brooks, „The Power of Altruism", New York Times, 8. Juli 2016, http://www.nytimes.com/2016/07/08/opinion/the-power-of-altruism.html?_r=0.

Und zuletzt, wenn Ihnen auf der Schnellstraße eine Geschwindigkeitsbegrenzung entgegenlacht, welches ist Ihr Ziel? Wenn es Ihnen geht wie mir, dann ist Ihr Ziel herauszufinden, um wie viel Sie die Geschwindigkeitsbegrenzung überschreiten können, ohne Schwierigkeiten zu bekommen.

Alle diese Beispiele machen eines deutlich: Gebote und Verbote und die damit verbundenen Belohnungen und Strafen wecken in uns nicht den *Wunsch*, uns besser zu benehmen. Man hat den Eindruck, dass der Weg des Gesetzes unsere moralische Motivation zu einem vertragsgemäßen Arrangement mit Systemen dämpft und keinen Anreiz bietet zu einer liebevollen Aufmerksamkeit anderen Menschen gegenüber.

Als unsere Familie Urlaub in Deutschland machte, hatte ich zum ersten Mal Gelegenheit, auf der Autobahn zu fahren. Die Autobahn ist vielen vor allem aus einem Grund bekannt – es gibt keine generelle Geschwindigkeitsbeschränkung. Das sollte eine ganz neue Erfahrung für mich werden, und ich freute mich darauf, meine Grenzen auszutesten. (Was leider überschaubar blieb, da wir mit einem gemieteten Wohnmobil unterwegs waren.)

Als wir zum ersten Mal auf die Autobahn auffuhren, beugte sich Nina zu mir herüber und raunte mir zu: „Vergiss nicht, dass du deine Familie liebst." Während ich beschleunigte, passierte etwas Seltsames. Mir fiel auf, dass ein ganz neuer Gedanke in mir aufkeimte: Ich fragte mich, wie schnell noch sicher wäre. Zum ersten Mal in meinem Leben überlegte ich, wie schnell ich fahren *sollte*, und nicht, wie schnell ich fahren *durfte*.

Liebe bewirkt ein Denken, wie es das Gesetz niemals hervorbringen kann. Der neue Bund hebt das Gesetz auf und schafft Raum für die Liebe als bestimmende Kraft.

Natürlich reden wir hier nicht nur über eine Veränderung im Fahrverhalten. Im Israel des ersten Jahrhunderts bedeutete die Aufhebung des Gesetzes das Außerkraftsetzen der Religion. Und eine solche Lehre konnte einem Menschen den Tod bringen.

Da wir von Gnade sprechen: Paulus

Bisher haben wir uns in diesem Kapitel auf die Aspekte der Religion konzentriert, die Jesus durch neue ersetzt, verändert oder einfach zu einem Ende bringt. Wir wollen uns jetzt mit ihren gegen die Religion gerichteten Auswirkungen beschäftigen und uns dabei auf ein Wort konzentrieren, das alles sehr gut zusammenfasst. Wir werden uns einen Abschnitt des Apostels Paulus anschauen und anschließend eine Geschichte, die Jesus erzählt hat.

Sie wissen ja, dass die Religion von einem fortdauernden Problem profitiert: unserem Wunsch, von Sünden befreit zu werden, oder schlechtes Karma abzuarbeiten oder negative Energie zu vertreiben oder in Ordnung zu bringen, was immer die Religion als Hürde erkennt, die es zu überwinden gilt. Religion ist ein Kreis geistlicher Co-Abhängigkeit zwischen uns und dem System unserer Wahl.

Aber nachdem Gott ein für alle Mal unsere Sünde weggenommen hat, bleibt für die Religion nichts mehr zu tun. In der Bibel werden Christus-Nachfolger daran erinnert, dass sie nicht mehr zu dem alten Weg der Religion zurückkehren müssen. Sie sind wahrhaft frei.

Dieser gegen die Religion gerichtete Gedanke, dass Gott für uns tut, was die Religion gern tun würde, aber nicht zu tun vermag, ist in einem unglaublichen Wort zusammengefasst, dem Wort *Gnade*. Sie erinnern sich, dass Gnade einer unserer aussichtsreichsten Kandidaten bei unserem Wettbewerb „Evangelium in einem Wort" war, und Ihnen ist sicher auch aufgefallen, dass dieses Wort bisher immer wieder vorkam. Das ist so, weil es einfach unmöglich ist, über das Evangelium zu reden, ohne diesen radikalen und extrem gegen die Religion gerichteten Begriff mit einzubeziehen. Gnade bedeutet Geschenk – Gottes Geschenke des Lebens, der Vergebung, der Freiheit, der Intimität, der Freude, des

Friedens, der Zufriedenheit, der Erlösung und alles andere, was die Religion verspricht, aber nicht bieten kann.

Der Apostel Paulus schrieb an seinen Freund Timotheus über die alles umfassende Macht der Gnade:

> „Er hat uns gerettet und uns dazu berufen, ganz zu ihm zu gehören. Nicht etwa, weil wir das verdient hätten, sondern aus Gnade und freiem Entschluss. Denn schon vor allen Zeiten war es Gottes Plan, uns in seinem Sohn Jesus Christus seine erbarmende Liebe zu schenken. Das ist jetzt Wirklichkeit geworden, denn unser Retter Jesus Christus ist gekommen. Und so lautet die rettende Botschaft: Er hat dem Tod die Macht genommen und das unvergängliche Leben ans Licht gebracht" (2. Timotheus 1,9–10).

Beachten Sie vier Dinge in diesem Abschnitt:

Erstens, Gott *hat uns bereits gerettet*. Wir brauchen uns nicht für etwas abzustrampeln, das wir bereits besitzen.

Zweitens, wir sind aufgefordert, ein *heiliges* Leben zu führen. Das Wort *heilig* bedeutet, abgesondert zu sein, anders. Heilig bedeutet, dass wir nicht versuchen müssen, uns anzupassen. Und der Weg der Gnade ist ganz bestimmt anders.

Drittens, diese Gnade war schon immer Teil von Gottes Plan, schon *vor allen Zeiten*, aber diese Gnade wartete, bis Jesus vollkommen wahrgenommen wurde.

Viertens, *Jesus* steht im Mittelpunkt der Gnade. In einem anderen Brief schreibt Paulus: „Denn Gottes Gnade ist sichtbar geworden, mit der er alle Menschen retten will" (Titus 2,11). In Jesus hat Gottes Gnade Gestalt angenommen, wurde für alle sichtbar, greifbar und zuordenbar.

Paulus war begeistert von der Gnade. Er liebte das Evangelium der Gnade und nutzte jede Gelegenheit, die radikale und gegen die Religion gerichtete Vorstellung zu verbreiten und zu verteidigen, dass Gott uns direkt schenkt, was die Religion nicht bieten kann.

In einer bekannten Stelle schreibt Paulus: „Der Lohn, den die Sünde auszahlt, ist der Tod. Gott aber schenkt uns in der

Gemeinschaft mit Jesus Christus, unserem Herrn, ewiges Leben" (Römer 6,23). Was für Gegensätze! Das Leben wird dem Tod gegenübergestellt, was durchaus nachvollziehbar ist. Aber in einer verblüffenden irreligiösen Wende wird dem Lohn das Geschenk des ewigen Lebens gegenübergestellt. Im Wesentlichen sagt Paulus hier: „Wenn Sünde eine Arbeitsstelle wäre, an der du jeden Tag hart gearbeitet hättest, dann wäre der Lohn, den du verdient hättest, deine Bezahlung am Zahltag, der Tod!" Aber beachten Sie, dass Gott Sie nicht auffordert, die Stelle zu wechseln, um für ihn zu arbeiten, damit Sie sich das Leben *verdienen*. Paulus sagt nicht: „Der Lohn, den die Sünde auszahlt, ist der Tod, aber der Lohn der Arbeit für Gott ist das ewige Leben." Nein! Das wäre der Weg der Religion. Durch Jesus *schenkt* Gott Ihnen das Leben als ein Geschenk der Gnade.

Wenn Gnade wahr ist, dann können wir aus eigener Kraft nicht auf Gottes Seite gelangen. Wir dürfen in dem Wissen ausruhen, dass Gott für uns ist, nicht gegen uns. Das zeigt er durch Jesus, der die Menschheit bis zum Tod geliebt hat, und der auferstanden ist, um uns Vergebung zuzusprechen, sogar dafür, dass wir ihn getötet haben.

Die Religion quält uns ständig mit der Frage, was nach unserem Tod passieren wird. Wird Gott uns hart richten? Haben wir genügend gute Taten angesammelt, um unseren karmischen Kreislauf zu durchbrechen? Oder müssen wir zurückkehren und noch mehr leiden? Müssen wir in die Hölle gehen? Werden wir detailliert abgeurteilt, werden alle unsere Sünden aufgelistet?

Gnade sagt, dass wir nicht bis zum Gerichtstag zu warten brauchen, um zu erfahren, wie es für uns laufen wird. Weil Gott uns ewiges Leben als Geschenk gegeben hat, hier und jetzt, können wir zuversichtlich in die Zukunft gehen als Menschen, die *bereits* erlöst *sind*, die gerechtfertigt *sind* und deren Beziehung zu Gott geheilt *ist*.

Thema Gnade: Jesus

Von Jesus heißt es, dass er "voller Gnade" war (Johannes 1,14) und Gottes sichtbar gewordene Gnade (siehe Titus 2,11), aber an keiner Stelle wird berichtet, dass Jesus selbst das Wort *Gnade* jemals in den Mund genommen hätte. Deswegen denken die Menschen manchmal, Gnade sei ein Begriff, den der Apostel Paulus und andere Leiter der ersten Gemeinde erfunden hätten. Diese Denkweise übersieht etwas Entscheidendes: In seinen Geschichten und Beziehungen hat Jesus immer wieder die Gnade gelehrt und vorgelebt. Er brauchte das Wort selbst nicht in den Mund zu nehmen, weil er es Tag für Tag lebte.

In einem der Gleichnisse, die ich ganz besonders liebe, geht es um die Gnade:

> Am Ende wird es in Gottes himmlischem Reich so sein wie bei einem Grundbesitzer, der frühmorgens in die Stadt ging und Arbeiter für seinen Weinberg anwarb. Er einigte sich mit ihnen auf den üblichen Tageslohn und schickte sie in seinen Weinberg.
>
> Gegen neun Uhr morgens ging er wieder zum Marktplatz und sah dort noch einige Leute stehen, die keine Arbeit hatten. "Geht auch ihr in meinen Weinberg", sagte er zu ihnen. "Ich werde euch angemessen dafür bezahlen." Und so taten sie es.
>
> Zur Mittagszeit und gegen drei Uhr nachmittags machte sich der Mann erneut auf den Weg und stellte weitere Arbeiter ein. Als er schließlich um fünf Uhr ein letztes Mal zum Marktplatz kam, fand er dort immer noch ein paar Leute, die nichts zu tun hatten. Er fragte sie: "Warum steht ihr hier den ganzen Tag untätig herum?"
>
> "Uns wollte niemand haben", antworteten sie.
>
> "Geht doch und helft auch noch in meinem Weinberg mit!", forderte er sie auf.
>
> Am Abend beauftragte der Besitzer des Weinbergs seinen Verwalter: "Ruf die Arbeiter zusammen und zahl ihnen den Lohn aus! Fang bei den letzten an und hör bei den ersten auf!"
>
> Zuerst kamen also diejenigen, die gegen fünf Uhr eingestellt worden waren, und jeder von ihnen erhielt den vollen Tageslohn. Dann traten die vor, die schon früher mit der Arbeit begonnen

hatten. Sie meinten, sie würden nun mehr bekommen, aber auch sie erhielten alle nur den vereinbarten Tageslohn. Da beschwerten sie sich beim Grundbesitzer: „Die Leute, die du zuletzt eingestellt hast, haben nur eine Stunde gearbeitet, und du zahlst ihnen dasselbe wie uns. Dabei haben wir uns den ganzen Tag in der brennenden Sonne abgerackert!"

„Mein Freund", entgegnete der Grundbesitzer einem von ihnen, „ich tue dir doch kein Unrecht! Haben wir uns nicht auf diesen Betrag geeinigt? Nimm dein Geld und geh! Ich will nun einmal auch dem Letzten genauso viel geben wie dir. Darf ich mit meinem Besitz denn nicht machen, was ich will? Oder bist du neidisch, weil ich so großzügig bin?"

Ebenso wird es einmal bei Gott sein: Dann werden die Letzten die Ersten sein, und die Ersten die Letzten (Matthäus 20,1–16).

Vier Dinge fallen bei diesem Gleichnis auf. Erstens, beachten Sie, dass Jesus sagte, dies sei eine Geschichte über „Gottes himmlisches Reich" oder „das Reich Gottes", wie er es häufig nannte. Gottes Reich ist ein Reich der Gnade.

Zweitens, der Grundbesitzer, der in dieser Geschichte für Gott steht, sucht für seine Arbeit ganz gewöhnliche Arbeiter. Paulus nannte uns „Mitarbeiter Gottes" (2. Korinther 6,1). Gott möchte, dass Sie sich seiner Sache anschließen, dass Sie für ihn tätig werden. Wir sollen nicht nur Zuschauer sein, Cheerleader oder Menschen, die ihn loben und preisen, während er die ganze Arbeit tut. Er wünscht sich Partner, Mitarbeiter und Weltveränderer, die mit ihm zusammenarbeiten.

Drittens, der Grundbesitzer wählt seine Arbeiter auf der Grundlage der Gnade aus. Qualifikation ist kein entscheidendes Kriterium für ihn. Die einzige Qualifikation, falls wir es denn überhaupt so nennen können, ist, dass Sie dabei sind: dass Sie ja sagen. Der Grundbesitzer wählt nicht die größten und besten aus, die jüngsten und stärksten. Er wählt, wer immer Arbeit benötigt und bereit ist, zu arbeiten. Gott gefällt es nicht, wenn Menschen ihr Leben vergeuden, wo sie doch große Dinge bewirken könnten.

Viertens, der Grundbesitzer ist erstaunlich großzügig bei der Bezahlung. Er geht weit über das, was fair wäre, hinaus ins außergewöhnlich, übermäßig Freundliche. Seine Gnade ist so groß, dass sie alle Grenzen des normalen geschäftlichen Umgangs miteinander sprengt. Er scheint den Verstand verloren zu haben, wie der verwandelte Ebenezer Scrooge am Weihnachtsmorgen. Tatsächlich ist er so freundlich, dass einige Leute sich ärgern.

Aber beachten Sie, warum die Arbeiter verärgert sind. Nicht weil Gott ein Geizkragen oder Tyrann ist, und nicht, weil er zu fordernd oder verurteilend ist. Die Leute ärgern sich, weil er zu freundlich ist! Jesus will ausdrücken, dass Gott so liebevoll, so gnädig, so großzügig ist, dass er, setzte man ihn in einen menschlichen Zusammenhang, verrückt vor Freundlichkeit erschiene.

Wenn Sie sehr religiös sind und lange und für eine Art geistliche Belohnung hart gearbeitet haben, könnte diese irrationale Gnade Sie verärgern. Für einen religiösen Führer, der ein System verwaltet, in dem sich die Menschen ihre himmlische Belohnung erarbeiten müssen, könnte diese Lehre bedrohlich erscheinen, weil sie sein gegenwärtiges System der Erlösung infrage stellt. Genau das hat Jesus erlebt: Die religiösen Führer seiner Zeit fühlten sich durch seine Botschaft der Gnade so stark bedroht, dass sie sich zusammentaten, um ihn hinrichten zu lassen.

Wenn wir das Evangelium also so definieren, dass Gott verrückt ist vor Freundlichkeit und radikal in seinem Bemühen, keinen Menschen auszuschließen – und dass er nicht davor zurückscheut, sogar die religiösen Konservativen zu verärgern –, dann sind wir auf der richtigen Spur.

Der werden, der Sie tatsächlich sind

Hätten Sie nicht auch zu gerne die Chance, Ihr Leben noch einmal zu beginnen? Die Unschuld der Jugend zu besitzen, ohne die Weisheit des Alters zu verlieren? Auf die Gefahr hin, dass das jetzt wie ein Werbeslogan für Hautcreme klingt – das ist jetzt möglich!

Jesus sprach davon, dass das Leben mit ihm ein ganz neuer Anfang ist, als wäre man in ein ganz neues Leben hineingeboren und hätte eine vollkommen neue Identität bekommen (siehe Johannes 3,1–17). Der Vorteil ist, dass Sie lernen können, wie ein neuer Mensch zu *leben* und zu *lieben*, wenn Sie erkennen, dass Sie tatsächlich ein neuer Mensch *sind*. Und die erste Gemeinde nahm ihn beim Wort.

Einer Gruppe Christen, die den Blick für ihre neue, von Gott geschenkte Identität verloren hatte und zu ihrem alten Leben der Sünde und Selbstsucht zurückgekehrt war, schickte der Apostel Paulus eine lange Liste von Sünden, denen sie nicht abgeneigt waren, und fügte hinzu: „Und das sind einige von euch gewesen. Aber jetzt sind eure Sünden abgewaschen. Ihr gehört nun ganz zu Gott; durch unseren Herrn Jesus Christus und durch den Geist unseres Gottes seid ihr freigesprochen" (1. Korinther 6,11). Hier fällt die Vergangenheitsform auf.

Wenn wir ja zu Jesus sagen, definieren wir uns nicht mehr über unser Versagen in der Vergangenheit. Wir definieren uns auch nicht über unser Versagen in der Gegenwart. Wenn wir wieder mal versagt haben, dann folgt darauf nicht, dass wir einander richten und verdammen, sondern uns gegenseitig daran erinnern, wer wir waren – und noch besser, wer wir tatsächlich *sind*. Unsere Vergangenheit mag uns weiter anlügen und uns vorgaukeln, wir seien gar nicht besser als die Gesamtsumme unserer Fehler. Aber durch eine regelmäßige Erneuerung unseres Geistes durch das Evangelium, durch die Erinnerung an unsere Taufe und durch die wiederholte Feier des Abendmahls können wir uns wieder neu vor Augen stellen, wer wir tatsächlich sind.

Die christliche Religion

Aber was ist nun mit unserer ursprünglichen Frage? Wenn Jesus gekommen ist, um die Religion zu entmachten, warum hat er dann eine der größten Weltreligionen begründet? Die schnelle Antwort lautet: Das hat er gar nicht. Wir waren das.

Wir Menschen neigen dazu, den Glauben zu systematisieren und das System dann anzubeten. Unsere schwachen Herzen sind der Götzenanbetung zugeneigt, weil sie konkret, vorhersehbar und unmittelbar ist. Obwohl das Volk Israel Gottes Wunder gesehen und Gottes Stimme gehört hatte, schuf es sich bei erster Gelegenheit ein goldenes Kalb. Nachdem Israel erlebt hatte, dass Gott Menschen heilte durch die bronzene Schlange, begann das Volk, die Schlange anzubeten und nicht mehr Gott. Und nachdem Jesus das letzte Opfer gebracht und das Ende der Religion verkündet hatte, dauerte es nicht lange, bis die Menschen sagten: „Was für eine wundervolle Botschaft – lasst uns daraus eine Religion machen!" Und so geht es immer weiter.

Jede neue Generation wird in der Versuchung stehen, sich mit etwas zufrieden zu geben, das nicht annähernd an das herrliche Evangelium der Einheit mit dem Allmächtigen heranreicht, und baut stattdessen eine Religion aus einer schwächeren, verkürzten Botschaft. Die Möglichkeit der Ablenkung wird immer gegeben sein, weil unsere Beziehung zu Gott von Traditionen, besonderen Orten, Grenzen und Richtlinien, die wir zu Hilfe nehmen, profitieren wird, wie dies auch bei anderen Beziehungen der Fall ist. Und weil so etwas die Beziehung fördert, werden wir manchmal nachlässig und erwarten Hilfe davon. Manchmal machen wir die Bewegungen mit, übersehen aber den Herzschlag der Freundschaft mit Gott. Wir „tun nach außen zwar fromm, aber von der Kraft des wirklichen Glaubens wissen" wir nichts (2. Timotheus 3,5).[26]

Darum ist das Evangelium mehr als eine Botschaft, durch die wir gerettet werden und auf deren Grundlage wir dann weiterma-

---

26 Eine umfangreichere Diskussion der positiven und negativen Rolle von Tradition und Ritual finden Sie in den Kapiteln 3 und 8 meines Buches *The End of Religion*.

chen. Das Evangelium ist eine Botschaft, die alle Menschen brauchen, auch die von uns, die sich schon seit vielen Jahren an einem Leben mit Gott freuen.[27]

Anfang, Mitte, Ende

Wenn wir die ersten Kapitel der Bibel lesen und die Welt sehen, die Gott geschaffen hat, bevor wir Menschen die Gelegenheit hatten, Unheil zu bringen, fällt uns etwas Wichtiges auf: Es gibt keine „Religion". Es gibt keine besonderen Orte, an denen Adam und Eva Gott begegnen, keine besonderen Rituale, die sie absolvieren müssen, damit Gott erscheint oder sie seine Gunst empfangen, und keine besonderen Anführer, die zwischen ihnen und Gott vermitteln müssen. Da sind einfach nur Gott und die Menschen, die in nackter Intimität zusammenleben.

Dasselbe finden wir auch in den letzten Kapiteln der Bibel. Am Ende der Offenbarung lesen wir, dass Gott uns in diese Art des Lebens zurückführt. Eine Wiedervereinigung, in der wir Gott kennen, ohne Religion.

Und dazwischen, mittendrin, ist Jesus, der der Menschheit zu einer geistlichen Kurskorrektur verhilft, indem er uns wieder mit unserer Quelle und unserem Ziel in Verbindung bringt. Wenn wir bereit sind, Jesus zu vertrauen, dann wird er uns direkt in das Zentrum des Liebeslebens Gottes führen.

---

[27] Ich möchte noch einmal betonen, dass manche Menschen über ihre lebendige, fröhliche und glaubensvolle Beziehung zu Gott reden und dabei sagen, sie seien sehr „religiös", und hier akzeptieren wir einfach eine unterschiedliche Verwendung der Wörter. So etwas geschieht häufig. Wichtig ist nur, dass wir das Evangelium der Erlösung durch Gnade durch den Glauben lernen und in unserem Leben umsetzen, welchen Begriff auch immer wir verwenden.

KAPITEL 11

GOTTES LIEBESLEBEN

Gott wurde, was wir sind, um uns zu
dem zu machen, was er ist.
Irenaeus (frühes zweites Jahrhundert nach Christus)

JESUS IST GOTT MIT UNS, GEKOMMEN, UM

UNS GOTTES LIEBE ZU ZEIGEN,   VON SÜNDE ZU RETTEN,   GOTTES REICH ZU BAUEN UND   RELIGION ZU ENTMACHTEN,

DAMIT WIR **TEILHABEN AN GOTTES LEBEN.**

Der alte Philosoph Epimenides sagte über Gott: „In ihm leben und weben und sind wir."[28] Gott ist der geistliche Sauerstoff,

---

28 Epimenides war ein griechischer Dichter-Philosoph aus dem sechsten Jahrhundert v. Chr. Hier spricht er von Zeus. Der Apostel Paulus sagte, Epimenides hätte recht in Bezug auf die höchste Realität, allerdings hätte er sich im Namen geirrt (siehe Apostelgeschichte 17,28). Das zeigt

der uns jeden Tag am Leben erhält. Aber leider halten wir viel zu oft den Atem an.

Jesus sagte, er sei gekommen, um uns Leben zu geben, ewiges Leben und ein Leben in der Fülle (Johannes 10,10). Gott möchte sein Leben mit uns teilen, und dieses Leben ist reine Liebe. Wir wurden *aus* Liebe erschaffen, um Liebe *zu* üben und *für* die Liebe – für ein Leben in der Liebe zu Gott und zueinander. Das ist das *Ziel des Evangeliums*. Theologen verwenden das Wort *theosis*, wenn sie auf das Ziel des Evangeliums verweisen: (wieder)vereint werden mit Gott. Theosis ist eine (*Wieder*)vereinigung, weil wir vor der Intimität weggelaufen sind, die wir einst im Garten Eden erlebten, und zu der wir zurückkehren wollen. Aber es ist auch eine *neue* Vereinigung, weil Gott sich durch die Inkarnation mit der Menschheit verbunden hat, damit wir uns mit ihm verbinden können zu einer innigen Einheit, die noch größer ist als die Intimität, die wir im Garten Eden erlebten.

Bevor Nina und ich heirateten, lebten wir ein Jahr getrennt. Nina war nach Sambia gegangen, um sich klar darüber zu werden, ob sie als Krankenschwester in Übersee arbeiten wollte. Ich blieb in Kanada als Pastor im *Meeting House*. Das war eine schmerzliche, aber auch gewinnbringende Zeit. Und als sie zurückkam, war das für uns beide eine wundervolle Wiedervereinigung.

Aber diese Wiedervereinigung war nicht das Ende unserer Geschichte, sondern erst der Anfang. Unsere Hochzeit war nicht nur eine *Wieder*vereinigung, sondern eine neue, tiefere, reichere *Vereinigung*. Wir waren wieder zusammen, aber wir blieben nicht stehen, sondern gingen weiter auf etwas noch viel Besseres zu.

---

uns, dass wir Teilwahrheiten in Bezug auf Gott überall finden können, in jeder Religion und jeder Philosophie. Und wir sollten unsere Augen offen halten dafür und das, was wir da finden, zugleich durch die reine, ungetrübte Wahrheit Jesu filtern.

Bei unserer Hochzeit sagte der Pastor: „Und die zwei werden ein Fleisch werden."

Dies ist der Bogen in der Beziehung der Menschheit zu Gott. Wir waren zusammen. Wir gingen auseinander (und nicht aus einem guten Grund). Und jetzt, bei unserer Rückkehr, wird alles noch viel besser werden: Wir werden einander viel näher und intimer miteinander sein als zu Beginn. Die Intimität der Ehe, und dazu gehört auch die Freude der sexuellen Vereinigung, ist ein sehr passendes Bild für den Wunsch Gottes, uns in die vollständige Vereinigung mit sich zu holen.

Wo die Straßen keine Namen haben

Wenn ich Gemeindeleute fragen würde, welches das Ziel des Evangeliums sei, würden viele von ihnen vielleicht Antworten geben wie: „Dass wir nach unserem Tod in den Himmel kommen." Und das wäre nicht einmal ganz falsch. Es stimmt, die Schreiber der Bibel verwendeten den Ausdruck *Himmel*, wenn sie von der Bestimmung derer sprachen, die „in Christus" sind.

Aber in der Bibel finden wir auch Hinweise darauf, dass das, was wir Himmel nennen, weniger ein *Ort* ist, sondern eher eine *Person*. Das heißt, der Ausdruck *Himmel* ist ein Kürzel für unser ewiges Leben innerhalb von Gottes Liebesleben.

Als Gott dem Apostel Johannes im Buch der Offenbarung eine Vision des Himmels schenkte, beschrieb er sehr lebhaft und detailliert, was er sah. Eine himmlische Stadt? Stimmt. Straßen von Gold? Stimmt. Perlentore? Stimmt.

Aber in seiner Beschreibung des Himmels als einer Stadt sagt Johannes auch etwas sehr Bedeutsames: „Nirgendwo in der Stadt sah ich einen Tempel. Ihr Tempel ist der Herr selbst, der allmächtige Gott, und mit ihm das Lamm" (Offenbarung 21,22). Dass es im Himmel keinen Tempel gibt, bedeutet, dass es keine Opfer und kein religiöses System gibt. Nur die reine, ungetrübte Intimität mit dem Allmächtigen.

Ein Tempel ist ein Ort, wo die Gegenwart einer Gottheit in besonderer Weise vermutet wird. Die Menschen früher kamen in den Tempel, um dem Göttlichen zu begegnen. Es fällt auf, dass Johannes nicht sagt, der Himmel sei der Tempel, wo wir Gott begegnen. Vielmehr sagt Johannes, dass *Gott selbst der Tempel ist*. Das, was wir „Himmel" nennen, ist eine Kurzform der Bibel für unser ewiges Leben *in Gott*.

Die gute Nachricht des Evangeliums wird immer besser.

Die Geschichte der Herrlichkeit

Durch das Evangelium will Gott uns in eine neue Art des Menschseins holen – eine neue Art des Lebens jetzt und für immer, das durchdrungen ist von dem herrlichen Liebesleben Gottes und das Teil daran hat.

Eines der Attribute, das Gott über alle anderen Personen, Dinge oder Begriffe erhebt, ist seine absolute Herrlichkeit. Das griechische Wort für Herrlichkeit (*doxa*) bedeutet gleichzeitig Schwere und Glanz. Gott ist „schwer", nicht an physischem Gewicht, aber schwer an Bedeutung und Bedeutsamkeit. Wenn wir von Gottes „Herrlichkeit" sprechen, dann meinen wir seine Großartigkeit, seine absolute Transzendenz.

Die Herrlichkeit Gottes ist die Gesamtheit dessen, was ihn besonders macht, die Reinheit und Macht seiner ungetrübten, kreativen Liebe, die aller Schöpfung scheint und durch sie hindurchscheint (Jesaja 6,3). Gott hat uns erschaffen *zu seiner* Herrlichkeit (Jesaja 43,7), und doch lesen wir in der Bibel, dass Gott seine Herrlichkeit auch mit uns teilen möchte.

Wir wurden geschaffen, um teilzuhaben an der Herrlichkeit Gottes und sie auszustrahlen, aber schon früh in unserer Existenz haben wir uns von unserer Berufung abgewendet und sind jetzt kein Spiegelbild mehr für die Herrlichkeit Gottes (Römer 3,23). Aber Gott hat es nicht aufgegeben, den Schatz seiner Herrlichkeit mit uns zu teilen (Johannes 17,22; 2. Korinther 3,18; 4,6–7;

Römer 8,17–21). Gott möchte keine Zuschauer, er wünscht sich Teilnehmer. Er wünscht sich Partner. Diese Vision, dass er seine Herrlichkeit mit den Menschen teilt, die er in seinem Bild geschaffen hat, gibt Gott Hoffnung, macht ihn glücklich und motivierte Jesus, das Kreuz zu erdulden, um den Weg zu ebnen für unsere Vereinigung mit Gott.

Ein früher christlicher Autor schrieb Folgendes über Jesus: „Weil große Freude auf ihn wartete, erduldete Jesus den Tod am Kreuz und trug die Schande, die damit verbunden war. Jetzt hat er als Sieger den Ehrenplatz an der rechten Seite Gottes eingenommen" (Hebräer 12,2). Früher dachte ich, mit der „Freude, die auf ihn wartet" sei vielleicht seine Auferstehung gemeint. Ich dachte, dass Jesus die Kraft, die Kreuzigung zu erdulden, gefunden hatte, weil er wusste, dass er in wenigen Tagen wieder vor ihnen stehen und sagen würde: „Ich bin wieder da!" Aber mein Freund Josh half mir zu einer neuen Sicht, nämlich die Bedeutung zu erkennen, die Beziehung für Jesus hatte. Die „Freude, die auf ihn wartet" und die Jesus die Kraft gab, das Kreuz zu erdulden, waren Sie. Und ich. Die Freude Jesu inmitten unvorstellbarer Schmerzen war immer die (Wieder)vereinigung, die er eines Tages mit uns feiern würde.

Gott möchte eine fröhliche Vereinigung mit uns, und dazu gehört, dass er seine Herrlichkeit mit uns teilt. Bereits hier und jetzt erleben wir ein gewisses Maß seiner *Verherrlichung* als Gottes Erben und Miterben mit Christus (Römer 8,17–21), und eines Tages werden wir diese fröhliche Intimität ohne Hindernisse oder Ablenkung erleben. Für diejenigen, die ihr Leben Jesus anvertrauen, kommt das Beste noch.

Wo gehe „ich" hin?

Bedeutet diese Vision der herrlichen göttlich-menschlichen Intimität denn nun, dass wir in Gott aufgehen und unsere individuelle Persönlichkeit nach unserem Tod verlieren? Werden wir sein wie Wassertropfen, die in den Ozean der Gottheit fallen, oder wie zerbrochene Eier, die zu einem kosmischen seinsmäßigen Omelette zusammengerührt werden?

Nein. Unser Leben „in Gott" ist ein Leben der Liebe, und Liebe gibt es nur innerhalb der Realität unverwechselbarer *Personen, die in Beziehung stehen.*

Denken Sie an die Menschwerdung Christi. Als Jesus Mensch wurde, hat er seinen göttlichen Ursprung nicht aufgegeben. Er hat auch nicht aufgehört, die Person zu sein, die er immer war. Er ging nicht in einem Konzept des kosmischen Menschseins auf wie ein Tropfen Gottheit, der in den Ozean der Menschheit fällt. Jesus behielt seine Persönlichkeit, während er gleichzeitig diese göttliche Persönlichkeit mit unserem Menschsein verschmolz. Dies ist ein Bild für unsere Reise in Gottes Liebesleben hinein. Wir werden nicht in Gott aufgehen in einer Art, die unser Menschsein oder unsere Identität auslöscht. Vielmehr werden wir wir selbst sein, aber unser Ich wird aufgefangen in dem Liebesleben Gottes: vollständig gemacht und so, wie wir immer sein sollten.

Dieses Liebesleben mit Gott kann schon in diesem Leben beginnen. Der Apostel Paulus schrieb: „Durch das Gesetz nämlich war ich zum Tode verurteilt. So bin ich nun für das Gesetz tot, damit ich für Gott leben kann. Mein altes Leben ist mit Christus am Kreuz gestorben. Darum lebe nicht mehr ich, sondern Christus lebt in mir! Mein vergängliches Leben auf dieser Erde lebe ich im Glauben an Jesus Christus, den Sohn Gottes, der mich geliebt und sein Leben für mich gegeben hat" (Galater 2,19–20). Das griechische Wort für „ich" ist *ego*, und hier erkennen wir beides, den Verlust des Egos in einem Sinn – „Ich bin gekreuzigt" und „Ich lebe nicht selbst" – und den Fortbestand des Egos in einem anderen, gereinigten Sinn – „Ich lebe also mein Leben" und „Ich lebe im Glauben".

Paulus' Wertschätzung der Liebe Gottes war zutiefst persönlich und hochgradig individuell – „der *mich* geliebt und sein Leben für *mich* gegeben hat". Er wusste, dass Jesus unsere eigentliche Persönlichkeit nicht auslöscht. Das Leben Christi in Paulus, das ihm die Kraft für jeden Tag gibt – „Christus lebt in mir" –, bedeutet, dass er nur in der Vereinigung mit Gott die Person wird, zu der er bestimmt ist.

Und was in diesem Leben beginnt, wird sich im nächsten Leben vollenden, wenn wir die „Auferstehung" erleben, wie sie in der Bibel genannt wird. Die Auferstehung bezieht sich nicht nur auf das, was Jesus nach seinem Tod erlebt hat, sondern auch wir werden sie eines Tages erleben. Während der *Tod* Jesu den neuen Bund einläutete, ist es das fortdauernde *Leben* Jesu, das uns jetzt und für immer mit Leben füllt.

Beschäftigen wir uns doch einmal mit den Dimensionen des neuen Lebens, das Jesus bringt: Von der Auferstehung und der Neugeburt (mit der Taufe als Symbol) hin dazu, dass wir teilhaben an Gottes Familienleben, ewigem Leben, überfließendem Leben und seinem Liebesleben. Diese Aussicht gibt uns Hoffnung für die Zukunft und hat auch Einfluss darauf, wie wir unser Leben in der Gegenwart gestalten.

Die Auferstehung: Gottes großes Ausrufezeichen

Einmal im Jahr am Ostersonntag kommen Christen auf der ganzen Welt zusammen, um die Auferstehung Jesu zu feiern. In vielen Kirchen nehmen sich die Menschen Zeit, dies auch laut kundzutun. Der Pastor ruft: „Christus ist auferstanden!" Und die Gemeinde antwortet: „Er ist wahrhaftig auferstanden!" In einigen Kirchen begrüßen sich die Gottesdienstbesucher mit dieser Formel. Anstatt „Hallo" und „Wie geht es dir?", grüßen sie sich mit den Worten: „Christus ist auferstanden!" und antworten mit: „Er ist wahrhaftig auferstanden!"

Wahrhaftig! Die Auferstehung Jesu ist Gottes großes Ausrufezeichen am Ende der Karwoche; Gottes Bestätigung der Botschaft, Mission und Bedeutung von Jesu Leben und Tod. Durch die Auferstehung ist Jesu Botschaft der Liebe jetzt für immer autorisiert, beglaubigt und von Gott selbst bestätigt.

Aber Christi Auferstehung war für die Welt nicht nur die Bestätigung der Mission und Botschaft Jesu. Sie gewährt uns auch einen kurzen Blick auf Gottes Ziel für unsere Zukunft. Jesus sagte: „Und weil ich lebe, werdet auch ihr leben" (Johannes 14,19). Der Apostel Paulus lehrte, Christi Auferstehung sei ein Vorläufer dessen, was alle seine Nachfolger eines Tages erleben würden. Er schrieb, dass Jesus als „Erster" von den Toten auferstanden ist, und darüber können wir uns zusammen mit der ganzen Schöpfung freuen (z. B. 1. Korinther 15,20.23; Römer 8,17–21), weil auch wir auferstehen werden. Die Auferstehung von Jesus ist also Teil unserer eigenen Bestimmung.

Die Auferstehung von Jesus, und irgendwann auch unsere, ist nicht nur eine Auferweckung: Ein Körper kommt für eine bestimmte Zeit ins Leben zurück, bis er dann irgendwann doch wieder stirbt. Sie ist auch keine Seelenwanderung: Eine Seele lässt den Körper zurück, um in eine neue Existenzebene einzutreten. Erinnern Sie sich: Am Ostermorgen war das Grab leer. Der Körper von Jesus war fort. Er war verwandelt worden, aber nicht verlassen. Die Auferstehung ist die mutige Erklärung, dass Körper und Seele zusammengehören, auch wenn beide eine reinigende Verwandlung durchmachen müssen. Darum verschwand Jesus am Ende seines irdischen Wirkens nicht einfach, löste sich in Luft auf oder verwandelte sich in einen unsichtbaren Geist. Jesus kehrte in seinem Körper zum Vater zurück (Lukas 24,50–52; Apostelgeschichte 1,9–11).

Die Auferstehung und Himmelfahrt Jesu zeigten, dass Gottes Ziel für uns nicht ewiges Leben in einem ätherischen Himmel als körperlose Geistwesen ist. Nein, als Gott die Menschen schuf, erschuf er uns als spirituell-körperliche Einheiten, und das biblische Versprechen der Auferstehung bestätigt, dass eine körperliche Existenz auch weiterhin unsere ewige Bestimmung ist (siehe z. B. Johannes 5,28–29).

Die Auferstehung zeigt, dass Gott das Körperliche wertschätzt. Der Glaube Jesu ist keine gnostische Wirklichkeitsflucht, die

die Hoffnung darauf schürt, dass wir unsere sterbliche Hülle eines Tages abwerfen, damit wir unsere irdische Existenz endlich los sind. Bei unserer Erschaffung sagte Gott, es sei „sehr gut" (1. Mose 1,31). Gottes Ziel für uns ist nicht die Zurückweisung unseres Körpers, sondern die „Erlösung unseres Körpers" (Römer 8,23). Gott liebt die Welt, und er liebt uns als körperliche Wesen in dieser Welt. Sein Ziel ist, alle Dinge zu erneuern, im Himmel und auf der Erde.

Unser Körper ist gut. Vielleicht nicht vollkommen. Vielleicht nicht gänzlich gesund. Aber gut. Nicht mit Scham behaftet, nicht böse und ganz gewiss nicht wegwerfbar.

Und mehr noch, so wie die Auferstehung von Jesus ein Vorläufer für das ist, worauf wir uns freuen können, wird unsere körperliche Auferstehung eine Art Erstlingsfrucht dessen sein, was die ganze Schöpfung eines Tages erleben wird. Die Welt wird nicht entsorgt, sondern erneuert. Darum lesen wir an der Stelle, wo es um den Höhepunkt der ganzen Geschichte geht, dass das „Neue Jerusalem" (der Himmel) zur Erde herabkommt, und nicht umgekehrt.

Sehen Sie, wie der Apostel Johannes seine Vision von dem Höhepunkt der Geschichte im Buch der Offenbarung beschreibt:

> Dann sah ich einen neuen Himmel und eine neue Erde. Denn der vorige Himmel und die vorige Erde waren vergangen, und auch das Meer[29] war nicht mehr da. Ich sah, wie die Heilige Stadt, das neue Jerusalem, von Gott aus dem Himmel herabkam: festlich geschmückt wie eine Braut für ihren Bräutigam. Eine gewaltige Stimme hörte ich vom Thron her rufen: „Hier wird Gott mitten unter den Menschen sein! Er wird bei ihnen wohnen, und sie werden sein Volk sein. Ja, von nun an wird Gott selbst in ihrer Mitte leben. Er wird ihnen alle Tränen abwischen. Es wird keinen

---

29 In früheren Zeiten war das Meer ein Symbol für Geheimnis, Aufruhr, Trennung und Verlust. Viele Schiffe stachen in See und kamen nie zurück.

Tod mehr geben, kein Leid, keine Klage und keine Schmerzen; denn was einmal war, ist für immer vorbei."

Der auf dem Thron saß, sagte: „Sieh doch, ich mache alles neu!" Und mich forderte er auf: „Schreib auf, was ich dir sage, alles ist zuverlässig und wahr."

Und weiter sagte er: „Alles ist in Erfüllung gegangen. Ich bin der Anfang, und ich bin das Ziel, das A und O. Allen Durstigen werde ich Wasser aus der Quelle des Lebens schenken" (Offenbarung 21,1–6).

Gott wird alle Dinge neu schaffen und erneuern. Leben mit Gott, in Gott. Was für ein wundervolles Bild dafür, was das Ziel des Evangeliums ist!

Neugeburt: Wenn Jesus die Zeitform wechselt

Als Jesus damals von der Auferstehung aller Menschen sprach, wechselte er die Zeitform.

Das geschah mitten im Satz. „Ich versichere euch: Die Zeit wird kommen, ja, sie hat schon begonnen, in der die Toten die Stimme von Gottes Sohn hören werden. Und wer diesen Ruf hört, der wird leben" (Johannes 5,25). Beachten Sie die Veränderung der Zeitform.

Schon einmal wechselte Jesus die Zeitform, bei der Begegnung mit einer samaritischen Frau. Diese Begegnung war in dreifacher Hinsicht ein Skandal: Er redete mit einer Samariterin, er redete mit einer Frau, und dazu war er noch allein, das heißt, ohne Begleitung. Jesus erzählt ihr von dem gegen die Religion gerichteten Wesen des neues Zeitalters des Geistes. In diesem Gespräch sagte er: „Doch es kommt die Zeit – ja, sie ist schon da –, in der die Menschen den Vater überall anbeten werden, weil sie von seinem Geist und seiner Wahrheit erfüllt sind. Von solchen Menschen will der Vater angebetet werden" (Johannes 4,23). Auch hier die Veränderung der Zeitform. Es ist, als könnte Jesus beobachten, wie ihr Glaube mitten im Satz entsteht. „Die Zeit kommt" – er blickte in ihr Gesicht und beobachtete, wie es aufleuchtete, als ihr Gottes Nähe bewusst wurde – „ja, sie ist schon da!"

Ich frage mich, ob Sie vielleicht beim Lesen dieses Buches auch so etwas erleben. Eine Zeit kommt – und ist schon da! –, wo Sie Ihre Liebe zu Jesus entdecken werden. Jedes neue Leben hat einen Anfang, und Jesus nannte den Beginn unseres ewigen Lebens mit Gott eine „Wiedergeburt" (oder „Geburt von oben"; siehe Johannes 3,1–17). Was für ein unglaubliches Bild ist das – die Möglichkeit, einen Neuanfang wagen zu können als eine ganz neu erschaffene Person!

Evangelikale Christen bezeichnen sich selbst häufig als „wiedergeborene" Christen, und manchmal ist unsere Erfahrung mit „Wiedergeborenen" nicht unbedingt positiv. (Vielleicht müssen sie noch mal wiedergeboren werden?) Aber lassen Sie sich diese aussagekräftige geistliche Analogie nicht durch falsch ausgerichteten religiösen Fanatismus oder Heuchelei vergällen. Wir können hier etwas Wundervolles erkennen, und es wäre eine Schande, wenn wir nicht darauf eingehen würden.

Das Evangelium kann einen Menschen vollkommen neu machen und ihm einen neuen Anfang im Leben ermöglichen, jetzt. Durch Christus kann jeder Vergebung zugesprochen bekommen. Die Tafel wird sauber gewischt, und dieser Mensch bekommt die Kraft, ein Leben in Liebe zu leben.

Das Bild der Wiedergeburt war nicht urtypisch für Jesus, aber die Art, wie er diesen Begriff anwendete, verblüfft. Den Begriff der Wiedergeburt, der Übergang von diesem Leben ins nächste, finden wir in fast allen Weltreligionen – ob dieses nächste Leben nun der Himmel, das Nirwana oder die Reinkarnation ist. Die Wiedergeburt in der Religion geschieht in der Regel nach unserem Tod – wir werden ins Jenseits neu geboren, oder wiedergeboren in ein neues irdisches Leben.

Aber Jesus verwendete den Begriff der Wiedergeburt in typisch jüdischer Manier und bezog sie auf eine Erfahrung des neuen Lebens hier und jetzt.

Das bedeutet nicht, dass wir anfangen, vollkommen und geistlich reif zu leben, frei von jeglichem Versagen. Aber es bedeutet, dass unser Geist, unsere Mitte, neu geschaffen, gereinigt und hier und jetzt mit Kraft beschenkt ist.

Die erste Generation der Christus-Nachfolger glaubte, dass sie *bereits* in das ewige Leben eingetreten seien. Sie seien ihrem alten Leben *bereits* gestorben und in ein besseres hineingeboren worden. Der Apostel Petrus schrieb: „Gelobt sei Gott, der Vater unseres Herrn Jesus Christus! In seinem großen Erbarmen hat er uns neues Leben geschenkt. Wir sind neu geboren, weil Jesus Christus von den Toten auferstanden ist, und jetzt erfüllt uns eine lebendige Hoffnung. Es ist die Hoffnung auf ein ewiges, von keiner Sünde beschmutztes und unzerstörbares Erbe, das Gott im Himmel für euch bereithält" (1. Petrus 1,3–4; siehe auch 1. Petrus 1,23).

Seit der ersten Generation von Christus-Nachfolgern ist die Taufe ein Symbol für diese wundervolle Wahrheit – der Mensch wird unter Wasser getaucht. Dieses Untertauchen bei der Taufe und aus dem Wasser Auftauchen verdeutlicht in hervorragender Weise das Wesen der geistlichen Wiedergeburt – begraben werden, gereinigt werden und zu einem neuen Leben auferstehen, und das alles geschieht jetzt.

Die Wassertaufe galt nicht als magische Zeremonie, sondern war ein Symbol für eine tiefere Realität: Die *Geistes*taufe (Matthäus 3,11; 1. Korinther 12,13). Wie der Ehering ein Symbol für Ihre Liebe ist, so ist die Wassertaufe ein Symbol dafür, dass Sie in Gott hineingeworfen werden. Die Taufe besagt: „Ich begrabe mein altes Leben mit all seinem Versagen und seinem Schmerz und nehme Gottes Reinigung und Neuheit an, und ich tauche aus diesem Wasser auf als ein neuer Mensch, wiedergeboren zu einem besseren Ich."

Die Taufe wurde den Christus-Nachfolgern zu einem Orientierungspunkt, der sie auf ihre neue Identität hinwies und an ihre neue Intimität, ihre neue Zugehörigkeit erinnerte.

Adoption: Leben als Familie

Gott unseren Vater zu nennen, wie Jesus uns gelehrt hat, ist nicht nur irgendein Zeichen des Respekts wie im Mittleren Osten üblich. Das war keine Tradition in der jüdischen Religion. Jesus hat es eingeführt und es besonders herausgestellt. Gott seinen *Vater* zu nennen, wurde als Respektlosigkeit gewertet, weil Gott dadurch gewöhnlich wurde. Diese Anrede war viel zu intim. Die Religion neigt dazu, Gottes Transzendenz zu betonen, darauf hinzuweisen, dass Gott „dort draußen" ist. Aber Jesus betonte auch Gottes Innewohnen – dass Gott „gleich hier" ist als unser liebender Vater. Jesus lieh sich das Bild der Vaterschaft nicht von unseren menschlichen Familien. Im Gegenteil, dass wir Gott unseren Vater nennen, drückt aus, dass die ganze Idee der Familie ja überhaupt erst von Gott stammt.

Der Apostel Paulus spricht von Gott als ihm, „dem alle Geschöpfe im Himmel und auf der Erde ihr Leben verdanken und den sie als Vater zum Vorbild haben" (Epheser 3,14–15). Sehen Sie das? Gott hat sich den Begriff nicht *von* uns ausgeliehen, er hat ihn *uns* geliehen! Das Leben mit Gott ist Familienleben.

Wie wir bereits gesehen haben, werden wir neue Mitglieder der Familie Gottes, wenn wir in unser neues Leben mit Christus *hineingeboren* werden (Johannes 3,1–17; 1. Petrus 1,22–23). Aber die frühe christliche Gemeinschaft verwendete noch eine andere Metapher, um unser Verständnis von unserem neuen Familienleben mit Gott zu erweitern. Der Begriff der *Adoption*, also des Annehmens an Sohnes Statt, sollte deutlich machen, wie wir von einem Leben als Einzelperson zu einem geistlichen Familienleben durch Christus kommen.

> Alle, die sich von Gottes Geist regieren lassen, sind Kinder Gottes. Denn der Geist Gottes, den ihr empfangen habt, führt euch nicht in eine neue Sklaverei, in der ihr wieder Angst haben müsstet. Er

hat euch vielmehr zu Gottes Söhnen und Töchtern[30] gemacht. Jetzt können wir zu Gott kommen und zu ihm sagen: „Abba, lieber Vater!" Gottes Geist selbst gibt uns die innere Gewissheit, dass wir Gottes Kinder sind. Als seine Kinder aber sind wir – gemeinsam mit Christus – auch seine Erben. Und leiden wir jetzt mit Christus, werden wir einmal auch seine Herrlichkeit mit ihm teilen (Römer 8,14–17; siehe auch Galater 4,1–7).

Wenn wir auf Jesus vertrauen, dann schenkt er uns seinen Geist. Und der Heilige Geist bezieht uns in das Familienleben Gottes ein als seine Söhne und Töchter. Der Geist Gottes in uns bewegt uns, mit Gott als unserem Abba in Beziehung zu treten, und mit Abba ist nicht die schwedische Musikgruppe gemeint. *Abba* ist das aramäische Wort für „Papa" – ein Ausdruck der Intimität und des Vertrauens kleiner Kinder ihrem Vater gegenüber.

Und wir werden Miterben mit Christus! Das klingt gut, aber was genau bedeutet es? Welches Erbe erhält Jesus von Gott? In der Bibel wird nur von der Herrlichkeit der Bestätigung, der Intimität, der Freude und Liebe gesprochen, die vom Vater an den Sohn weitergegeben werden (Lukas 3,22; Johannes 17,26). *Das* ist das Erbe Christi. Und das ist jetzt auch *unser* Erbe. Wir sind gleichgestellt mit Jesus als seine Brüder und Schwestern (Römer 8,29) und werden gleichen Anteil haben an der Liebe unseres Vaters.

Gott als unseren Vater zu haben bedeutet, dass wir auch miteinander als Brüder und Schwestern Umgang haben können (1. Timotheus 5,1–2). Die Mitglieder der ersten Gemeinde lebten als Brüder und Schwestern zusammen, nicht weil es *symbolisch*

---

30 In einigen Übersetzungen wird in diesem Abschnitt des Römerbriefs für „Söhne und Töchter" der Begriff Sohnschaft verwendet. Frauen mag dieser Begriff recht ausschließend erscheinen, aber das Gegenteil ist hier der Fall. Damals, zur Zeit der Bibel, hatten nur Söhne Anrecht auf ein Erbe. Töchter gingen leer aus. Wenn es hier heißt, dass Männer und Frauen „Kinder Gottes" werden, dann ist das gleichbedeutend mit einer Gleichstellung. Das heißt, Frauen und Männer konnten sich gleichermaßen auf die vollen Segnungen von Gottes Erbe freuen.

zutreffend war, sondern weil es *tatsächlich* zutreffend war, bewirkt durch den Geist Gottes.

Wenn Blut dicker ist als Wasser, dann ist Geist dicker als Blut.

Ewiges Leben: fängt hier und jetzt für immer an

Jesus sagte: „Ich sage euch die Wahrheit: Wer meine Botschaft hört und dem glaubt, der mich gesandt hat, der *hat* das ewige Leben. Ihn wird das Urteil Gottes nicht treffen, er hat die Grenze vom Tod zum Leben *schon* überschritten" (Johannes 5,24). Und auch: „Ich sage euch die Wahrheit: Wer an mich glaubt, der hat das ewige Leben" (Johannes 6,47)!

Sehen Sie das? Jesus hat nicht versprochen, dass wir eines Tages ewiges Leben haben werden. Er sagte, wenn wir ihm vertrauen (das bedeutet, im Glauben das Geschenk der Erlösung durch die Gnade annehmen), dann haben wir ewiges Leben. *Wir sind bereits den Schritt vom Tod ins Leben*, das ewig währt, gegangen. Unser Gerichtstag liegt bereits hinter uns, und wir wurden gerecht gesprochen, und darum leben wir jetzt schon ewig. Das ist ein Grund zum Feiern!

Geistlich gesprochen leben wir in Gottes Augen bereits jetzt schon mit Jesus im Himmel. Wir sind so gut wie dort! Der Apostel Paulus macht das deutlich:

> „Zu ihnen haben wir früher auch gehört, damals, als wir eigensüchtig unser Leben selbst bestimmen wollten. Wir haben den Leidenschaften und Verlockungen unserer alten Natur nachgegeben, und wie alle anderen Menschen waren wir dem Zorn Gottes ausgeliefert. Aber Gottes Barmherzigkeit ist groß. Wegen unserer Sünden waren wir in Gottes Augen tot. Doch er hat uns so sehr geliebt, dass er uns *mit Christus neues Leben schenkte*. Denkt immer daran: Diese Rettung *verdankt ihr* allein der Gnade Gottes. Er hat *uns mit Christus vom Tod auferweckt, und durch die Verbindung mit Christus haben wir schon jetzt unseren Platz in der himmlischen Welt erhalten*. So will Gott in seiner Liebe, die er uns

in Jesus Christus erwiesen hat, für alle Zeiten die überwältigende Größe seiner Gnade zeigen" (Epheser 2,3–7).

Und an anderer Stelle lesen wir:

> „Wenn ihr nun *mit Christus zu einem neuen Leben auferweckt worden seid*, dann richtet euch ganz auf Gottes himmlische Welt aus. Seht dahin, wo Christus ist, auf dem Ehrenplatz an Gottes rechter Seite. Ja, richtet eure Gedanken auf Gottes himmlische Welt und nicht auf das, was diese irdische Welt ausmacht. Denn für sie *seid ihr gestorben, aber Gott hat euch mit Christus zu neuem Leben auferweckt, auch wenn das jetzt noch verborgen ist*. Doch wenn *Christus, euer Leben*, erscheinen wird, dann wird jeder sehen, dass ihr an seiner Herrlichkeit Anteil habt" (Kolosser 3,1–4).

Aber Gott hat euch mit Christus zu neuem Leben auferweckt. Wenn ich diese Verse lese, steht mir ein seltsames Bild vor Augen. Ich denke dabei an unseren Bernhardiner George, wie er in der Erde nach seinem Knochen buddelt. Wenn George weiß, dass dies ein Knochen nach seinem Geschmack ist und dass der Knochen in der Erde vergraben liegt, dann gräbt er mit aller Kraft und Entschlossenheit eines jungen Hundes danach. Das wünsche ich mir für mein Leben mit Gott. Mein Leben, das Leben, das ich mir wünsche, das Leben, das ich gern hier und jetzt leben möchte – dieses Leben ist in Christus zu finden, der in Gott ist. Und ich werde alle meine Energie in diese Richtung lenken.

Deswegen möchte ich an jedem Tag meine Gedanken *auf die göttlichen Dinge* lenken. Das bedeutet nicht, dass wir ignorieren, was in der Welt um uns herum passiert. Ganz im Gegenteil. Seine Gedanken auf die göttlichen Dinge auszurichten bedeutet, dass wir Jesus an die erste Stelle setzen, seinen Geist, seine Perspektive, und Jesus lehrt uns, unsere Umwelt mit neuem Mitgefühl und Engagement zu sehen.

Das bedeutet auch, dass wir jetzt schon beginnen können, das Leben zu leben, das ewig währt – unser ewiges Leben jetzt. Was für ein Leben möchten Sie in der Ewigkeit führen?

Ein Leben der Liebe? Fangen Sie jetzt damit an, ein Leben in der Liebe zu führen.

Ein Leben des Friedens? Fangen Sie jetzt damit an.

Ein Leben der Intimität? Fangen Sie jetzt an, Gott und anderen Menschen näher zu kommen, zerbrochene Beziehungen zu heilen.

Ein Leben des Feierns? Fangen wir doch an zu feiern!

Göttliches Leben: ins Herz Gottes eintreten

Ich möchte Yoda, den Weisen und geistlichen Guru zitieren, der in *Das Empire schlägt zurück* zu Luke Skywalker sagt, wenn er über die Kraft spricht: „Meine Verbündete ist die Kraft. Eine sehr mächtige Verbündete. ... Ihre Energie umgibt uns und bindet uns. ... Du musst die Kraft um dich herum spüren – hier, zwischen dir, mir, dem Baum, dem Felsen, überall."

Yoda deutet uns in die richtige Richtung, aber die volle Wahrheit ist eigentlich noch besser. Diese „Kraft", die alles durchdringt, ist *persönlich*. Und sie ist nicht nur persönlich, sondern auf *Beziehung* angelegt. Und Jesus ist auch gekommen, um uns in eine bewusste und verpflichtende Beziehung mit dieser Kraft der Liebe zu führen.

Der Apostel Petrus schrieb:

> „Jesus Christus hat uns in seiner göttlichen Macht alles geschenkt, was wir brauchen, um so zu leben, wie es ihm gefällt. Denn wir haben ihn kennen gelernt; er hat uns durch seine Kraft und Herrlichkeit zu einem neuen Leben berufen. Durch sie hat er uns das Größte und Wertvollste überhaupt geschenkt: Er hat euch zugesagt, dass ihr an seinem ewigen Wesen und Leben Anteil habt. Denn ihr seid dem Verderben entronnen, das durch die menschlichen Leidenschaften und Begierden in die Welt gekommen ist" (2. Petrus 1,3–4).

Am göttlichen Wesen teilzuhaben, das ist das Ziel des Evangeliums. Eine beständige Gemeinschaft, ein inniges Wechselspiel mit

Gottes ureigenster Gesinnung, seinem göttlichen Wesen, das, wie wir wissen, Liebe ist – das eigentliche auf Beziehung angelegte *Liebesleben* der heiligen Dreieinigkeit.

Und beachten Sie den letzten Satz dieser Verse: *Denn ihr seid dem Verderben entronnen, das durch die menschlichen Leidenschaften und Begierden in die Welt gekommen ist.* Das Wort *Verderben* ist nicht der griechische Originaltext, sondern wurde von den Übersetzern wegen des besseren Verständnisses hinzugefügt. Petrus will hier sagen, dass alle unsere Wünsche, die häufig böse sind, weil sie einem unzufriedenen und undankbaren Herzen entspringen, eines Tages erfüllt werden. Wir werden nicht mehr länger von dem Verfall der Welt, der Zerstörung der Natur und dem Auseinanderbrechen von Beziehungen abgelenkt werden, die unsere undankbare Gier nach mehr verschuldet hat. Wir werden mehr bekommen. Wir werden mehr sein. Wir werden mehr lieben.

Liebesleben: unendliche Intimität

Als Jesus beim letzten Abendmahl von seinem ewigen, überfließenden göttlichen Leben spricht, wusch er zuerst die Füße seiner Jünger und zeigte ihnen den Weg der Liebe, die auf andere gerichtet ist. Dann lehrte er sie das Ziel des Evangeliums: Unsere Einbeziehung in das Liebesleben Gottes. Jesus sagte:

> Wenn ihr mich liebt, werdet ihr so leben, wie ich es euch geboten habe. Dann werde ich den Vater bitten, dass er euch an meiner Stelle einen anderen Helfer gibt, der für immer bei euch bleibt. Dies ist der Geist der Wahrheit. Die Welt kann ihn nicht aufnehmen, denn sie ist blind für ihn und erkennt ihn nicht. Aber ihr kennt ihn, denn er bleibt bei euch und wird in euch leben. Nein, ich lasse euch nicht als hilflose Waisen zurück. Ich komme wieder zu euch. Schon bald werde ich nicht mehr auf dieser Welt sein, und niemand wird mich mehr sehen. Nur ihr, ihr werdet mich sehen. Und weil ich lebe, werdet auch ihr leben. An jenem Tag

werdet ihr erkennen, dass ich eins bin mit meinem Vater und dass ihr in mir seid und ich in euch bin (Johannes 14,15–20).

Was für eine Intimität! Jesus wird den Vater bitten, und der Vater wird den Geist senden, und der Geist wird den Geist Christi so repräsentieren, dass Jesus sagen kann: „*Ich* werde *in* euch sein und ihr *in* mir sein."[31]

Und mehr noch, während Jesus in uns ist, werden wir, wie Jesus sagt, eingeladen in Jesus hinein. Die frühen Christen sprachen oft davon, dass sie „in Christus" seien (z. B. Römer 8,1; 1. Korinther 1,30; 2. Korinther 5,17; Galater 3,28; Epheser 2,13; 1. Petrus 5,14). So verorteten sie sich in ihrer neuen Identität als einer Identität der Beziehung. Diese Identität war genauso real für sie, als wenn ich sagen würde, ich bin „in Kanada", was zutrifft, während ich dies schreibe. Aber „in Christus" zu sein, sagt mehr über meine Person aus als über meine Nationalität, meine Ethnie, mein Geschlecht oder meinen Status. Dies ist eine Identität der alles umfassenden Intimität.

Durch Jesu körperliches Leben auf der Erde war er „Immanuel", Gott mit uns. Aber durch den Heiligen Geist ist er Gott mit uns *und in* uns. Und wir in ihm.

Es wird noch besser. Wenn wir in Jesus sind, dann – und das haut mich absolut um – nimmt Jesus uns alle mit in sich hinein, als er zum Vater zurückkehrt, damit auch wir diese Vereinigung mit Gott erleben. Unsere ewige Bestimmung ist in Christus in Gott zu leben.

Aber wir brauchen nicht auf diese unglaubliche Intimität mit dem Allmächtigen zu warten. Jesus stellt klar, dass *der Vater* selbst kommen und in seinen Nachfolgern Wohnung nehmen wird

---

31 Siehe auch Johannes 14,26; 15,26; 16,12–15; 1. Korinther 2,16; Galater 4,19; Kolosser 1,27. Dieser Gedanke, dass sich die drei Personen der Dreieinigkeit gegenseitig so durchdringen, dass man, wenn man einen kennt, alle kennt, ist die Lehre der *Perichorese*.

(Johannes 14,23). Das ist das volle Leben der Dreieinigkeit, die jetzt schon in ihrer Beziehung zueinander in uns wohnt.

Als Jesus mit dem Vater redet, hören wir ihn sagen: „Ich habe ihnen gezeigt, wer du bist. Das werde ich auch weiter tun, damit deine Liebe zu mir auch sie erfüllt, ja, damit ich selbst in ihnen lebe" (Johannes 17,26). Wenn wir diesen einen Vers der Bibel verstehen, kann sich unsere innere Erlebniswelt für immer verändern. Jesus wiederholt nicht nur, dass *er* in uns sein wird (zusammen mit dem Vater und dem Geist), sondern stellt klar, dass *die Liebe des Vaters zu Jesus* auch in uns sein wird.

Jesus sagt, dass die Dynamik seiner Liebesbeziehung zum Vater, das heißt, genau die Energie der Liebe, die zwischen ihnen lebendig ist, auch in uns wohnen wird. Jesus will, dass wir nicht nur von der Gegenwart Gottes erfüllt sind, sondern auch die Liebe erleben, die zwischen den Personen der Dreieinigkeit fließt. Es ist nicht nur die *Person* Gottes, die in uns Wohnung nimmt. Es ist die *Beziehung* Gottes, die in uns Wohnung nimmt.

Erinnern Sie sich an die grundlegendste Realität: „Gott ist Liebe" (1. Johannes 4,8.16). Und Liebe ist nicht nur ein philosophisches Konzept oder eine statische Energie, die „dort draußen" in einer Gedankenwolke schwebt. Liebe ist eine dynamische Erfahrung zwischen Personen, eine Form der Beziehung, die sich selbst verschenkt, sich immer darüber freut, wenn dem anderen Ehre zuteil wird. Liebe mag als Absicht *in* einer Person beginnen, aber wenn sie nur eine Absicht bleibt, dann stagniert sie als reines Gefühl. Wenn Liebe tatsächlich Liebe sein will, muss sie *zwischen* Personen ihren Ausdruck finden. Wenn Gott Liebe ist, muss sein Wesen aus Personen bestehen, die miteinander in Beziehung stehen.

Jesus ist also der Eine, der uns die Tür öffnet, nicht nur Gottes Liebe *zu uns* zu erleben, sondern auch die Liebe, die die drei Personen der Dreieinigkeit *füreinander* empfinden. Jetzt können wir jeden Augenblick eines jeden Tages leben, eingehüllt in die eigentliche Liebesbeziehung, die wir „Gott" nennen, und ihr verpflichtet.

Ein Brutkasten der Liebe

Vor vielen Jahren erlebte ich eine Zeit großer Verluste. Viele Bereiche meiner Welt stürzten auf einmal in sich zusammen – im Familienleben, Arbeitsleben, emotionalen Leben. Über viele Monate hinweg brauchte ich Freundschaft, konnte selbst aber kein Freund *sein*. Manchmal weinte ich den ganzen Tag. An anderen Tagen war ich von Trauer so überwältigt, dass ich emotional gefühllos wurde und nur dasaß und vor mich hinstarrte.

Meine emotionale Welt musste neu aufgebaut, wieder zusammengesetzt und neu belebt werden, aber an vielen Tagen war ich nicht in der Lage, mich auf Menschen einzulassen, die mir bei diesem Prozess hätten helfen können.

Und dann begegnete ich Greg. Greg wurde schließlich mein bester Freund (in doppeltem Sinne, denn sein Nachname ist Best). Greg bot mir geduldige und liebevolle Freundschaft an, aber nicht nur das. Greg lud mich in das Leben seiner Familie ein. Die Familie Best machte Raum für mich, und nicht selten nahm ich als vollwertiges Mitglied an ihrem Familienleben teil, spielte Gesellschaftsspiele mit ihnen oder genoss anregende Gespräche, manchmal saß ich auch einfach nur dabei und ließ das Familienleben um mich herum geschehen. Es gab Tage, an denen ich nur auf der Couch sitzen und zu Boden starren konnte, während die Kinder spielten und Greg und Chris, seine Frau, miteinander plauderten. In dieser Umgebung, wo die Liebe zwischen Greg, Chris, Daniel und Michelle so spürbar war, setzte mein Heilungsprozess ein. Als ich nicht in der Lage war, Liebe zu geben oder zu empfangen, war trotzdem Liebe das, was mir Nahrung gab. Im Heim der Bests erlebte ich Familienleben, und die Liebe in dieser Familie übertrug sich auf mich in dem Maß, in dem ich bereit war, sie anzunehmen, Tag für Tag, Augenblick für Augenblick.

In diesem Brutkasten der Agape-Liebe konnten meine Seele und meine Psyche genesen und neue Hoffnung schöpfen. Und für mich wird dies immer ein Bild sein für das Ziel des Evangeliums.

Die gute Nachricht ist, dass wir alle in Gottes Agape-Kreis eingeladen sind, die Dreieinigkeit. Dafür sind wir geschaffen. Und weil unser ewiges Leben bereits jetzt beginnt, können wir anfangen, diese Intimität in der Beziehung schon auf dieser Seite des Himmels zu kultivieren. Alles beginnt mit dem einfachen Bewusstsein, das Gott bringt: Gott ist hier und jetzt bei dir und möchte dich wissen lassen, wie sehr du geliebt bist.

Gott hat in seinem Herzen Raum geschaffen für uns, weil wir wertvoll für ihn sind. In Lukas, Kapitel 15, erzählt Jesus drei Geschichten von drei verlorenen Gegenständen – der verlorenen Münze, dem verlorenen Schaf und dem verlorenen Sohn. Alle verlorenen Gegenstände hatten eins gemeinsam: Sie waren sehr wertvoll für seinen Besitzer.

Für Gott sind Sie wertvoll – so wertvoll, dass Gott viel auf sich genommen hat, um Sie mit seiner Liebe zu erreichen. Durch Jesus hat Gott Raum geschaffen, damit die Menschheit Teil seiner intimen Gemeinschaft sein kann. Als Jesus zur Erde kam, *„wurde das Wort Fleisch"* (Johannes 1,14). Gott *wurde*. Denken Sie mal darüber nach. Gott war bereit, seine Eigenschaften zu ändern, um etwas zu werden, das er nie gewesen ist. In Christus zeigte Gott, dass Menschheit und Gottheit kompatibel sind. In Christus sind Gott und Menschheit *vereint*. Und in Christus hat Gott diese Menschheit jetzt in sein Ich aufgenommen.

Als Jesus in den Himmel auffuhr (1. Timotheus 2,5), hat er sein Menschsein nicht abgelegt. Er hat sein Menschsein nicht zurückgewiesen, sondern es erlöst – und damit auch unseres. Ja, Jesus ist Gott. Und jetzt ist Jesus auch auf ewig Mensch. Durch Christus wird die Menschheit jetzt und für immer ein Aspekt, ein Element, eine Eigenschaft dessen sein, der Gott ist.

Darum ist Raum in Gott für die Menschheit. Jesus ist vorangegangen.

KAPITEL 12

VIER WICHTIGE BEGRIFFE

Habe keine Angst, eine unbekannte Zukunft
einem bekannten Gott anzuvertrauen.

Corrie ten Boom

In meinem Gehirn ist viel los. Schon als ich noch klein war, hat sich viel in meinem Kopf abgespielt: Ich habe immer gefragt, immer gerätselt, immer überlegt. Philosophen nennen dies einen „reflektierenden Geist": Ein Geist, der gewohnheitsmäßig die geistigen Steine jeder gedanklicher Landschaft umdreht, um die Kriechtiere darunter aufzustöbern.

Wenn ich eine Entscheidung treffe, hinterfrage ich diese Entscheidung sofort wieder. Ich zweifle jede Entscheidung an. Wenn ich mich im Supermarkt für eine Schlange vor der Kasse entscheide, stelle ich mir sofort vor, wie einige virtuelle Bruxys in den anderen Schlangen anstehen. Und dann verfolge ich, welcher Bruxy die beste Wahl getroffen hat und am schnellsten vorankommt. Das war schon immer mein Schwachpunkt, ob es nun darum ging zu entscheiden, welchen Abschluss ich anstreben, welchen Beruf ich ergreifen oder auf welcher Fahrspur vor der roten Ampel ich warten soll.

Bei mir ist der Zweifel immer präsent. Was tut also ein Mensch wie ich, wenn es darum geht, sich für einen geistlichen Weg zu entscheiden? Die Entscheidung aufzuschieben ist keine Option, da keine Entscheidung zu treffen auch eine Entscheidung ist. Um 10.02 Uhr zum Beispiel habe ich die Entscheidung getroffen, dass ich den Zug um 10.00 Uhr nicht nehme. Und das lässt sich auf alle Beziehungen übertragen: Wenn wir eine Entscheidung *hinauszögern*, haben wir bereits entschieden. Auch wenn wir keine Entscheidung treffen, *treffen* wir eine Entscheidung.

Nachdem ich ein paar Jahre im Glauben unterwegs war, verwandelte sich meine Angewohnheit, alles zu analysieren, in eine lähmende Starre. Ich konnte nicht mehr weitergehen, in keine Richtung. Ich fühlte mich, als müsste ich jede Frage beantworten und jedes Rätsel aufklären, bevor ich einen weiteren Schritt tat. Die Lehren von Buddha hatte ich bereits studiert, den Koran gelesen und mich mit einer Reihe von New-Age-Gelehrten beschäftigt und alle bekannten Bücher gelesen, die den Atheismus verteidigten. Mein Glaube an Jesus ging am Ende gestärkt aus dieser Zeit hervor, doch ich litt unter der falschen Annahme, dass ich als Christus-Nachfolger nicht weitergehen könnte, bis ich absolute Gewissheit in meinem Glauben erlangt hätte.

Ich hatte das Gefühl, noch mehr studieren, reflektieren, mir noch mehr Wissen aneignen und noch mehr Zuversicht gewinnen zu müssen, bevor ich es wagen konnte, mich mit anderen als Jünger Jesu zu identifizieren. Weil ich alles in Frage stellte, litt ich unter dem Hochstapler-Syndrom.

Dies war eine schwierige Situation für mich. Ich steckte fest. Schlimmer noch, ich wusste ja, dass Jesus mit seinen letzten aufgezeichneten Worten seine Jünger aufforderte, loszugehen und Menschen zu Jüngern zu machen:

> „Da ging Jesus auf seine Jünger zu und sprach: ‚Ich habe von Gott alle Macht im Himmel und auf der Erde erhalten. Deshalb geht hinaus in die ganze Welt und ruft alle Menschen dazu auf, meine Jünger zu werden! Tauft sie auf den Namen des Vaters, des Sohnes und des Heiligen Geistes! Lehrt sie, alles zu befolgen, was ich euch aufgetragen habe. Ihr dürft sicher sein: Ich bin immer bei

euch, bis das Ende dieser Welt gekommen ist'" (Matthäus 28,18–20).

Es war eine Sache, mit meinen chronischen Zweifeln zu leben. Aber dann auch noch andere Menschen zu etwas einzuladen, von dem ich selbst nicht vollkommen überzeugt war, das war doch eine ganz andere Sache.

Und eines Tages las ich die Verse, die vor diesem großen Missionsauftrag stehen. Unmittelbar vor den letzten aufgezeichneten Worten Jesu beschreibt Matthäus den Zustand der Jünger, als Jesus diese letzten Anweisungen gab: „Die elf Jünger gingen nach Galiläa zu dem Berg, den Jesus ihnen genannt hatte. Als sie ihn dort sahen, fielen sie vor ihm nieder. Einige aber hatten Zweifel" (Matthäus 28,16–17).

Diese beiden Verse hatte ich schon unzählige Mal gelesen und nie richtig wahrgenommen, was mir jetzt wie mit einem übernatürlichen Markierstift hervorgehoben förmlich ins Auge stach. Als der auferstandene Jesus den Jüngern erschien, „fielen sie vor ihm nieder. Einige aber hatten Zweifel". Die Grammatik der Ursprache macht deutlich: Alle Jünger fielen vor Jesus nieder und beteten ihn an, und innerhalb dieser Gruppe der anbetenden Jünger gab es eine kleine Gruppe von Jüngern, die Zweifel hatten, Jesus aber trotzdem anbeteten. Sie sehen also, dieser Gruppe zweifelnder Jünger vertraute Jesus die Zukunft seiner Bewegung an.

An diesem Tag wurde mir klar, dass Jesus mich als Jünger genauso wertschätzt wie jeden anderen, der nie Zweifel hatte, Fragen stellte oder seines Glaubens ungewiss war. An jenem Tag erkannte ich, dass das Gegenteil von Glauben nicht Zweifel, sondern Unglauben ist. *Zweifel schadet dem Glauben nicht, bringt ihn nicht in Misskredit.* Zweifel ist vielmehr eine Untergruppe des Glaubens. Gott sei Dank darf ein Mensch, der mit Jesus unterwegs ist, auch Fragen stellen!

Vernünftiger Glaube

Ich spreche diese Themen von Zweifel, Anbetung und Glauben ganz offen an, weil ich mir mit Ihnen zusammen Gedanken machen möchte über ein paar wichtige Begriffe. Ich beginne mit dem wichtigsten, dem *Glauben*. Mark Twain reflektierte über ein gängiges Missverständnis, als er schrieb: „Glaube ist, etwas zu glauben, von dem man weiß, dass es nicht so ist." Mit anderen Worten, wenn Sie wissen, dass etwas nicht real ist, sich aber wünschen, es wäre es, nun, dafür steht der Glaube. Aber das ist ein gewaltiger Irrtum.

Das biblische Wort für „Glaube" (griechisch *pistis*) bedeutet, einer Person so weit zu vertrauen, dass man in diese Beziehung investiert. Glaube ist nicht das Fehlen von Zweifel, sondern das Vorhandensein einer bewussten Entscheidung. Auch ist Glaube keine unvernünftige Überzeugung ohne Beweise. Glaube ist vielmehr das mit Beweisen untermauerte Vertrauen in eine Person. Unsere Beziehung ist der Beleg für unseren Glauben an Gott, so lesen wir es in der Bibel.

Als ich Nina heiratete, hatte ich zum Beispiel gute Hinweise darauf, dass sie ein wundervoller, vertrauenswürdiger und liebevoller Mensch war. Aber ich hatte noch keine schlüssigen Beweise, dass sie auch für den Rest unseres Zusammenlebens so bleiben würde. Ich hatte Nina beobachtet in ihren Beziehungen als Schwester, Tochter und Freundin, aber nicht als Frau und Mutter. Das war sie noch nicht, woher sollte ich das also *wissen*? Menschen ändern sich. Umstände ändern sich. Ehen ändern sich. Und eine Ehe verändert einen Menschen. Aber genau das ist der Punkt: Ich hatte genügend Hinweise darauf, wer Nina *war*, sodass ich das vernünftige Risiko eingehen konnte, mich an die Person zu binden, die sie *sein würde*.

Jede Beziehung ist ein Risiko. Vertrauen ist ein Risiko. Liebe ist ein Risiko. Alles, was wirklich und wahrhaftig zählt, ist ein Risiko.

Als Johannes der Täufer verhaftet und im Gefängnis gefangen gehalten wurde, begann er zu zweifeln (siehe die Geschichte in Matthäus 11,1–6; Lukas 7,18–23). Johannes schickt Jesus also eine Nachricht mit einer einfachen Frage: „Bist du wirklich der Retter, der kommen soll?" Jesu Antwort lässt tief blicken. Er antwortet nicht einfach mit den Worten: „Ja, das bin ich", oder: „Nein, das bin ich nicht", sondern Jesus fordert die Boten auf, zu Johannes zurückzugehen und ihm zu berichten, was sie gesehen und gehört hatten, von seinen Wundern zu erzählen, seiner Fürsorge für die Armen und von dem Inhalt seiner Botschaft. Mit anderen Worten, Jesus forderte Johannes auf, seine eigene Schlussfolgerung zu ziehen und ihm zu vertrauen *auf der Basis von Beweisen*. Jesus von Nazaret: Der erste, der eine Beweisführung anregt.

Sören Kierkegaard ist bekannt als Vater des Existenzialismus. Er ist einer meiner Lieblingsphilosophen und war ein brillanter Intellektueller. Für ihn war der Glaube an Gott ganz unapologetisch ein „Sprung des Vertrauens". Ich kann ihm nur zustimmen. Ein Risiko ist jede bedeutungsvolle Beziehung. Aber Gott möchte, dass wir die Rampe der Vernunft hochlaufen, bevor wir den Sprung des Glaubens wagen.

Glaube als Reaktion
oder: Wie man ein Geschenk annimmt

Das Geschenk des Lebens, das Gott uns anbietet, nennen wir *Gnade*. Dieses Geschenk anzunehmen ist *Glaube*, der erste unserer vier wichtigen Begriffe. Wenn die Gnade wahr ist, dann können wir nichts weiter tun, als ihr zu *glauben*. Wenn wir etwas glauben, indem wir darauf vertrauen, dass es wahr ist, dann ist das nichts weiter, als dass wir das Geschenk der Gnade annehmen, das Gott anbietet. Dieses Geschenk nehmen wir an durch den Glauben. Was sonst könnten wir tun, um ein Geschenk anzunehmen, als darauf zu vertrauen, dass das Geschenk tatsächlich ein Geschenk ist und dass Gott wirklich so gut ist?

Als Kind hatte ich einen Freund mit einem wirklich ungewöhnlichen Sinn für Humor. Zum Beispiel streckte er wie ein kleiner Gentleman die Hand aus, um mich zu begrüßen, und wenn ich sie ergreifen wollte, zog er sie zurück und sagte: „Reingelegt!" Er fand das sehr lustig. Er besaß einen Stift, der mir sehr gefiel, und als ich ihm das sagte, hielt er mir den Stift hin und sagte: „Hier, du kannst ihn haben. Wirklich, ich möchte, dass du ihn bekommst. Du bist mein Freund, er gehört dir." Anfangs war ich skeptisch, aber er ließ nicht locker. Also lächelte ich, bedankte mich und streckte meine Hand aus, um das Geschenk entgegenzunehmen.

Sie ahnen, wie die Geschichte weiterging.

Glaube bedeutet, darauf zu vertrauen, dass Gott keine Spielchen mit uns treibt. Glaube nimmt Gott beim Wort und glaubt, dass Gott nicht am Ende sagt: „Reingelegt!" und alles wieder zurücknimmt. Glaube bedeutet, Gott zu vertrauen, wenn er sagt, dass er sich um alles kümmert und wir uns die Erlösung nicht aus eigener Anstrengung verdienen können. Gott hat wirklich alles bereits getan.

Der Apostel Paulus, der durchaus weiß, wie „unglaublich" gut das Evangelium ist, macht unmissverständlich klar:

> „Denn nur durch seine unverdiente Güte seid ihr vom Tod gerettet worden. Das ist geschehen, weil ihr an Jesus Christus glaubt. Es ist ein Geschenk Gottes und nicht euer eigenes Werk. Durch eigene Leistungen kann ein Mensch nichts dazu beitragen. Deshalb kann sich niemand etwas auf seine guten Taten einbilden. Was wir jetzt sind, ist allein Gottes Werk. Er hat uns durch Jesus Christus neu geschaffen, um Gutes zu tun. Damit erfüllen wir nun, was Gott schon im Voraus für uns vorbereitet hat" (Epheser 2,8–10).

Kommt Ihnen das bekannt vor? Diejenigen, die Jesus vertrauen, *sind bereits* errettet. Das ist eine abgemachte Sache. Ein Geschenk. Keine Rückgabe, keine Rückzahlung, keine Streichung. Es ist eine Tatsache.

Wir sind errettet nicht wegen unserer guten Taten, religiöser oder humanitärer Art, darum brauchen wir nicht mit dem zu prahlen, was wir bewirkt haben. Es stimmt, wenn wir darauf vertrauen, dass wir durch Gnade errettet sind, dann ist uns bewusst geworden, dass wir geschaffen wurden zu einem Leben der guten Werke und des liebevollen Handelns. Aber dieses Handeln ist die *Folge* der Erlösung, nicht das *Mittel*, um sie zu verdienen. Das ist ein ganz wesentlicher Unterschied. Alles, was Menschen tun, die von ganzem Herzen an Gott glauben – ein gutes Leben führen, zur Kirche gehen, die Bibel lesen, beten, und so weiter – tun wir aus *Freude*, nicht für unsere *Erlösung*. Der Druck ist raus!

Das ist unglaublich befreiend. Wir sind frei von unserer Schuld, unserer Scham und unserem Gefühl des Versagens. Wir sind befreit aus der Tretmühle der auf Leistung basierenden Religion. Wir sind frei von Sorge in Bezug auf das, was Gott von uns denkt, und frei von Angst in Bezug auf unser ewiges Schicksal.

Meinen Freunden im *Meeting House* sage ich oft: Gnade bedeutet, dass wir Christen ein komischer Haufen sind, der sich jeden Sonntagmorgen trifft, um die Tatsache zu feiern, dass wir uns nicht jeden Sonntagmorgen treffen müssen, um errettet zu werden. Wir lesen regelmäßig in der Bibel, um uns bewusst zu machen, dass wir nicht regelmäßig in der Bibel lesen müssen, um mit Gott im Reinen zu sein. Wir singen Anbetungslieder, um dem Einen unsere Anbetung zu bringen, der sagt, wir brauchen nicht zu singen, zu beten, zu meditieren oder eine Liturgie zu absolvieren, um auf Gottes Seite zu stehen. Die Gnade macht uns frei, damit wir Gottes Liebe feiern können, weil wir nicht mehr versuchen müssen, sie uns zu verdienen.

Wenn wir durch den Glauben Gottes Gnade annehmen, geschieht eine grundlegende Veränderung. Darum heißt das Evangelium auch die gute *Nachricht* und nicht der gute *Rat*. Ein Rat ist die Empfehlung eines Menschen an einen anderen, um ihm zu helfen, das zu tun, was er tun soll, damit er das erreicht, was er sich wünscht. Eine Nachricht ist eine Ankündigung von etwas, das bereits geschehen ist. Guter Rat sagt: „Du musst Folgendes tun." Die gute Nachricht sagt: „Folgendes wurde bereits für dich getan."

Das Evangelium von Jesus ist eine gute Nachricht von etwas, das für uns bereits getan wurde. Das bedeutet, dass wir auf die Botschaft Jesu reagieren, indem wir vertrauen und feiern. Wir müssen uns nicht abstrampeln, um ein bestimmtes Ziel zu erreichen. Glaube bedeutet, einfach „Wow" zu sagen und „Danke", wie mein Freund Andrew gern sagt.

Religion bietet guten Rat. Jesus verkündigt eine gute Nachricht, die beste Nachricht, die es je gegeben hat.

Ich hatte erzählt, wie Nina mir vor unserer Gemeinde einen Heiratsantrag gemacht hat, nicht? Das war der Augenblick, in dem ich in Bezug auf die Liebe Heilung und Ganzheitlichkeit erlebte. Die Heilung setzte ein, als ich mich der Erkenntnis öffnete, dass ein anderer Mensch mich sehr liebt. Nina hatte viel Mühe auf sich genommen, um mich von ihrer Liebe zu überzeugen, und dazu gehörte auch ihre mutige Liebeserklärung. Ich musste mir jetzt nur noch gestatten zu glauben, dass es stimmt.

Gottes Herz ist *für* uns. Gott beugt sich zu uns, und er hat viel auf sich genommen, um uns das begreiflich zu machen. „Gott aber beweist uns seine große Liebe gerade dadurch, dass Christus für uns starb, als wir noch Sünder waren" (Römer 5,8). Wir brauchen diese Liebe nur noch anzunehmen und darauf zu vertrauen, dass sie wahr ist.

Die andere Seite des Glaubens: Umkehr

In einigen Bibelversen wird von der Umkehr gesprochen als unserer angemessenen Reaktion auf die Botschaft der Gnade Gottes. Die erste Predigt Jesu aus dem Markusevangelium lautet: „Jetzt ist die Zeit gekommen ... Kehrt um zu Gott und glaubt an die rettende Botschaft" (Markus 1,15). Umkehr gehört zum Glauben dazu. Sie ist eigentlich die Kehrseite derselben Münze. Darum wird Umkehr vorausgesetzt, wann immer in der Bibel vom Glauben gesprochen wird, und umgekehrt (z. B. Apostelgeschichte 2,38; 16,30–31).

Das Wort *Umkehr* geht auf das griechische Wort *metanoia* zurück. Es bedeutet Veränderung in unserer Denkweise (wörtlich von *meta* – verändern, und *noia* – denken). Jesus fordert uns also auf, unsere alten Denkmuster zu verändern und auf seine gute Nachricht zu vertrauen. Umkehren und glauben.

Abkehr von der Schwachheit des romantischen Gefühls hin zu der Macht der Agape-Liebe.

Abkehr von der Unsicherheit des Leugnens der Sünde hin zu der Freiheit des Bekenntnisses und der Vergebung.

Abkehr vom Wunsch, das eigene Ich in den Mittelpunkt zu stellen, hin dazu, dass Sie sich von Jesus führen lassen im Dienst an anderen.

Abkehr von der ermüdenden Tretmühle der Religion hin zu der Ruhe, die Gott durch seine Gnade schenkt.

Abkehr von einem Leben als ein „Ich" hin zu einem Leben als ein „Wir", und fangen Sie jetzt an, dieses ewige, überfließende Leben zu führen.

Ich bete, dass Sie, während Sie dieses Buch lesen, diese „Umkehr" praktizieren. Ich hoffe, dass Sie bereits begonnen haben, Jesus anders zu sehen, dass Sie Ihre Bedürfnisse in einem neuen Licht sehen und Gottes Gnade als die Antwort auf die tiefste Sehnsucht Ihrer Seele erkennen. Wenn das so ist, dann sind Sie bereits dabei, umzukehren. Und während Sie sich mit dem Evangelium auseinandersetzen, wächst der Glaube.

Vergebung: immer real, aber nicht immer angenommen

Wenn sich unser Denken in Bezug auf Gott (Umkehr) wandelt und wir auf seine Liebe vertrauen (Glaube), dann sind wir bereit, seine Vergebung (der zweite unserer vier wichtigen Begriffe) anzunehmen, die nötig ist, um unsere zerbrochene Beziehung zu erneuern, zu versöhnen und wieder herzustellen.

Vergebung, der zweite der vier wichtigen Begriffe, geschieht zwischen zwei Menschen. Damit Vergebung Wirkung zeigt, muss sie angeboten *und* empfangen werden. Wenn das geschieht, können zerbrochene Beziehungen heil werden, und Parteien, die sich entfremdet haben, sich versöhnen.

Ja, es ist gut, Vergebung anzubieten, ob sie nun angenommen wird oder nicht. Therapeutische Vergebung ermöglicht es uns, die Bitterkeit, die uns innerlich auffrisst, zu überwinden. So gelangen wir an den Punkt, dass wir bereit sind, der Person, die uns Unrecht getan hat, zu vergeben. Das tut unserer geistigen Gesundheit gut, aber damit ist die zerbrochene Beziehung noch nicht geheilt. Manchmal müssen wir sogar einem Menschen, der bereits tot ist, „vergeben", nicht zum Zweck der Versöhnung, sondern zu unserer eigenen Heilung.

Das macht deutlich, dass Vergebung real sein kann, aber manchmal nicht angenommen wird. Gottes Vergebung ist für jeden von uns real. Gott ist bereit, uns jede Sünde, die wir begangen haben oder je begehen werden, zu vergeben, aber natürlich können Sie diese Vergebung nur annehmen, wenn Sie glauben, dass sie wahr ist. Ohne den Glauben an Jesus werden Sie sich von Gott eher fern halten, ihm aus dem Weg gehen. Sie halten fest an der Vorstellung, dass er böse auf Sie und Ihrer Sünde überdrüssig ist. So ging es auch dem verlorenen Sohn, bevor er umkehrte und zu seinem Vater zurückkehrte.

Der verlorene Sohn

In Lukas, Kapitel 15, erzählte Jesus eine seiner bekanntesten Geschichten: Das Gleichnis vom verlorenen Sohn. Die Geschichte zeigt uns Gott als unseren Vater und macht deutlich, dass wir als seine Kinder oft falsch handeln auf unterschiedliche Weise. Es zeigt auch, wie Gnade, Glauben, Vergebung und Umkehr zusammenwirken, um eine zerbrochene Beziehung wieder heil zu machen.

Kurz gefasst: Der Sohn eines wohlhabenden Grundbesitzers handelt unvorstellbar selbstsüchtig: Er fordert von seinem Vater seinen Anteil am Familienerbe im Voraus ein, um von zu Hause weggehen und seine Wünsche verwirklichen zu können. Das ist, als würde er zu seinem Vater sagen: „Ich kann nicht warten, bis du endlich tot bist." Trotz seiner grausamen und selbstsüchtigen Forderung (oder vielleicht gerade deswegen) gibt der Vater den Wünschen des Sohnes nach und lässt ihn mit seinem Erbe ziehen. Der Sohn verprasst sein Geld, und schon bald ist alles aufgebraucht und er am absoluten Tiefpunkt angekommen.

Er landet auf einem Bauernhof und muss sich von Schweinefutter ernähren (definitiv ein Unding für einen wohlhabenden jüdischen Mann). Der Schmerz und die Scham über seine Situation bewegen ihn zur *Umkehr* – was, wie Sie sicher noch wissen, *umdenken* bedeutet. „Ich habe mich geirrt", denkt er. „Vielleicht gibt mein Vater mir ja noch eine zweite Chance. Vielleicht kann ich ja bei ihm arbeiten wie einer seiner Tagelöhner und so meine Schuld abarbeiten." Dieses Eingeständnis seines falschen Handelns, gepaart mit der Hoffnung, dass sein Vater ihm gegenüber nicht nur puren Hass empfindet, puren Zorn, und auf Strafe aus ist, mehr braucht er nicht, um sich aus dem Sumpf zu befreien und auf den Heimweg zu machen.

Als der Sohn zu Hause ankommt, wartet eine große Überraschung auf ihn. Sein Vater begegnet ihm nicht im Zorn und macht ihm auch keine Vorhaltungen, dass er es ja gleich gesagt hätte. Die große Überraschung für den Sohn ist die *Gnade* seines Vaters.

Jesus beschrieb die Szene folgendermaßen: „Er machte sich auf den Weg und ging zurück zu seinem Vater. Der erkannte ihn schon von weitem. Voller Mitleid lief er ihm entgegen, fiel ihm um den Hals und küsste ihn" (Lukas 15,20). Der Vater begrüßt seinen Sohn zu Hause nicht als Tagelöhner, er heißt ihn willkommen *als seinen Sohn*. Alles ist vergeben: Die Beleidigung *und* die Schuld. Mehr noch, der Vater *nimmt* seinen Sohn nicht nur *an*; er *feiert* ihn. Er veranstaltet ein Willkommensfest für ihn, mit Essen,

Musik und Tanz. Jetzt ist es an dem Sohn, an die Vergebung seines Vaters zu *glauben*. Und als er das tut, sind sie wahrhaftig wiedervereint.

Jetzt spulen wir noch einmal für eine Zeitlupe zurück. Hätte der Sohn auf der Schweinefarm versucht, sein zerbrechliches Ego mit Lügen zu trösten, dass er eigentlich doch ein Opfer sei, von einem harten Vater verletzt, verwöhnt von einer überfürsorglichen Mutter, verlassen von Freunden, missverstanden von seinem Bruder, verfolgt von Pech im Geschäft und … und … und …, hätte er niemals die Verantwortung für seine Sünde übernommen, er wäre nie nach Hause zurückgekommen, hätte nie bekannt und um Vergebung gebeten und nie die Vergebung seines Vaters erlebt. Und hätte der verlorene Sohn fälschlicherweise angenommen, dass sein Vater böse auf ihn ist, dass ihn nur Zorn und Verurteilung erwarten würde (was durchaus gerechtfertigt gewesen wäre), wäre der Sohn nie zurückgekommen und hätte die Liebe und Gnade seines Vaters nie erfahren können.

Der Sohn wusste nicht, wie gnädig sein Vater tatsächlich war, aber sein Glaube war groß genug, um es herausfinden zu wollen. Sein Glaube war groß genug, um nach Hause zu kommen. Er wollte glauben, dass das Leben *mit* seinem Vater besser war als das Leben *fern von* seinem Vater. Und das reichte. Es war dieser winzige Glaube von der Größe eines Senfkorns, der sein Leben veränderte, ihn nach Hause brachte und ihn in die Position versetzte, alle Segnungen zu empfangen, mit denen sein Vater ihn bereits überschüttet hatte.

Nicht unser Glaube ist es, der Gott uns gegenüber liebevoll und gnädig stimmt oder zur Vergebung bereit macht. Das alles ist er bereits und viel mehr. Aber unser *Mangel* an Glaube kann uns von ihm fern halten und verhindern, dass wir die Vereinigung erleben, die Gott sich mit uns wünscht.

Enges Tor

Jesus lehrte, dass es einen „Weg" gibt, der zum Leben führt, und einen, der zum Tod führt. In seiner bekannten Bergpredigt sagte Jesus: „Geht durch das enge Tor! Denn das Tor zum Verderben ist breit und der Weg dorthin bequem. Viele Menschen gehen ihn. Aber das Tor, das zum Leben führt, ist eng und der Weg dorthin schmal! Deshalb finden ihn nur wenige" (Matthäus 7,13–14).

Dieses Buch ist unter anderem eine Einladung, sich für den schmalen Weg zu entscheiden. (Für die *Matrix*-Fans unter uns, das ist die rote Pille.) Es ist nicht der Weg der Vielen, des Mainstreams, der Massen. Es ist der Weg Jesu – ein Weg, den die Mehrheit gar nicht ausprobiert, und auch viele, die sich selbst „Christen" nennen, nicht gehen. Und auch das hat Jesus vorausgesagt (Matthäus 7,21–23). G. K. Chesterton formuliert das folgendermaßen: „Der christliche Glaube wurde nicht ausprobiert und als zu schwierig empfunden. Er gilt als schwierig und wird deshalb gar nicht erst ausprobiert."

Als junger Mensch nahm ich an, diese Lehre Jesu von dem schmalen Weg sei eine Aufforderung zum richtigen Leben, die Aufforderung, auf dem schmalen Weg zu bleiben, immer moralische Entscheidungen zu treffen, damit ich eines Tages durch das enge Tor eintreten könnte, wo der heilige Petrus mich mit einem lockeren Spruch auf den Lippen, der sich gut in Witzen macht, in Empfang nimmt. Die lange und schmale Straße kam zuerst, und wenn ich darauf blieb, dann erreichte ich vielleicht auch das enge Tor.

Aber jetzt erkenne ich, dass ich die Reihenfolge vollkommen verdreht hatte. Das verändert alles. Die Vorstellung, man müsste ein gutes Leben führen, damit man am Ende seines Lebens die Erlösung erlangt, ist die Vorstellung der Religion. Sie steht im krassen *Gegensatz* zu der Botschaft des Evangeliums. Das enge Tor, von dem Jesus in der Bergpredigt spricht, ist nicht das Himmelstor. Das Tor, von dem er spricht, ist er *selbst*. Er ist die Tür zum Leben. Das Tor kommt zuerst; dann wandeln wir auf der schmalen Straße, in der Begleitung und Freundschaft von Jesus.

Und so schließt sich der Kreis, und wir sind wieder bei der guten Nachricht in einem Wort – Jesus.

Als einige religiöse Führer Jesus mit seiner anstößigen Botschaft konfrontierten, sagte er: „Ich allein bin die Tür. Wer durch mich zu meiner Herde kommt, der wird gerettet werden. Er kann durch diese Tür ein- und ausgehen, und er wird saftig grüne Weiden finden" (Johannes 10,9). Jesus ist die Tür. Wir „treten ein durch die enge *Tür*" in *diesem* Leben, durch den Glauben. *Dann* erst beginnt unser Leben mit Jesus – der schmale Weg (Johannes 14,6) – ein Leben, in dem wir lernen, wie wir Jesus folgen können, voller Dankbarkeit für die Erlösung, die wir bereits geschenkt bekommen haben.

Ja, dieser Weg ist schmal, und nur wenige Menschen finden ihn. Ein Christus-Nachfolger zu sein bedeutet, den Weg der Minderheit zu gehen. Aber es ist auch ein Weg der Freude, Freiheit und einer Großzügigkeit des Geistes, geboren aus der Dankbarkeit für Gottes Gnade uns gegenüber. Und es kann auch ein Weg der Schwierigkeiten sein wegen der Missverständnisse und sogar der Verfolgung durch andere. Jesus warnt seine Jünger vor, sich auf eine Reaktion seiner Mitmenschen einzustellen, die nun wirklich alles andere als unterstützend ist (Johannes 15,18–21).

Die Kosten abwägen

Es wird Zeit, einmal Klartext zu reden.

Der *Glaube* macht uns offen, einander anzunehmen, *Vergebung* bereitet uns vor auf ein Leben in der *Nachfolge*, dem dritten unserer wichtigen Begriffe.

Der Apostel Jakobus schrieb: „Genauso nutzlos ist ein Glaube, der nicht in die Tat umgesetzt wird: Er ist tot" (Jakobus 2,17). Glaube ist Vertrauen, und wenn wir Jesus vertrauen, hören wir auf ihn, wenn er sagt: „Folge mir nach." Ein Mensch, der Jesus auf seine Aufforderung antwortet: „Oh, ich vertraue dir, Jesus, vollkommen. Aber ich will dir nicht nachfolgen", vertraut ihm wahrscheinlich gar nicht wirklich. Es gibt eine passende Bezeichnung für einen Menschen, der vorgibt zu glauben, aber nicht danach handelt: So jemand ist ein *Heuchler*. Jesus will nicht, dass Sie ein Heuchler sind, und Sie wollen das bestimmt auch nicht.

Nehmen Sie an, Sie hätten sich im Wald verirrt und würden einem Mann begegnen, der sagte: „Ich kenne den Weg. Vertrau mir. Lass uns in diese Richtung gehen. Folge mir." Wie würden Sie zeigen, dass Sie ihm wirklich *vertrauen*? Die Antwort auf diese Frage ist leicht: Sie würden ihm *folgen*. Und wenn Sie ihm nicht folgen würden, dann wäre das ein Hinweis darauf, dass Sie ihm nicht vertrauen. So ist das auch mit dem Glauben und der Nachfolge Jesu.

Wenn Sie der Meinung sind, dass Sie vielleicht bereit wären, Jesus zu folgen, dann hat Jesus Ihnen noch etwas zu sagen, bevor Sie den nächsten Schritt tun. Manchmal wenden sich Menschen voller Begeisterung Jesus zu und versichern ihn ihrer Loyalität. Seine gegen die Religion gerichtete Botschaft hat sie begeistert, aber vielleicht aus den falschen Gründen. Vielleicht hat es ihnen einfach nur gefallen, dass Jesus es „den Führern der organisierten Religion mal so richtig gezeigt hat". Vielleicht fanden sie die antiinstitutionelle Seite der Lehre Jesu anziehend. Aber Jesus wollte nicht, dass seine Nachfolger ihr Leben auf Opposition aufbauen. Jesus wollte, dass seine Nachfolger für etwas sind – oder besser, für *jemanden*.

Wenn Jesus also spürte, dass jemand mit der richtigen Begeisterung, aber mit der falschen Motivation zu ihm kam, schreckte er vor harten Worten nicht zurück. Einen reichen Mann forderte er auf, seinen ganzen Besitz zu verkaufen und das Geld den Armen zu geben. Von einem Mann, der seine Familie mehr als alles andere liebte, verlangte er, seine Familie zu verlassen und ihm nachzufolgen. Und zu einem Mann, der Komfort liebte und sich zu Jesus hingezogen fühlte wegen all der Segnungen, die er sich erhoffte, sagte Jesus: „Die Füchse haben ihren Bau und die Vögel ihre Nester; aber der Menschensohn hat keinen Platz, an dem er sich ausruhen kann" (Matthäus 8,20). Mit anderen Worten: „Sogar die Tiere haben einen Schlafplatz für die Nacht, aber ich nicht. Bist du sicher, dass du dich meiner Bewegung anschließen willst?"

Um dem Ruf Christi gerecht zu werden, möchte auch ich Ihnen die Gelegenheit geben, zuerst die Kosten zu überschlagen. Die Erlösung, die Jesus anbietet, ist ein Geschenk der Gnade – aber es kann Sie alles kosten. Ja, Gott hat den Preis bereits bezahlt, und wir müssen dies nur noch im Glauben annehmen. Wir können nichts tun, um uns zu verdienen, was uns als Geschenk gegeben ist. Aber dieses Geschenk ist Leben, und dieses Leben beginnt jetzt, und wir leben dieses wundervolle, von Jesus geformte Leben, indem wir unser Leben aufgeben in der Nächstenliebe, und dazu gehört auch, unsere Feinde zu lieben, so wie Jesus es getan hat.

Die attraktivste, liebevollste und scheinbar unerreichbare Person der Welt könnte zu Ihnen sagen: „Ich will dich heiraten", und das wäre ein unglaubliches Geschenk der Gnade. Aber wenn diese Person es tatsächlich ernst meinte und Sie tatsächlich heirateten, müssten Sie mit dieser Person zusammenleben, und das erfordert Arbeit. Sie müssen also die Kosten überschlagen – nicht nur die Kosten einer Hochzeit, sondern auch, was Sie Ihr Leben lang an Energie und Aufmerksamkeit in diese Ehe investieren müssen.

Darum sagte Jesus: „Wer mein Jünger sein will, darf nicht mehr sich selbst in den Mittelpunkt stellen, sondern muss sein Kreuz auf sich nehmen und mir nachfolgen" (Markus 8,34). Das ist mal eine Verkaufsmasche, Jesus! Aber im nächsten Vers spricht er weiter: „Denn wer sich an sein Leben klammert, der wird es verlieren. Wer aber sein Leben für mich und für Gottes rettende Botschaft aufgibt, der wird es für immer gewinnen." Jesus zeigt uns den einzigen Weg, wahrhaft zu leben – indem wir das eigene Ich sterben lassen und zulassen, dass das Liebesleben, das Gott im Evangelium beschreibt, unser Lebensinhalt wird.

Bei einer anderen Gelegenheit, als eine große Menschenmenge Jesus folgte in der Annahme, er würde ihnen einen leichten Weg zu Reichtum bieten, sagte er:

> „Stellt euch vor, jemand möchte einen Turm bauen. Wird er sich dann nicht vorher hinsetzen und die Kosten überschlagen? Er wird doch nicht einfach anfangen und riskieren, dass er bereits nach dem Bau des Fundaments aufhören muss. Wer es sieht, würde ihn auslachen und sagen: ‚Einen Turm wollte er bauen! Aber sein Geld reichte nur für das Fundament'" (Lukas 14,28–30).

Es gibt etwas Schlimmeres, als Jesus gar nicht erst zu vertrauen: ihm eine Zeit lang zu vertrauen und sich dann wieder abzuwenden (Lukas 9,62). Es gibt etwas Schlimmeres, als alleinstehend zu bleiben: zu heiraten und dann den Schmerz einer Scheidung zu durchleben.

Ein Bauprojekt ist ein treffendes Bild für unser Leben. Der erste Schritt ist, das richtige Fundament auszuwählen. Jesus sagte: „Wer nun auf das hört, was ich gesagt habe, und danach handelt, der ist klug. Man kann ihn mit einem Mann vergleichen, der sein Haus auf felsigen Grund baut" (Matthäus 7,24). Beachten Sie, dass der kluge Bauherr nicht einfach nur den festen Grund von Jesus und seinen Lehren auswählte. Er baute tatsächlich etwas darauf. Das tun wir, wenn wir das Gelernte umsetzen. Wir widerstehen der Versuchung der Heuchelei (viel lernen, aber wenig umsetzen) und richten unser Leben an den Lehren und dem Beispiel von Jesus aus.

Aber vorher, sagt Jesus, überschlägt ein kluger Bauherr die Kosten. Ein kluger Bauherr stürzt sich nicht kopfüber in ein Bauprojekt, ohne die Finanzierung gesichert zu haben, denn sonst kann es passieren, dass ihm mittendrin die Mittel ausgehen und das Projekt nicht fertiggestellt werden kann. Jesus sagt, wenn Menschen die richtige Entscheidung aus den falschen Gründen treffen, wenn sie ihm nachfolgen wollen, weil sie sich ein leichtes Leben wünschen und nicht ein Leben der Liebe führen wollen (das niemals leicht ist), dann könnten sie sich mitten auf dem Weg wieder von Jesus abwenden, und das ist schlimmer, als wenn jemand gar nicht erst ein Ja für Jesus gefunden hätte. Jetzt ragt ihre Unentschiedenheit als ein Denkmal des Versagens auf. Wir versagen, trotz unserer besten Absichten, aber Gottes Gnade versagt nie.

Darum fordert Jesus jeden bereitwilligen angehenden Nachfolger auf, zuerst die Kosten zu überschlagen. Sind Sie bereit, Ihr ganzes Leben Jesus anzuvertrauen?

Bereit für eine Entscheidung?

Das Leben im *Glauben* an Jesus, das uns dafür öffnet, die *Vergebung* Gottes anzunehmen und uns vorbereitet, Jesus als unserem Herrn *nachzufolgen,* mündet ein in *Freundschaft*, den letzten der vier wichtigen Begriffe. Gott will nicht nur Ihr guter Freund sein, sondern Ihr bester Freund, Ihr Lebenspartner, Ihr geistlicher Ehemann.

Manche Menschen wollen sich lieber alle Möglichkeiten offen halten. Sie tummeln sich auf der Spielwiese verschiedener Weltsichten und weigern sich, eine Entscheidung zu treffen, während das Leben an ihnen vorbeizieht. Ich verstehe das. Ich habe das auch getan. Aber wenn ich in diesem Schwebezustand geblieben wäre, dann hätte ich unglaublich viel verpasst.

Wegen ihrer Bindungsangst begnügen sich viele Menschen mit Kostproben von Jesus, genießen den Geschmack seiner Lehre, wenn sie ihnen gefällt, bevor sie zur nächsten geistlichen Kostprobe weiterziehen, die ihnen angeboten wird. Das ist eine Büffet-Spiritualität.

Vielleicht sind Sie in geistlicher Hinsicht schon einmal verletzt worden. Vielleicht haben die organisierte Religion im Allgemeinen oder religiöse Menschen im Besonderen Ihnen weh getan. Wenn das so ist, verstehe ich, dass Sie Angst vor einer Bindung haben, dass Sie versucht sind, sich das Beste aus allen Religionen und Philosophien herauszupicken und Kostproben zu naschen von dem großen Glaubensbuffet. Es gibt Menschen, die ihr ganzes Leben so gestalten, sich von allem das Beste heraussuchen, aber keinerlei Verpflichtungen eingehen. Solche Menschen lieben die Romantik der Freundschaft, scheuen aber zurück vor der harten Arbeit einer Ehe. Sie sind immer bereit für neue Abenteuer, aber niemals bereit, sich „niederzulassen". Eine Zeit lang erscheint das aufregend. Aber das Leben geht weiter, wir werden reifer und erkennen, dass einige der Vorteile des Menschseins an uns vorbeiziehen – miteinander alt zu werden, in einer Liebe, die nur eine beständige Beziehung hervorbringt.

Ich bin solchen Menschen begegnet. Sie sagen mir oft: „Ich bin ein Mensch des Glaubens", oder: „Ich bin für den Glauben", oder: „Mein Glaube ist stark", aber sie sprechen nie darüber, an was oder wen sie glauben. Das ist ein falscher Gebrauch dieses Begriffes.

Diese Menschen flirten mit dem Glauben, aber ihnen fehlt das Vertrauen. Wir hatten ja gesagt, dass der Glaube ein *verbindendes* Wort ist – Glaube ist, was Menschen verbindet. Das bedeutet, dass ich vollkommenes Vertrauen zu jemandem oder etwas habe. Glaube bedeutet, dass ich beschlossen habe, auf eine *bestimmte* Person oder eine Perspektive, die mein Leben bestimmt, zu vertrauen. Glaube ist dann nur so wertvoll und so mächtig wie die Person oder die Perspektive, auf die wir unseren Glauben setzen.

Wenn wir Jesus kennen, ist eine „Person des Glaubens" für uns wie ein Seelengefährte, eine „Person der Liebe" oder ein „Ehepartner". Aber wer verliebt ist, spricht von Liebe nicht als einem freischwebenden Thema – er spricht von dem *Menschen*, den er liebt. Er sagt nicht, dass er die „Ehe" will – er sagt, dass er *die Person* heiraten will, die er liebt.

Ich lade Sie also nicht ein, „eine Person des Glaubens" zu werden. Wie langweilig! Wie geistlos! Wie leer! Ich lade Sie ein, sich in *Jesus* zu verlieben, *Jesus* zu vertrauen und die Entscheidung zu treffen, Ihr ganzes Leben *Jesus* anzuvertrauen.

Es ist Zeit für die Frage, ob vielleicht die Angst Sie vom echten Glauben abhält. Dieses Buch ist meine Einladung an Sie, sich zu binden. Mein Vorschlag ist, dass Sie „ja" sagen zu der fröhlichen Erfahrung, das Leben zu entdecken, zu dem Sie erschaffen wurden: Ein Leben in enger Gemeinschaft mit Jesus. Sind Sie bereit, den Bund fürs Leben zu schließen?

EPILOG

WAS NUN?

> Ich war mein ganzes Leben eine Glocke und wusste es nicht, bis zu dem Augenblick, in dem ich hochgehoben und geläutet wurde.
>
> **Annie Dillard**

Ich habe eine Frage an Sie. Wo ordnen Sie sich ein? Sie haben jetzt das Buch mit dem Titel *Jesus. Punkt.* gelesen. Also, wo ordnen Sie sich ein?

Wir gehen alles noch mal in umgekehrter Reihenfolge durch.

Sünder?

Sind Sie ein Sünder? Absolut (nicht).

Einerseits sind wir alle Sünder und „schuldig geworden und spiegeln nicht mehr die Herrlichkeit wider, die Gott dem Menschen ursprünglich verliehen hatte" (Römer 3,23). Der Apostel Paulus schrieb: „Jesus Christus ist in diese Welt gekommen, um uns gottlose Menschen zu retten. Ich selbst bin der Schlimmste von ihnen" (1. Timotheus 1,15). Selbst nachdem Paulus die vergebende Annahme durch Jesus erfahren hatte, bezeichnete er sich weiter als Sünder, in der Gegenwartsform. (Paulus war an der Verfolgung von Christen beteiligt, bevor er selbst Christ wurde.

Das erklärt seine Formulierung: „Ich selbst bin der Schlimmste von ihnen".)

Aber Paulus betrachtete sich auch als jemand, der Vergebung erfahren hatte, gereinigt und dessen Beziehung zu Gott wiederhergestellt worden war, was bedeutet, dass er nicht mehr in erster Linie ein Sünder war. Als er einmal darüber klagte, manchmal doch der Versuchung nachzugeben, nahm Paulus die folgende Korrektur seines Selbstverständnisses vor: „Wenn ich also immer wieder gegen meine Absicht handle, dann ist klar: *Nicht ich selbst bin es, der über mich bestimmt, sondern die in mir wohnende Sünde*" (Römer 7,20). Wenn ich dieser Argumentationslinie folge, dann entsprechen die sündigen Gedanken oder Taten nicht dem, was ich (das wahre „Ich") tatsächlich möchte. Es sind alte Gewohnheiten und periphere Aspekte meiner Person. Aber das wahre Ich will nicht mehr sündigen. Das wahre Ich hat die Güte der Gnade Gottes geschmeckt und will immer mehr von Gott haben. Für einen Christus-Nachfolger, der gereinigt und versöhnt ist und Vergebung erfahren hat (sollten Sie diesen Weg wählen), ist Sünde immer noch im Bereich des Möglichen, und vielleicht auf flüchtige Weise auch angenehm, aber sie wird niemals vollständig zufriedenstellen, weil sie nicht mehr zu der Person gehört, die wir tatsächlich sind.

Haben Sie schon mal eines von diesen Bildern von einem Menschen gesehen, auf dessen einer Schulter ein Engel und auf dessen anderer ein Teufel sitzt? Das ist ein Bild für die Erfahrung des Menschen, dass zwei Kräfte in uns wohnen, die miteinander im Kampf stehen. Unser Es und unser Über-Ich, wie es bei Sigmund Freud heißt, wetteifern um die Aufmerksamkeit unseres Egos. Wenn wir mittendrin stecken in einer solchen Auseinandersetzung der miteinander ringenden inneren Impulse, geht es uns nicht gut. Wir fühlen uns hin- und hergerissen. Unsere eine Hälfte will das Gute, die andere das Böse. Dieser Entscheidungskampf der Christus-Nachfolger ist keine Schlacht zwischen gleichen, sondern zwischen gegensätzlichen inneren Kräften (z. B.

Ihrer guten Hälfte und Ihrer schlechten Hälfte), zwischen Ihrem eigentlichen Ich und Ihrem falschen Ich, zwischen Ihrem Geist und Ihrem Fleisch, Ihrer inneren Person und Ihrer äußeren Persona, Ihrem Mittelpunkt und Ihrem äußeren Kreis.

Das bedeutet nicht, dass wir in der Lage sind, ein vollkommenes, geistlich reifes Leben zu führen, das frei ist von allem Versagen. Aber es bedeutet, dass unser Geist – der Kern dessen, wer wir sind – hier und jetzt neu geschaffen, gereinigt und bevollmächtigt ist. Und das wird einen großen Unterschied machen in der Art, wie wir uns selbst sehen, wie wir unsere Beziehungen gestalten und unsere Entscheidungen angehen.

Heiliger?

Sind Sie ein Heiliger? Die Entscheidung liegt bei Ihnen. Wenn Sie Gottes Gnade im Glauben angenommen haben, dann *sind* Sie ein Heiliger.

Ich weiß, in unseren Augen sind Heilige besondere Superchristen, in der mittelalterlichen Ikonografie häufig mit einem Heiligenschein dargestellt. Aber das Wort *Heiliger* bedeutet nur, dass jemand „heilig" ist, und das ist die wundervolle Botschaft des Evangeliums: Heiligkeit oder Gerechtigkeit ist kein geistlicher Zustand für uns, den wir durch unser vorbildliches Leben erlangen können, sondern ein Geschenk von Gott, das wir im Glauben einfach annehmen dürfen.

Wenn Sie vereint sind mit Gott durch Christus, dann sind Sie heilig. Sie sind ein Heiliger.

In ihren Briefen nannten die ersten Christen alle Gläubigen „Heilige" (siehe z. B. Römer 1,7; 1. Korinther 1,2; Kolosser 1,2). Heilig zu sein bedeutet einfach, für einen bestimmten Zweck ausgesondert zu sein, und das trifft definitiv auf alle zu, die Jesus nachfolgen. In der ersten Gemeinde hat es nie eine bestimmte Klasse von Superchristen gegeben, die „Heilige" genannt wurden. Kein Christ, ob noch am Leben oder schon tot, wurde als jemand verehrt, der sich von den anderen aus der Glaubensfamilie abhob. Vielmehr betrachtete sich jeder selbst und alle anderen Christen als Heilige Gottes.

Wenn Sie also das nächste Mal in Versuchung geraten oder feststellen, dass sündige Wünsche in Ihnen die Oberhand gewinnen wollen, rufen Sie sich in Erinnerung, wer Sie *tatsächlich* sind und was Sie *tatsächlich* wollen. In einigen Bereichen sind Sie vielleicht immer noch ein Sünder, aber Sie haben weit mehr von einem Heiligen in sich als von einem Sünder. Ihr Status als „Sünder" ist ein noch verbliebener Teil Ihrer Vergangenheit, aber Ihr Status als „Heiliger" ist ein sehr gegenwärtiger Teil Ihrer Zukunft.

Nehmen Sie den folgenden Rat des Apostels Paulus an:

> „Wie gesagt, meine lieben Brüder und Schwestern, ich weiß genau: Noch bin ich nicht am Ziel angekommen. Aber eins steht fest: *Ich will vergessen, was hinter mir liegt, und schaue nur noch auf das Ziel vor mir. Mit aller Kraft laufe ich darauf zu,* um den Siegespreis zu gewinnen, das Leben in Gottes Herrlichkeit. Denn dazu hat uns Gott durch Jesus Christus berufen" (Philipper 3,13–14).

Die griechischen Wörter für „schaue nur noch auf das Ziel" und „mit aller Kraft laufe ich darauf zu" bedeuten im Urtext, sich auszustrecken und nachzujagen, zu verfolgen, Jagd zu machen auf etwas. Unser Fokus als Christus-Nachfolger liegt nicht auf dem, wer wir *waren* („ich will vergessen"), sondern auf dem, der wir *werden*. Wir jagen unserer eigentlichen Identität nach, Tag für Tag, in jedem Augenblick, mit jeder Wahl und jeder neuen Entscheidung, die wir treffen.

Als Heiliger sind Sie nicht mehr ein Produkt Ihrer Vergangenheit, sondern ein Produkt Ihrer Zukunft. Sie definieren sich nicht mehr über Ihre Vergangenheit, sondern nur über das Leben, den Tod und das neue Leben Jesu Christi. Mögen Sie jeden Augenblick eines jeden Tages mit einer erneuerten Einstellung und einem klareren Blick für die Person leben, die Sie tatsächlich sind und werden.

Willkommen in der Gemeinschaft der Heiligen!

Suchender

Sind Sie ein Suchender? Ich hoffe es. Und hören Sie nie auf, es zu sein. Ein Christus-Nachfolger hat bereits sein höchstes Ziel und seine Bedeutung in dem Gott, der Liebe ist, gefunden, aber er strebt danach, diese Liebe immer intensiver zu erfahren.

Jesus sagte: „Darum sage ich euch: Bittet Gott, und er wird euch geben! Sucht, und ihr werdet finden! Klopft an, und euch wird die Tür geöffnet! Denn wer bittet, der bekommt. Wer sucht, der findet. Und wer anklopft, dem wird geöffnet" (Lukas 11,9-10). Er fährt fort und betont, dass der Fokus unseres Bittens, Anklopfens und Suchens auf Gott und die Gegenwart seines Heiligen Geistes gerichtet sein sollte.

Der Apostel Paulus forderte die Menschen auf, die bereits Christen, Heilige Gottes, waren, sich „erfüllen zu lassen mit dem Geist Gottes" (Epheser 5,18). Nach mehr von Gott zu streben und unser Leben erfüllen zu lassen von seiner Gegenwart, sollte unser aller Ziel sein. Die Verantwortung dafür, wie wir das verwirklichen, liegt bei uns. Denken Sie nicht, Sie hätten von Gott bereits alles, was Sie je bekommen werden. Streben Sie vielmehr beständig nach einer tieferen Erfahrung seines Geistes.

Auf diesem Streben liegt kein Druck, und bei einem Versagen drohen keine schlimmen Konsequenzen. Stellen Sie sich lieber vor, dass Sie sich immer mehr Intimität mit einem geliebten Partner wünschen. Wir wollen keinen einzigen Tag verstreichen lassen, ohne Gott näher zu kommen.

Und wie kann das gelingen? Wie streben wir nach immer mehr von Gottes Geist? Wie können wir die Aufforderung umsetzen, uns erfüllen zu lassen mit dem Geist Gottes? Dieses Thema könnte zwar ein ganzes Buch füllen, doch im Augenblick kann ich eins sagen. Stellen Sie sich Ihr Leben als Zuhause und Gott als Ihren himmlischen Ehepartner vor. Sie haben geheiratet und als Lebenspartner Ihr Heim bezogen. Nach der Hochzeit jedoch haben Sie Gott, anstatt mit ihm zu leben, in den Keller Ihres Unterbewusstseins verbannt. Jetzt ist er nicht mehr Ihr Partner in allen Dingen des Alltags, sondern eher ein Mieter, der einen Kellerraum gemietet hat. Vielleicht sehen Sie einmal in der Woche nach ihm, um sich davon zu überzeugen, dass er immer noch da ist und Sie sich immer noch gut verstehen, aber dann kehren Sie in Ihr Leben zurück und leben als Single weiter. Sie sind sich vage bewusst, dass Gott irgendwo in der Nähe ist, und wenn jemand Sie fragen würde, würden Sie von ganzem Herzen sagen: „Ja, ich liebe Gott sehr. Wir bewältigen unser Leben gemeinsam." Aber in der Praxis ist Gott eher Ihr Mieter und nicht Ihr Partner.

In jede Liebesbeziehung muss investiert werden. „Mit dem Geist Gottes erfüllt" zu werden bedeutet, dass wir Gott aus dem Keller unseres Unterbewusstseins in unseren Alltag einladen und das Leben gemeinsam meistern. Gott sollte bei jeder Entscheidung und Erfahrung bei uns sein, und wir sollten uns bewusst machen, dass wir geliebt werden und in jedem Augenblick unseres Lebens zur Liebe eingeladen sind. Mit dem Geist erfüllt zu sein bedeutet, ganz bewusst mit Gott zusammenzu*sein*, Gott zu bitten, Sie zu führen, mit ihm zu reden und auf ihn zu hören und andere Menschen mit der Liebe Gottes zu lieben, und sich dessen bewusst zu sein, dass Sie alles *gemeinsam* tun, und sich daran zu freuen.

„Ich will"

Ich möchte Ihnen vier Punkte nennen, die mich motiviert haben, dieses Buch zu schreiben, und Sie vermutlich motiviert haben, es zu lesen.

Erstens, der Apostel Johannes schreibt, dass Jesus Licht zu allen Menschen gebracht hat dadurch, dass er in die Menschheitsgeschichte eintrat (Johannes 1,4–5.9). Jesus hilft Ihnen, alles viel deutlicher zu erkennen.

Zweitens, Jesus selbst betonte, dass er uns alle durch seinen Tod am Kreuz zu sich ziehen würde (Johannes 12,32). Sie werden zu Jesus gezogen.

Drittens, Jesus sagte auch, dass der Geist Gottes jeden überführen würde von dem, was falsch ist, und uns zu dem ziehen würde, was richtig ist (Johannes 16,8–11). In dem Ausmaß, in dem Sie auf das sanfte Flüstern des Geistes Gottes hören, bekommen Sie Klarheit darüber, was Sie hinter sich lassen müssen und was Sie wirklich annehmen wollen.

Viertens, wenn wir der guten Nachricht von Jesus Aufmerksamkeit schenken, wächst unser Glaube (Römer 10,17). Das Evangelium hat seine eigene Kraftquelle. Die Botschaft selbst bringt den Glauben hervor, der nötig ist, sie zu glauben und zu empfangen. Sie sind bereit, darauf zu reagieren.

Der Apostel Johannes war sehr offen in Bezug auf seine Motivation, seine Biografie von Jesus zu schreiben. „Aber die hier aufgezeichneten Berichte wurden geschrieben, damit ihr glaubt, dass Jesus der Christus ist, der versprochene Retter und Sohn Gottes. Wenn ihr an ihn glaubt, habt ihr durch ihn das ewige Leben" (Johannes 20,31). Das ist alles.

Das war meine Motivation, dieses Buch zu schreiben. Ich schrieb dieses Buch, damit Sie glauben, dass Jesus der Messias ist (der Eine, der uns von unserer Sünde und Trennung von Gott befreit) und der Sohn Gottes (der Eine, der uns wahrhaftig zeigt, wer Gott ist und wozu wir erschaffen wurden), und dass Sie durch den Glauben an Jesus ein Leben in seinem Namen leben (das heißt, das Leben in Fülle, das Gott immer für Sie vorgesehen hatte).

Sind Sie jetzt also bereit, auf Jesu Einladung zu antworten mit den Worten „Ich will"? Wenn das so ist, dann helfe ich Ihnen gern bei Ihrem Versprechen.

Im letzten Kapitel der Bibel finden wir eine Einladung, das Geschenk der Gnade Gottes anzunehmen. Die Einladung wird ausgesprochen von dem Geist Gottes *und* der Braut Christi, der Gemeinde. „Der Geist und die Braut sagen: ‚Komm!' Und wer das hört, soll auch rufen: ‚Komm!' Wer durstig ist, der soll kommen. Jedem, der es haben möchte, wird Gott das Wasser des Lebens schenken" (Offenbarung 21,17).

Jesus-Nachfolger wie ich laden andere ein, die Gnade Gottes anzunehmen. Ich schließe dieses Buch, indem ich Sie einlade, nach Hause zu Gott zu kommen und seine Umarmung anzunehmen. Wenn Ihre Seele nach mehr dürstet, dann hoffe ich, dass Sie auf diese Einladung reagieren. Wenn Sie das Gefühl haben, bereit zu sein, dieses Geschenk anzunehmen, und die Liebe und das Leben, das Jesus für Sie bereithält, erfahren möchten, dann gebe ich Ihnen hier einige einfache Tipps, wie sie das hier und jetzt tun können.

Nehmen Sie sich zuerst etwas Zeit, um zu beten. In diesem Buch haben wir viel *über* Gott gesprochen. Wenn Sie es noch nicht probiert haben, dann könnte jetzt der Zeitpunkt für Sie sein, in dem Sie anfangen, *mit* Gott zu reden.

Wenn Sie sich noch nicht trauen, selbst mit Gott zu reden, dann schlage ich Ihnen gern ein Gebet vor, das Sie zu Ihrem eigenen machen könnten.

Unten finden Sie ein Gebet, das Sie nachsprechen können. Es gibt Ihnen die Gelegenheit, Ihre Liebe, Ihren Glauben und Ihre Dankbarkeit Gott und dem Evangelium gegenüber zum Ausdruck zu bringen. Diese Worte haben nichts Magisches an sich. Sie bieten Ihnen eine Möglichkeit auszusprechen, was Sie empfinden. Sie können das Gebet lesen oder diese Gedanken mit eigenen Worten vor Gott aussprechen. Einige Hochzeitspaare wählen ein vorformuliertes Ehegelübde, das sie dem Pastor nachsprechen, andere formulieren lieber ein eigenes. Wie auch immer, wichtig ist nur die innere Einstellung.

Lesen Sie dieses Gebet durch, denken Sie darüber nach, und wenn es wiedergibt, was Sie in diesem Augenblick empfinden, dann machen Sie diese Worte zu Ihren Worten und dieses Gebet zu Ihrem Gebet.

> Lieber Gott,
>
> danke für diese gute Nachricht. Danke für deine Liebe zu mir und das Leben, das du mir schenken willst. Ich nehme dein Geschenk der Erlösung an, und ich vertraue Jesus, dass er mein Herr, mein Hirte, mein Meister und mein Berater ist. Ich bin traurig über meine Sünden, und ich danke dir für deine Vergebung. Ich will nicht mehr länger vor dir davonlaufen oder dich ignorieren oder für irgendein anderes Ziel leben als für dich. Danke, dass du mein Freund bist. Ich freue mich darauf, deiner zu sein.
>
> Amen.

Wenn dieses Gebet ausdrückt, was Sie empfinden, dann möchte ich als Erster zu Ihnen sagen: „Willkommen in der Familie!" Durch Jesus sind wir Brüder und Schwestern. Sie sind ein Teil von etwas, das auf keiner Landkarte zu finden ist. Es erstreckt sich über die ganze Welt und durch die Zeiten – die Familie des Glaubens, der Leib Christi, die Braut Jesu, die Versammlung des Volkes Gottes. Die Gemeinde.

Aber vielleicht sind Sie noch nicht so weit. Vielleicht sind Sie noch unentschlossen oder wollen sich noch nicht festlegen. Na gut, lassen Sie uns damit arbeiten.

Vielleicht haben Sie das Gefühl, mehr Zeit zu brauchen, bevor Sie eine Bindung eingehen. Glauben Sie mir, ich verstehe das. Vielleicht müssen Sie einen Schritt zurücktreten und nachdenken, forschen, diskutieren, überlegen und beten. Mein einziger Vorschlag wäre, dass Sie nicht aufhören zu fragen, zu suchen und an die Tür des Himmels zu klopfen. Gott hat Sie so weit gebracht, und er gibt nicht auf, also tun Sie es bitte auch nicht.

Vielleicht sind Sie noch nicht davon überzeugt, dass Sie Jesus nachfolgen wollen, aber vielleicht würden Sie es gern. Sie haben bis zu dieser Stelle im Buch durchgehalten, viel Zeit und viele Gedanken investiert, was mir zeigt, dass Sie diese Frage ernst nehmen. Vielleicht fühlen Sie das Ziehen Gottes oder spüren, dass die Botschaft von Jesus wahr ist.

Ein Mann mit einem kleinen Glauben sagte zu Jesus: „Ich vertraue dir ja – hilf mir doch, meinen Unglauben zu überwinden" (Markus 9,24). Finden Sie sich in diesen Worten wieder? Haben Sie gerade so viel Glauben, dass Sie ihn bitten können, Ihnen zu helfen, Ihren Mangel an Glauben zu überwinden? Vielleicht möchten Sie dieses oder ein ähnliches Gebet sprechen:

> Lieber Gott,
> ich weiß nicht, was ich glaube. Aber hier stehe ich und rede mit dir. Ich bin bereit zu lernen und möchte mich weiterentwickeln. Ich denke schon, dass an dieser Sache mit Jesus etwas dran ist, und ich bitte dich, mir klarzumachen, dass diese Botschaft wahr ist. Wenn ich Jesus nachfolgen soll, dann brauche ich Hilfe, das weiß ich, Hilfe von dir und von anderen. Ich bin bereit, jede Hilfe anzunehmen, die du mir geben willst.
> Danke.
> Amen.

Und was nun?

Was nun? Hier einige mögliche nächste Schritte. Dies ist keine Liste, die abzuarbeiten ist. Unser wahres Ich entwickeln wir nur, wenn unser Glaube zur Tat wird.

1. *Sprechen Sie mit jemandem darüber.* Das Evangelium ist eine Botschaft, die auf Beziehung ausgelegt ist, und wir werden das Gefühl haben, dass etwas fehlt, wenn wir es für uns behalten, anstatt es in einer Beziehung umzusetzen. Sie können damit anfangen, indem Sie mir davon erzählen. Nehmen Sie Kontakt zu mir auf. Bruxy Cavey: Ein ungewöhnlicher Name, den Sie in den sozialen Netzwerken sicherlich schnell finden werden. Ich würde gern mit Ihnen feiern! Und wenn Sie dieses Buch von jemand geschenkt bekommen haben, dann sprechen Sie diese Person an. Ich wette, sie wird gern zu einem Gespräch mit Ihnen bereit sein.

2. *Gehen Sie zur Kirche.* Suchen Sie sich eine gute Gemeinde. Es wird Ihnen gut tun, durch innige und interaktive Beziehungen mit Menschen, die auf demselben Weg unterwegs sind, im Glauben weiterzukommen. Suchen Sie das Gespräch mit dem Pastor oder dem Gemeindeleiter der Kirche, der Sie sich anschließen wollen. Erzählen Sie von Ihren Erfahrungen mit diesem Buch und den Fragen, die Sie bewegen. Wenn ein Gemeindeleiter kein Interesse zeigt, Ihnen bei Ihren Fragen zu helfen, dann sind Sie in der falschen Gemeinde.

3. *Geben Sie dieses Buch weiter.* Vielleicht stehen Ihnen bereits Menschen vor Augen, die auf der Suche sind nach der Freiheit und dem Neuanfang, die nur Jesus anbietet. Behalten Sie Ihre Erfahrungen nicht für sich. Und lassen Sie sich nicht entmutigen, wenn diese Menschen nicht genauso darauf reagieren wie Sie. Die Botschaft ist für alle gleich, aber der Glaube ist eine sehr persönliche Angelegenheit.

4. *Gründen Sie eine Gruppe.* Wenn Sie Menschen finden, die wie Sie mehr über Jesus erfahren wollen, könnten Sie einen Gesprächskreis ins Leben rufen. Im Gespräch miteinander lernen wir auf eine andere Weise. Wir nehmen teil an den Gedanken anderer und sind bemüht, unsere eigenen Gedanken in Worte zu fassen.

5. *Lesen Sie das Buch noch einmal.* Ob nun im Rahmen einer Gruppe oder für sich allein, die Botschaft dieses Buches ist eine Botschaft, die wiederholt werden will. Wir können nie genug bekommen von dem Evangelium in uns. Das Evangelium ist mehr als die Botschaft, die uns zu Jesus führt: Es ist die Botschaft, durch die Jesus uns führen will. Also lesen Sie dieses Buch noch einmal, *langsam*. Nehmen Sie sich eine Bibel und schlagen Sie die Bibelstellen nach, lesen Sie sie im Zusammenhang und machen Sie sich Notizen. Nehmen Sie auch Ergänzungsmaterial zu Hilfe, ob nun gedruckt oder aus dem Netz. Und bitten Sie Gott, Sie zu lehren, bevor Sie damit anfangen, und danken Sie, wenn Sie aufhören wollen, Gott für das, was er für Sie getan hat und in Ihnen wirkt.

6. *Lassen Sie sich taufen.* Ja, Sie haben richtig verstanden. Die Taufe ist ein wunderschönes Symbol für unsere Errettung, durch die Gott uns für den Rest unseres Lebens an das Evangelium erinnern kann. Gott hat uns zu körperlichen Wesen erschaffen, und er nutzt physische Gegebenheiten, um uns geistliche Wahrheiten in Erinnerung zu rufen. Durch die Taufe zeigen wir uns und anderen, was wir als geistlich wahr erkannt haben: Wir sind unserem alten Leben gestorben, rein gewaschen von all unserer Sünde und auferstanden zu einem neuen Leben in Christus. Wenn Sie bereit sind, ja zur Nachfolge Jesus zu sagen, verleihen Sie Ihrem Ja Ausdruck in der Taufe.

7. *Suchen Sie täglich das Gespräch.* Eine innige Beziehung gedeiht durch täglichen Umgang. Jesus wollte, dass Gottes Kinder täglich mit ihrem himmlischen Vater reden (Matthäus 6,11), da auch er immerzu mit uns spricht. Besorgen Sie sich eine Bibel und fangen Sie an, in den Evangelien zu lesen. Nehmen Sie sich jeden Tag ein paar Minuten Zeit, um einen Abschnitt zu lesen (auf Gott hören), anschließend zu beten (mit Gott reden) und am Schluss über das nachzudenken, was Gott Ihnen klargemacht hat (damit es in Ihr Herz einsinken kann). Lesen transportiert die Information weiter; Meditation lässt sie in Ihrem Herzen Wurzeln schlagen. Nehmen Sie sich jeden Tag Zeit, um mit Gott in Beziehung zu treten, und achten Sie darauf, wie sich Ihr Geist, Ihr Herz und Ihr Leben verändern.

8. *Pflegen Sie bewusste Wahrnehmung.* Sobald Sie es sich zur Gewohnheit gemacht haben, sich jeden Tag auf Ihr Liebesleben mit Gott zu konzentrieren, ihn besser kennenzulernen und Ihr Wissen zu erweitern, können Sie einen Schritt weitergehen und Gott in jeden Augenblick Ihres Lebens einladen. Gott wünscht sich, dass wir „niemals aufhören zu beten" (1. Thessalonicher 5,16–18), so schreibt es der Apostel Paulus. Damit ist das Bewusstsein gemeint, dass wir unser Leben nicht allein meistern müssen, dass wir mit unserer größten Liebe zusammen sind und dass wir uns der Gegenwart Gottes bewusst sind, auch wenn wir mit den vielen

Aktivitäten unseres Lebens beschäftigt sind. Das Leben ist viel besser, wenn man es mit seinem besten Freund erlebt.

9. *Dienen Sie Jesus durch andere.* Gelegenheiten, Jesus nahe zu sein, finden wir, wenn uns die Schwierigkeiten und Bedürfnisse anderer nicht kalt lassen. Wenn wir den Armen und den am Rande der Gesellschaft Lebenden so dienen, wie Jesus es getan hat, dann freut sich Jesus darüber. „Wahrlich, ich sage dir", wird er am Gerichtstag sagen, „was du für die geringsten meiner Brüder und Schwestern getan hast, hast du mir getan" (siehe Matthäus 25,31–46). Und wenn wir andere Menschen verletzen, dann nimmt Jesus auch das persönlich (Apostelgeschichte 9,4–5). Wenn wir Gott lieben, dann lieben wir die Menschen, die er liebt (1. Johannes 4,12.20), und durch unsere Liebe zu diesen Menschen kommen wir Jesus Stück für Stück näher.

10. *Ziehen Sie das neue Ich an.* Jede Entscheidung, die Sie treffen, bietet Ihnen die Gelegenheit, mehr zu dem Menschen zu werden, der Sie tatsächlich sind – oder aber gedankenlos den schmarotzerhaften Impulsen zu folgen, die zu Ihrer Vergangenheit gehören. Der Apostel Paulus schrieb über das Neinsagen zu Dingen, die den Heiligen Geist im Menschen traurig machen, wie Zorn, Verleumdung, Gier und mangelnde Vergebungsbereitschaft:

> „Ihr sollt euer altes Leben wie alte Kleider ablegen. Folgt nicht mehr euren Leidenschaften, die euch in die Irre führen und euch zerstören. Lasst euch in eurem Denken verändern und euch innerlich ganz neu ausrichten. Zieht das neue Leben an, wie ihr neue Kleider anzieht. Ihr seid nun zu neuen Menschen geworden, die Gott selbst nach seinem Bild geschaffen hat. Jeder soll erkennen, dass ihr jetzt zu Gott gehört und so lebt, wie es ihm gefällt" (Epheser 4,22–24).

Treffen Sie jede Entscheidung ganz bewusst, weil jede Entscheidung geistliche Auswirkungen hat.

Wer sind Sie?

Sie sind wie ein Drachen, erschaffen von Gott, angeleint durch den Glauben, geführt durch Christus, in die Höhe getragen von dem Wind des Geistes Gottes.

Sie sind wie ein verlorener Sohn oder eine verlorene Tochter, die nach Hause zurückkehrt und feststellt, dass Ihr Vater bereits Ausschau hält nach Ihnen und gern ein Fest für Sie veranstalten möchte.

Sie sind die Braut Christi, erwünscht und umworben von ihm und jetzt bereit, Ihr gemeinsames Liebesleben zu beginnen.

Nehmen Sie sich einen Augenblick Zeit und lassen Sie das alles erst einmal sacken.

Der Apostel Paulus schrieb ein Gebet für die Christen des ersten Jahrhunderts. Wir finden es im Epheserbrief, Kapitel 3, in den Versen 14 bis 19. Er wollte, dass jeder Mensch über den Glauben an Jesus allein hinauswächst und die Fülle der Liebe Gottes für ihn erlebt. Und dies ist mein Gebet für uns alle.

Darum knie ich nieder vor Gott, dem Vater, und bete ihn an, ihn, dem alle Geschöpfe im Himmel und auf der Erde ihr Leben verdanken und den sie als Vater zum Vorbild haben. Ich bitte Gott, euch aus seinem unerschöpflichen Reichtum Kraft zu schenken, damit ihr durch seinen Geist innerlich stark werdet. Mein Gebet ist, dass Christus durch den Glauben in euch lebt. In seiner Liebe sollt ihr fest verwurzelt sein; auf sie sollt ihr bauen. Denn nur so könnt ihr mit allen anderen Christen das ganze Ausmaß seiner Liebe erfahren. Ja, ich bete, dass ihr diese Liebe immer tiefer versteht, die wir doch mit unserem Verstand niemals ganz fassen können. Dann werdet ihr auch immer mehr mit dem ganzen Reichtum des Lebens erfüllt sein, der bei Gott zu finden ist.

DANK

Ich bin sehr dankbar für die Hilfe einiger ganz besonderer Menschen bei diesem Projekt.

Nina, meine Frau, ist meine beste Freundin, meine schärfste Kritikerin und meine Seelengefährtin. Immer wieder machst du mir Mut. „Du bist so weise, wie du schön bist."

Mein Onkel Stu war während der prägenden Jahre als junger Erwachsener mein Pastor, und seine vielen Predigten haben in mir die Liebe zum Lernen geweckt und Freude an Jesus entstehen lassen.

Andrew Farley inspiriert mich, immer weiter zu wachsen in meiner Freude über die Gnade, Liebe und das Leben Gottes. Dieses Buch entstand aus einem gemeinsamen Projekt mit Andrew, und ich bin dankbar für seine vielfältige Hilfe und dass er auch immer noch mein Denken prägt.

Nabeel Qureshi, mein Freund und Held im Glauben, hat mir Mut gemacht, über das friedliche, gewaltlose Wesen des Reiches Christi zu sprechen, und hilft mir zu erkennen, wie viel Evangelium in dem Wort *Immanuel* (Gott mit uns) steckt.

Rick Maranta hat dieses Manuskript maßgeblich überarbeitet und geformt. Seine Fingerspuren sind überall zu finden. (Du solltest dir lieber deine Hände waschen, Rick.)

Valerie Weaver-Zercher ist meine Lektorin bei Herald Press, Amy Gingerich hat dieses Projekt begleitet, Melodie David hat mehrere Korrekturrunden gedreht und Dorothy Hartman unzählige Details überprüft. Es ist eine Freude, mit euch allen zusammenzuarbeiten. Sara Versluis hat das Manuskript noch einmal Korrektur gelesen, und ich bin erstaunt, wie viele Fehler sie doch noch entdeckt hat.

Joe Questel, LeAnn Hamby und das ganze Marketing-Team von Herald Press leisten hervorragende Arbeit bei der Bewerbung meines Buches. Jetzt solltet ihr aber aufhören, dies zu lesen und wieder an die Arbeit gehen.

Greg Best, Keturah Knapp, Rebecca Thomson und Anita Giardina haben ebenfalls viel Zeit auf dieses Projekt verwendet und mir wichtiges Feedback gegeben. Ich bin mit wundervollen Freunden gesegnet!

Debby Barrette ist eine langjährige Freundin und hat mir beim Schreiben dieses Buches geholfen. Okay. Debby hat mir nicht nur bei *diesem* Projekt geholfen, sondern auch schon bei meinem letzten Buch *The End of Religion*, und ich hatte doch glatt vergessen, mich in diesem Buch bei ihr dafür zu bedanken. Das ist also meine große Chance. Danke, Dee!

Matt Vincent, ein lieber Freund und Kollege, leitet ein wundervolles Netzwerk, das sich *Reunion* nennt. Er hat mich freundlicherweise durch die Unannehmlichkeiten geführt, die damit verbunden sind, dass ich denselben Namen für dieses Buch ausgesucht habe. Danke, Matt, für deine Nachsicht und Partnerschaft.

Rod Tombs und Darrell Winger leiten mit mir zusammen *The Meeting House*. Diese beiden sanften Riesen (geistlich gesprochen) helfen mir zusammen mit einem tollen Team von Mitarbeitern und Ehrenamtlichen, das Evangelium in unserem Leben umzusetzen und nicht nur darüber zu reden.

Was mich zu meiner Gemeindefamilie im *Meeting House* führt. Was für ein Vorrecht ist es, mit euch ganz besonderen Menschen zu leben. Unser Jesus-Leben ist unvollkommen, aber wir gestalten es *zusammen*. Und ich kann mir nicht vorstellen, es anders zu leben.

ZUM AUTOR

Timothy Bruce Cavey (Jahrgang 1965), bekannt als **Bruxy Cavey**, ist Pastor von *The Meeting House*, einer Kirche für Menschen, die nicht viel für Kirche übrig haben.

The Meeting House ist eine der größten Kirchen Kanadas, eine täuferische Gemeinde mit 19 Standorten in Ontario, wo Tausende Menschen mit Gott und miteinander in Kontakt treten durch Gottesdienste am Sonntag, Online-Interaktion und ein weitverbreitetes Netz von Hausgemeinden.

Bruxy Cavey ist Autor des Bestsellers *The End of Religion – Encountering the Subversive Spirituality of Jesus* (2007) und unterrichtet häufig als Gastprofessor an verschiedenen christlichen Universitäten Nordamerikas. Mit seinem Blog und den Podcasts seiner Predigten inspiriert Cavey auch international viele Menschen.

Er und seine Frau Nina haben drei Töchter und leben in Hamilton, Ontario.

www.bruxy.com, www.themeetinghouse.com

MEHR AUS DEM NEUFELD VERLAG

Jünger wird man unterwegs
Jesus-Nachfolge als Lebensstil

Wer auf die Nachfolge verzichtet, bringt sich um dauerhaften Frieden und ein Leben, das von Liebe durchtränkt ist. Er schlägt einen Glauben in den Wind, der alles im Licht von Gottes Herrschaft sieht; wo am Ende das Gute gewinnt. Ihm fehlt Hoffnung, die durch die schlimmsten Zeiten trägt; Kraft, sich für das Richtige zu entscheiden, und Stärke, dem Bösen zu widerstehen. Kurz: Einem Christsein ohne Nachfolge fehlt genau das Leben in Fülle, das Jesus uns versprochen hat.

„Wenn Sie nur ein bisschen Sehnsucht nach dem Leben haben, das Gott Ihnen anbietet, lesen Sie dieses Buch."

John Eldredge

5. Auflage 2018, 240 Seiten, Hardcover
ISBN 978-3-86256-008-0

DAS LEBEN IST EINE LERNREISE.

THEOLOGIE   **INSPIRATION**   **COMPAX**   **LEITUNG**

Mit täuferisch-friedenstheologischen Werten & Überzeugungen
- fördern wir einen glaubwürdigen Lebensstil
- begleiten wir Gemeinden mit inspirierenden Seminaren
- stärken wir Konfliktfähigkeit mit Coaching und Weiterbildungen

www.bienenberg.ch

BIENENBERG
BILDUNG IM ZENTRUM

MEHR AUS DEM NEUFELD VERLAG

Die Edition Bienenberg

Band 7 (2019): Bruxy Cavey, **Jesus. Punkt.** *Gute Nachricht für Suchende, Heilige und Sünder*

Band 6 (2017): Lukas Amstutz/Hanspeter Jecker (Herausgeber), **Fit für die Welt!?** *Beiträge zu einer friedenskirchlichen Theologie und Gemeindepraxis*

Band 5 (2014): Stuart Murray, **Nackter Glaube** – *Christsein in einer nachchristlichen Welt*

Band 4 (2012): John Howard Yoder, **Die Politik Jesu**

Band 3 (2011): John Howard Yoder, **Die Politik des Leibes Christi** – *Als Gemeinde zeichenhaft leben*

Band 2 (2005): Thomas R. Yoder Neufeld, **Christus ist unser Friede** – *Die Kirche und ihr Ruf zu Wehrlosigkeit und Widerstand* (nur noch direkt beim Bildungszentrum Bienenberg erhältlich)

Band 1 (2005): Martin Forster/Hanspeter Jecker (Herausgeber), **Faszination Heiliger Geist** – *Herausforderungen charismatischer Frömmigkeit* (nur noch direkt beim Bildungszentrum Bienenberg erhältlich)

*Der **Neufeld Verlag** ist ein unabhängiger, inhabergeführter Verlag mit einem ambitionierten Programm. Wir möchten bewegen, inspirieren und unterhalten.*

Stellen Sie sich eine Welt vor, in der jeder willkommen ist!

Das wär's, oder? Am Ende sehnen wir alle uns danach, willkommen zu sein. Die gute Nachricht: Bei Gott bin ich willkommen. Und zwar so, wie ich bin. Die Bibel birgt zahlreiche Geschichten und Bilder darüber, dass Gott uns mit offenen Armen erwartet. Und dass er nur Gutes mit uns im Sinn hat.

Als Verlag möchten wir dazu beitragen, dass Menschen genau das erleben: *Bei Gott bin ich willkommen.*

Unser Slogan hat noch eine zweite Bedeutung: Wir haben ein Faible für außergewöhnliche Menschen, für Menschen mit Handicap. Denn wir erleben, dass sie unser Leben, unsere Gesellschaft bereichern. Dass sie uns etwas zu sagen und zu geben haben.

Deswegen setzen wir uns dafür ein, Menschen mit Behinderung willkommen zu heißen.

*Folgen Sie uns auch
auf www.facebook.com/NeufeldVerlag
und in unserem Blog unter www.neufeld-verlag.de/blog
oder bestellen Sie sich unsere Newsletter
unter **newsletter**.neufeld-verlag.de!*